묵상하는 그리스도인

당신이 하나님을 더 깊이 알아가고 더 널리 알리는 사람이 되는 것, 이 책에 담겨진 예수전도단의 마음입니다. 말씀을 통해 저자가 깨닫고, 원고를 통해 저희가 누릴 수 있었던 그 감동이 책을 통해 당신에게도 전해지기 원합니다. 그리고 당신을 통해 그 기쁨과 은혜가 더 많은 이들에게 계속해서 흘러가기를 기도하겠습니다. 이 책을 통해 당신이 받은 은혜를 다른 분들께도 나눠주십시오. 사랑하고 축복합니다.

THE MEDITATING
CHRISTIAN

묵상하는 그리스도인

David E. Ross 오대원

양혜정 옮김

예수전도단

사랑하는 아내, 보살피는 어머니,
가장 친한 친구, 묵상하는 사람인
엘렌에게
이 책을 바칩니다.

또한 우리 가족의 다음 세대로서
묵상하는 사람들인
데비, 데이빗, 베키
유진, 주디, 조지
에이드리안, 헤일리, 사라, 데일렌,
데이빗 조지에게
이 책을 드립니다.

추천사

저는 오랫동안 오 목사님의 책을 기다려 왔습니다. 그런 까닭에 제 생애에 책을 읽기도 전에 감격한 책은 이 책이 처음입니다. 저는 이 책을 읽으면서 저자와 끊임없는 대화를 나누었습니다. 좋은 책을 읽을 때 우리는 생명과 같은 정보를 전달받을 뿐 아니라 저자의 영혼을 만나 대화를 나눌 수 있게 됩니다. 특별히 그리스도인에게 좋은 책은 저자를 통해 하나님을 깊이 만나는 것입니다. 이 책은 우리를 하나님께로 인도해 줍니다. 하나님의 말씀으로 우리를 인도합니다. 이 책을 읽으면서 저는 저자의 모습은 사라져가고 말씀이 드러나고 예수님의 모습이 선명해지는 것을 경험했습니다.

저는 이 책을 말씀 묵상의 기본을 다질 뿐 아니라 깊은 묵상의 세계로 들어가기 원하는 분들에게 소개하고 싶습니다. 말씀 묵상을 지도하는 영적 지도자들에게 이 책을 소개하고 싶습니다. 이 책이 '성서 한국', '선교 한국'을 꿈꾸는 오 목사님 일평생의 기도의 열매가 되기를 소원합니다.

L.A. 새생명비전교회 강준민 목사

저는 예수전도단의 사역자나 교회 직분자로서가 아니라 말씀 묵상의 축복을 맛본 사람으로 글을 쓰고 있습니다. 15년 전 BEDTS를 준비할 때부터 지금까지 수많은 어려움과 아픔 속에서도 견고한 확신과 깊은 평안을 누리게 해준 것은 바로 하나님의 말씀과 그 능력이었습니다.

《묵상하는 그리스도인》은 삶 속에서 무너지고 미뤄두었던 말씀 묵상의 제자리를 찾고 회복시키는 책입니다. 말씀을 가까이 하며 사셨던 분의 책답게 지식이나 신학적 해석에서 멈추기 쉬운 묵상을 하나님과의 친밀한 교제 차원까지 끌어올리고 있습니다. 여호와를 앙망하는 자는 독수리 날개 쳐 올라가듯 새 힘을 얻는다고 했습니다. 주야로 하나님의 말씀을 묵상하는 사람은 시냇가에 심긴 나무처럼 풍성한 삶을 살 것이라고도 했습니다. 이 약속은 말씀 앞에 앉는 그 순간부터 성취될 것입니다.

전 독수리예수제자훈련학교(BEDTS) 책임자 문병현 장로

요즘은 참 바쁜 세상입니다. 사역자로 살고 있는 저 역시도 너무 바쁜 삶을 살아갑니다. 그런데 사역을 열심히 하면 할수록 종종 더 지치고 메말라 가는 것을 경험하게 됩니다. 사역과 하나님이 분리되고 나중에는 사역이 우상처럼 되는 경우도 있습니다. 이 책은 그런 딜레마에 빠진 그리스도인과 신앙 공동체에게 '묵상'을 처방합니다.

지금도 묵상을 통해서 하나님과의 깊고 친밀한 관계를 몸소 보여 주시는 오대원 목사님의 책이기에, 이 책은 일과 삶의 참 목적을 놓친 채 정신 없이 달려가는 이들을 쉬게 하고 다시 주님의 말씀 앞으로 돌아오게 할 것입니다. 책을 차분히 읽으며 지도하시는 대로 따라가다 보면 나도 모르게 어느새 영혼이 회복되어 감을 느끼게 될 것입니다.

저는 오대원 목사님과 이 책이 정말 자랑스럽습니다.

높은뜻푸른교회 **문희곤 목사**

오대원 목사님을 만나면 영적인 고요함과 깊이가 전해져 옵니다. 그 얼굴에서 보이는 고결함과 온유함은 예수 믿는 삶의 정수(精髓)를 보여 줍니다. 이 모든 것이 평생의 기도 생활과 말씀 생활에서 비롯된 것이라고 생각합니다. 이번에 출간되는 《묵상하는 그리스도인》은 지금까지 저자가 걸어온 삶의 결정체라고 할 수 있습니다.

시중에 묵상에 관한 책들이 여럿 있기는 하지만, 영성과 삶이 조화를 이루어 탄탄한 영적 근력을 가진 책은 찾기가 쉽지 않습니다. 묵상의 깊이에 비해서 치열한 삶의 실제가 빠져 있기 때문이 아닌가 합니다. 삶의 현장이 수반되지 않는 묵상은 공허하기 마련입니다. 그러나 이 책은 목사님께서 사역 현장에서 수많은 사람들과 함께하며 사랑의 수고와 기도의 역사를 통하여 이루어진 것입니다. 묵상이 삶의 질을 높이고, 치열한 삶이 묵상의 근력을 더하는 선순환적인 상승작용을 이 책 속에서 볼 수 있을 것입니다.

사랑의교회 **오정현 목사**

《묵상하는 그리스도인》에서 오대원 목사님은 묵상을 그리스도인의 잃어버린 예술, 혹은 잃어버린 보석이라고 말씀하고 있습니다. 이미 영원한 본향으로 부르심을 받으신 예수원의 아처 토레이 신부님과 더불어 한국과 한국 교회를 사랑하고 중보기도하는 사역에 평생을 드린 오대원 목사님은 이 한 권의 책으로 그분이 사랑하는 한국 교회에 가장 소중한 선물을 안겨 주셨습니다. 저는 이 책을 읽으며 부흥의 폭풍을 경험한 후 급성장의 역기능으로 상처받은 한국 교회의 영혼들을 맑은 샘물로 씻기시고 그래도 목말라 허우적대던 한국의 성도들을 잔잔한 물가로 인도하시는 선한 목자의 다정한 손길을 다시 만나게 되었습니다. 만일 한국 교회의 모든 지도자들 그리고 묵상의 샘을 찾는 성도들이 함께 이 책에 담긴 지혜를 따라 묵상의 여행을 시작한다면 한국 교회를 조용히 그리고 깊이 보듬어 안을 영성의 새벽이 곧 밝아 올 것이라고 기도하게 되었습니다. 목마른 어둔 밤을 지나는 이 시대 한국 교회의 모든 동역자들에게 이 책을 반복해서 읽을 것을 간절히 권합니다.

지구촌교회 **이동원 목사**

1960년대 초 가난한 나라 한국으로 젊은 선교사 부부가 뛰어들었습니다. 그들은 미국 선교사들 동리에 살지 않고 가난한 학생들처럼 허름한 한국 집에서 한국식으로 살았습니다. 단순하고 검소한 생활로 젊은이들에게 주님의 겸손과 사랑을 몸으로 보여 주는 삶을 살았습니다. 오대원 목사님은 현대 선교사의 모델이요 목회자의 모델이며 가장 주님을 닮은 하나님의 사람입니다.

《묵상하는 그리스도인》에는 그의 실생활의 간증이자 체험에 바탕한 이론이 담겨 있습니다. 그리스도인들이 혼란한 세상에서 하나님과 동행하는 성령의 능력을 얻을 수 있는 길은 묵상을 생활화하는 것입니다. 그리스도 안에 내가 있고 내 안에 그리스도가 계시기를 갈망하는 모든 이들에게 꼭 권하고 싶은 책입니다.

장로회신학대학교 명예교수 **주선애 교수**

'뿌리 깊은 나무가 되게 하소서'

오대원 목사님은 한국 교회의 영원한 친구이자 멘토입니다. 그를 통하여 수많은 젊은 영적 지도자들이 배출되었고 영향을 받았습니다.

그는 한국에서 사역할 때나 지금 미국에서 사역할 때나 변함 없이 맑고 티없는 미소를 띠고 제자 양육과 성령 사역에 헌신하고 있습니다. 지금은 북한 선교에 대한 꿈을 가지고 있습니다. 이 책은 이러한 그의 영성의 뿌리를 볼 수 있는 내용입니다. 꽃과 열매보다 중요한 것은 뿌리입니다.

신앙 생활의 뿌리는 말씀과 성령입니다. 이 책은 뿌리로부터 빨아들인 영적 자양분이 어떻게 묵상의 과정을 통하여 꽃이 되고 열매가 되는가를 보여 줍니다. 이 책을 통하여 오대원 목사님의 신앙 인격과 비전을 만날 수 있게 되기를 바랍니다.

온누리교회 **하용조 목사**

30년 전쯤 성경을 그저 열심히 읽고 공부하는 방법 외에는 알지 못하던 우리들에게 목사님께서는 말씀 묵상을 통해 하나님의 임재 안으로 들어가는 새로운 길을 보여 주셨습니다. 그 때는 말씀 묵상이라는 말이 생소하게 들리던 시절이었습니다. 그러나 말씀 묵상을 통해 우리가 받은 하나님의 은혜와 복은 말로 할 수 없을 만큼 위대한 것이었습니다.

저는 신학이라는 학문을 하고 학자가 되었지만, 사실 저의 신앙 생활과 신학의 기초는 오 목사님께로부터 배운 말씀과 말씀 묵상에 있습니다. 목사님이야말로 훌륭한 학자가 되실 수 있었지만, 기꺼이 그 길을 포기하고 하나님의 부르심을 따르셨습니다. 그래서 우리는 그 분의 가르침에서 지식적인 깊이와 영적인 깊이를 모두 느낄 수 있습니다. 이 책을 통해서 많은 사람들이 말씀 묵상의 삶을 풍성하게 누리게 되기를 기도합니다.

장로회신학대학교 현요한 교수

하나님과의 친밀한 관계는 무엇보다도 하나님의 기록된 말씀인 성경을 기반으로 합니다. 하나님의 말씀을 묵상하는 것이야말로 하나님과의 친밀한 관계를 형성하는 첩경이며 부르심을 성취할 수 있도록 이끄는 최고의 나침반인 것입니다.

모세의 뒤를 이어 지도자가 된 여호수아는 이스라엘 백성이 가나안 땅을 유업으로 얻는 일을 완성해낼 사람으로 부르심을 받았습니다. 성경은 여호수아가 하나님의 말씀을 묵상함으로 이를 성취할 수 있었다고 적고 있습니다(수 1:8).

저는 개인적으로 오대원 목사님의 묵상에 대한 가르침과 묵상의 삶을 곁에서 듣고, 보고, 배울 수 있는 특권을 누렸습니다. 그의 가르침과 삶은 저의 영성에만 영향을 미친 것이 아니라 오늘날 예수전도단 모든 사역의 기반을 이루었습니다. 예수전도단이 하나님의 말씀을 묵상할 때 형성되는 '하나님과의 친밀감'을 최우선하는 선교단체로 알려진 것도 이 때문입니다. 그런 의미에서 오대원 목사님의 영향력은 실로 큰 것이었습니다. 이제, 이 책을 통하여 또 다른 많은 사람들과 교회 및 기관들이 큰 도움을 받으리라 기대하면서 기꺼이 이 책을 추천합니다.

Nations Changer Movement & Network 홍성건 목사

Contents

서문 · 12
저자 서문 · 16
들어가는 글 · 20
    성령과 말씀, 교회와 말씀
    간단한 성경 묵상법
    성경 번역에 대하여

제1부 묵상의 이해

제1장 묵상의 의미 · 37
제2장 묵상자가 되기 위한 일곱 열쇠 · 59
제3장 하나님과 홀로 있기, 침묵 그리고 말씀 · 73
제4장 묵상의 대상 · 83

제2부 변화시키는 말씀

제5장 씨는 말씀이다 · 100
제6장 매일의 묵상을 통해 씨 심기 · 117
제7장 믿음을 일깨우는 말씀 · 133
제8장 하나님의 씨를 받기 · 150

제3부 말씀의 능력

제 9 장 치유하는 말씀 · 168
제10장 회복시키는 말씀 · 182
제11장 죄를 소멸하는 말씀 · 197
제12장 정복하는 말씀 · 211
제13장 열매 맺는 말씀 · 226

제4부 묵상의 실천

제14장 묵상의 도구 · 250
제15장 묵상의 장애물 · 277
제16장 묵상의 실천 · 284

끝맺는 글 · 296
부록 · 298
주 · 303

서문

여러분이 지금 손에 들고 있는 이 책에 대한 감사의 글을 쓰게 되어 매우 기쁘다. 성경적 묵상에 관한 이 훌륭한 책은 데이빗 로스에게는 사랑의 수고요 하나님의 백성에게는 진정한 선물이다.

나는 지난 20년간 데이빗 로스와 엘렌 로스를 아는 특권을 누려 왔다. 나와 내 가족을 향한 그들의 우정과 사역은 우리에게 엄청난 축복이었다. 우리는 함께 웃고, 함께 먹으며, 함께 기도하고, 함께 사역하는 등 많은 시간을 함께했다. 데이빗의 가르치는 은사와 엘렌의 상담 은사는 우리를 포함해 수많은 이들의 영혼에 큰 영향을 주었다. 그들이 수십 년간 신실하게 사역하면서 일으킨 제자들은 온 땅에 가득할 만큼 무수히 많다.

특히 큰 영향을 준 것은 데이빗의 성경 묵상에 관한 가르침이다. 이 책은 그 자신이 수년간 가르쳐 온 것, 더 중요하게는 그 자신이 실천해 온 것의 소산물이다. 이 책을 읽을 때에 가장 깊이 와닿았던 것은 그가 독자들에게 나누고 있는 것을 그 자신이 몸소 실천해 왔다는 것이다. 무엇보다도 그는 하나님의 말씀을 묵상하는 사람이다. 떡으로만 살지 않고 하나님의 입에서 나오는 모든 말씀으로 살아온 그에게 하나님은 그의 신실하심을 입증해 오셨다.

데이빗은 사역을 하고 가르칠 때에 깊은 영적 체험과 충실한 성경 해석을 연결시키는 독특한 능력을 발휘한다. 그 독특함은 이 책에도 잘 드러나 있다. 많은 이들이 개인 적용은 거의 없이 올바른 교리만을 제시하거나 반대로 개인 적용에만 치우치는 반면, 데이빗은 두 가지 모두를 조화롭게 제시한다. 그는 '충실한 성경 해석'이라는 견고한 기초 위에 세워진 풍부한 성경 묵상을 권장하고 있다. 사실, 이런 균형 잡힌 방법이 현명하고 꼭 필요한데도 그렇지 못한 현실이 안타깝다.

 이 책을 통해 나는 격려와 도전을 함께 받았다. 묵상을 보는 따뜻하고 성경적인 시각에 격려를 받았고, 날마다 귀를 열어 하나님이 말씀하시는 것을 듣는 자가 되라는 도전을 새로이 받았다. 나는 하나님이 이 책을 이와 비슷하게, 아니 더 깊은 방법으로 사용하셔서 많은 사람들을 그분께 가까이 이끄시기를 기도한다. 또 넓은 의미에서 교회가 더욱 견고히 세워져 가고 그분이 큰 영광받으시기를 기도한다.

그리스도 안에서 감사드리며

게리 패럿
매사추세츠 사우스해밀톤
고든 콘웰신학교 교육부 부교수
2004년 10월

시편 139편*

1

O Lord, you have searched and known me.	여호와여 주께서 나를 감찰하시고 아셨나이다
You know when I sit and rise.	주께서 나의 앉고 일어섬을 아시며
From afar, all thoughts discerning,	멀리서도 모든 생각을 통촉하시고
You know where my journey lies.	저의 길의 행로를 아시나이다
Long before I've found my own words,	제 입에 말을 담기도 훨씬 전에
You've already heard my speech.	주께서는 이미 제 말을 들으셨나이다
All around me, you astound me!	저를 두르심이 너무 기이하니
O, such knowledge who can reach?	이 지식에 누가 능히 미치리이까

2

Where could I go from your Spirit?	내가 주의 신을 떠나 어디로 가며
Can I from your presence flee?	주의 앞에서 피할 수 있으리이까
I would find you in the heavens.	내가 하늘에 가도 거기 계시며
In the depths you'd surely be.	음부에서도 정녕 계시니이다
If I flew to earth's far corners,	내가 저 먼 땅 끝에 날아갈지라도
Your right hand would hold me tight.	주의 오른손이 나를 붙드시리이다
If I tried to hide in darkness,	내가 흑암 속에 숨으려 할지라도
You would make the darkness light.	주께서는 흑암으로 낮을 삼으시리이다

3

In my mother's womb you formed me,	주께서 내 모태에서 나를 조직하시고
fashioned me with greatest care.	온갖 정성으로 나를 지으셨나이다
For such wonders I will praise you	기이한 주의 행사를 내가 찬양하오니

who behold me even there.	거기서도 주께서 나를 보셨음이라
In your book my days were written	나의 정한 날이 하나도 되기 전에
before one had come to be.	주의 책에 다 기록이 되었나이다
Thoughts so precious, beyond number,	보배로운 주의 생각, 셀 수 없는 그 생각이
stir my soul and humble me.	내 영혼을 휘젓고 나를 낮추시나이다

4

O, that you would slay the wicked	주의 위엄에 반항하는
who defy your majesty.	악인을 주께서 죽이시리이다
How I hate all those who hate you,	주를 미워하는 자를 내가 심히 미워하오니
count each one my enemy.	저희는 나의 원수니이다
Search my own heart, God, and test me.	하나님이여 내 마음을 살피시며 나를 시험하사
Know my anxious thoughts today.	오늘 내 간절한 뜻을 아옵소서
From all evil paths preserve me.	모든 악한 길에서부터 나를 지키사
Lead me in the ancient Way.	나를 영원한 길로 인도하소서

*이것은 게리 패럿이 시편 139편을 묵상하면서 작시한 것이다.

저자 서문

자석처럼 끄는 말씀

성경을 읽고 묵상하는 사람이라면, 하나님의 말씀에는 자석처럼 끄는 힘이 있음을 잘 안다. 성경은 하나님에 대한 지식을 제공할 뿐 아니라, 읽는 사람이 하나님을 만나도록 이끈다. 말씀은 그 자체가 생명이고, 그에 접하는 사람보다 훨씬 더 살아있고 힘이 있다. J.B.필립스는 신약성경을 현대에 널리 통용되는 영어로 번역하면서 얼마나 말씀의 능력에 압도되었던지, 마치 전기가 흐르는 상태에서 배선을 고치고 있는 전기기사가 된 듯한 느낌이었다고 고백했다! 하나님의 말씀이 자기 자신보다도 더 생명력 있음을 발견한 것이다!

"하나님의 말씀이 발하는 광채 안으로 들어가는 자는 누구나 거기에 꽉 붙들립니다." 한스 우르스 폰 발타자르의 말이다. "말씀은 하나님에 대한 지식을 전해줄 뿐 아니라 … 그 자체가 하나님의 무한하심과 진리, 그분의 위엄과 사랑을 강력하게 드러내는 표현체임을 경험으로 알게 됩니다."[1]

이 말은 참이다. 우리는 하나님의 말씀을 완전히 이해하고 정복할 수 있다고 생각하며 말씀 앞에 다가선다. 그러나 하나님이 말씀 안에서 당신 자신을 드러내실 때, 오히려 우리가 말씀이 끌어당기는 엄청난 힘에 붙들렸음을 깨닫게 된다. 우리가 바로 평가를 받는 자들인 것이다. 우리는 영광 가운데 계신 하나님을 바라보려 하지만, 결국 하나님이 우리를 응시하시고, 우리를 변화시키시고, 그분께로 이끄신다는 사실을 발견하게 된다.

복음서의 일부, 특히 요한복음만 읽고서 그리스도인이 된 수백만의 사람들을 생각해 보라. 누군가가 그들에게 전도하면서 쪽복음서를 쥐어 주었거나, 아니면 기차역이나 스포츠 경기장에 놓여 있는 것을 그들이 발견했을 수도 있다. 처음에는 호기심으로 읽기 시작하지만, 이내 자석처럼 끌어당기는 말씀에 이끌리어 말씀 속에서 그들을 기다리고 계시는 살아계신 하나님, 그 엄청난 존재에 응답할 수밖에 없게 된다. "하나님의 말씀은 살았고 운동력이 있어 좌우에 날선 어떤 검보다도 예리하여 혼과 영과 및 관절과 골수를 찔러 쪼개기까지 하며 또 마음의 생각과 뜻을 감찰하나니"(히 4:12).

한편 예수님은 말씀 안에 있는 생명에 대해 좀더 직접적으로 말씀하셨다. "내가 너희에게 이른 말이 영이요 생명이라"(요 6:63).

말씀을 묵상하면 그 말씀을 적용하게 하시는 성령에 의해 새롭게 된다. 또한 그리스도를 따르는 모든 자들에게 약속된 풍성한 생명을 더 온전히 경험하게 된다.

하나님의 말씀을 묵상하는 여정을 시작하기에 앞서, 우리가 묵상하는 말씀이 하나님의 살아 있는 말씀이라는 사실을 기억하자! 하나님은 그분의 말씀 안에서 날마다 우리를 만나기 원하시며 모세에게 말씀하신 것처럼, 또 사람이 그 친구에게 이야기하듯이 우리에게 말씀하기 원하신다(출 33:11).

말씀 안에 거하면 그분의 생명이 우리 안에 더 풍성해지고, 성령이 우리 매일의 삶 속에서 더 강하게 역사하실 것이다. 더욱 생명력 있는 삶을 살게 되는 것이다! 우리는 그리스도 안에 있는 생명의 풍성함을 맛보고, 그분의 임재 안에서 만족을 누리게 될 것이다. 말씀의 다스림과 그분의 임재 아래 날마다 변화되고 새로워져서, 하나님 없이는 죽을 수밖에 없는 이 세상에 진정으로 생명을 전하게 될 것이다.

자, 이제 하나님의 마음 안으로 함께 여행을 떠나자. 어린양의 보좌를 둘러싸고 있는 구름 같은 허다한 증인들(모두가 묵상하는 사람들이다)과 성령으로 하나 되어 이 길을 가는 것이다. 그전에 하나님의 살아 있는 말씀을 묵상하는 가장 중요한 목적이 무엇인지 한번 되새겨 보자.

우리는 왜 묵상을 하는가?

첫째, 그리스도를 만나고 그분과 함께하는 가운데 새로워지고 싶어 묵상한다. 그분의 음성을 들음으로 충만한 기쁨을 얻고 싶기 때문이다.[2]

둘째, "하나님을 점점 더 온전히 알아 그분을 더 깊이 사랑하고 더 신실하게 따르기" 원해서다.[3] 우리는 하나님이 어떤 분이신지를 발견하기 위해 지성(mind)뿐 아니라 마음(heart)도 사용한다.

셋째, 빛나는 하나님의 거룩하심에 사로잡혀 성령에 의해 완전히 변화를 받음으로써, 하나님의 참된 말씀이신 그리스도의 형상으로 완성되기 위해서다. 우리가 믿지 않는 세상에 '그리스도의 편지'가 되어 태도와 관계 안에 그분의 형상을 드러내며 그분의 삶의 방식을 본보이게 될 때, 잃어버린 영혼들이 우리 안에 있는 그리스도를 보고 그분께 무릎 꿇어 찬양과 경배를 드리게 될 것이다.

오대원
2004년 강림절 성령의 샘에서

성령의 샘(Pneuma Springs): 안디옥국제선교훈련원의 선교 훈련 센터.

들어가는 글

성령과 말씀, 교회와 말씀

그리스도인으로서 이제 반세기가 넘는 순례의 길을 지나오는 동안, 나는 훌륭한 하나님의 사람들을 많이 만나는 커다란 특권을 누렸다. 하지만 대천덕 신부님만큼 그리스도와 그의 교회를 위한 큰 사랑으로 하나님의 백성들을 섬기는 데 헌신한 사람을 아직 만나보지 못했다. 그보다 더 온전히 성령 안에서 행한 사람도 없었다. 대천덕 신부님과 제인 사모님은 성 베네딕트의 제도를 본받아, 한국의 깊은 산속에 예수원을 창설했다. 1960년대 초 창설 이래, 이 성공회 공동체는 한국에 일어난 성령의 큰 역사의 중추적 역할을 감당했다. 대천덕 신부님은 여든셋에 본향으로 돌아가기 바로 전까지도 새로운 프로젝트를 시작하셨다. 세계 복음화를 위해 젊은이들을 훈련하는 센터를 세우는 것이 그 주된 내용이었다. 제인 사모님은 지금도 한국에서 이 생명력 있는 사역을 이어가고 계신다. 엘렌과 나는 대천덕 신부님과 제인 사모님을 스승으로 모시는 특권을 누린 수백 명 중 일부에 불과하다.

두 분의 사역에 은혜를 받은 세계 곳곳의 사람들은, 신실하고 풍부한 결실을 맺게 된 사역 비결이 무엇인지 궁금해한다. 물론 다양한 비결이 있을 것이다. 예수님을 향한 사랑, 성령 안에서 행하려는 신실함, 하나님의 백성을 향한 긍휼의 마음, 온전한 기도와 중보의 삶, 헌신, 가난한 자들을 위한 삶….

몇 년 전에 예수원을 방문한 한 젊은이가 직선적으로 물었다. "신부님,

40년 이상 이 산속 공동체에서 영향력 있는 사역을 이끌어 오셨는데, 그 비결이 무엇입니까?" 대천덕 신부님은 눈 한번 깜박이지 않고 즉시 대답했다. "하나님의 말씀을 묵상하고 기도하는 것이네, 젊은이." 하나님의 말씀을 묵상하는 삶, 그 말씀에 뿌리를 둔 기도의 삶! 이것이 바로 살아계신 하나님과 만나 삶이 변화되는 출발점이자 하나님이 우리를 준비시켜 세상을 변화시키시는 기초가 된다! 열매 맺는 삶도 묵상에서 시작된다. 시편 기자는 묵상하는 사람을 가리켜, "시냇가에 심은 나무가 시절을 좇아 과실을" 맺음(시 1:3)과 같다고 말한다.

이 책의 목적은 독자 여러분에게 하나님의 말씀을 묵상하는 신나는 특권을 소개하고, 여러분이 그 길을 좀더 빨리 가도록 격려하는 데 있다. 대천덕 신부님이 성령에 아주 민감하시고 교회를 깊이 사랑하셨던 것을 떠올릴 때에 독자들에게 먼저 상기시켜 주고 싶은 것이 있다. 묵상하는 동안 성령이 이끄시도록 맡기는 것이 중요하다는 것과 교회, 즉 그리스도의 몸에 속한 일원으로서 묵상해야 한다는 것이다.

성령과 말씀

가장 먼저 기억해야 할 기본 진리는 성령만이 우리로 하여금 하나님의 말씀을 받아들이고 이해할 수 있게 하신다는 것이다. 성령은 말씀이신 예수님의 영이며 말씀하시는 아버지의 영이시다.

사도 요한은 "너희는 주께 받은 바 기름부음이 너희 안에 거하나니 아무도 너희를 가르칠 필요가 없고"(요일 2:27)라고 말한다. '기름부음'이란 우리 안에 거하여 일하시며, '우리에게 모든 것을 가르치시는' 하나님의 영을 말한다. 사도 요한은 교회 안에서 사람들을 잘못된 길로 이끌려 하는 거짓 선생들과 싸우고 있었다. 그래서 그들 안에 거하시는 하나님의 영이 예수님의 처음 제자들에게 가르치셨던 모든 것을 그들에게도 직접 가르치고 계시다는 사실을 상기시킨 것이다. 하나님의 말씀을 가르치시는 것은 성령의 주된 사역 중 하나다. 그러므로 성경과 성령은 언제나 연합하여 일하신다는 사실을 알아야 한다. 성령은 언제나 말씀을 통해 일하시며, 말씀은 모태가 되는 성령을 떠나서는 이해될 수 없다.

성경 공부에서도 그렇듯이, 친밀함과 거룩함과 순종과 겸손으로 성령 안에서 걷는 것이 바로 묵상의 핵심이다. 성경은 '성령의 책'이다. 하나님은 언제나 우리에게 성령을 통해 말씀하시며, 성령은 하나님의 진리를 전달하신다. 인간의 이성만으로는 하나님의 말씀을 이해할 수도, 해석할 수도 없다. 다른 책들은 공부와 적용에 주력하면 정복될 수 있지만 성경은 그렇지 않다. 오히려 언제나 성경이 그 사람을 정복하고 변화시킨다!

성령으로 충만한지 아닌지는 하나님의 말씀에 대한 열정을 보면 알 수 있다. 진정으로 성령의 다스림을 받거나 성령에 압도된 사람이라면, 하나님의 말씀을 무시하거나 가벼운 태도로 말씀을 대하여 성령의 마음을 상하게 하지 않을 것이다. 성령으로 충만한 그리스도인은 묵상할 수밖에 없다. 성령이 우리를 말씀으로 이끌어 하나님을 만나고 그분이 주시는 말씀을 듣게 하시기 때문이다. 예수님이 십자가에 달리시기 전, 제자들에게 하신 마지막 격려의 말씀 중 하나는 성령이 말씀을 그들에게 생각나게 하신다는 것이었다. "보혜사 곧 아버지께서 내 이름으로 보내실 성령 그가 너희에게 모든 것을 가르치시고 내가 너희에게 말한 모든 것을 생각나게 하시리라"(요 14:26), "진리의 성령이 오시면 그가 너희를 모든 진리 가운데로 인도하시리니"(요 16:13).

성령은 조지 맥도날드[4]의 말과 같이, 성령으로 충만한 모든 그리스도인을 "그리스도의 학자"가 되게 하신다. '학자'(scholar)와 '학교'(school)라는 말의 기원인 라틴어 'schola'는, 꼿꼿한 자세로 남을 평가하고 가르치기 위해 지식과 정보를 냉철하고 분석적으로 연구하는 것을 의미하지 않는다. 이 단어의 문자적 의미는 '일의 중단', '배움을 위한 여가' 또는 '선생과 학생들을 위한 만남의 장소'다. 그러므로 학자가 된다는 것은 마음을 끄는 어떤 주제 앞에 앉는 것, 추구하던 세상의 것들을 내려 놓는 것, 그리고 자신이 연구하는 말씀 속에 있는 경이와 광채가 자신을 감싸도록 자신을 내어놓는 것이다. 그런데 자신의 지성과 힘에 의존하여 학문적인 관점에서만 성경말씀을 대하는 그리스도인들이 얼마나 많은지! 그 결과가 무엇인가? 하나님의 진리를 희생하여 얻는 것이란 고작 죽은 신학이며 인간의 논리일 뿐이다. 그러나 성령 안에서, 성령에 의해 걸어가면 진정한 그리스도의 학자가 될 뿐 아니라 그리스도의 학자를 고대하는 세상에 복음의 진리를 전할 수 있다.

신학자의 주요 임무가 매일 아침 성경말씀을 묵상하고, 기도 가운데 자신을 열어 성령이 나타내고 싶어하시는 모든 것을 듣는 것이라고 말할 수는 없을까? 만약 신학생들이 묵상이라는 영적 훈련을 잘 배운다면 하나님의 진리가 교회의 권태롭고 피상적인 모습을 씻어낼 것이다. 그런 신학은 세상을 향해 생명력을 갖게 될 것이다.

교회와 말씀

하나님의 말씀을 묵상하기 위한 여정을 출발하면서 두 번째로 기억할 기본 진리는 하나님의 말씀은 언제나 살아계신 그리스도의 교회에서 발견된다는 것이다. 교회가 말씀의 열매임은 사실이다. 그러나 교회는 또한 말씀의 '집'이다. 하나님의 말씀은 각 사람에게 개별적으로 주어지지만, 그 말씀은 결코 그가 속한 믿음의 공동체와 동떨어진 것이 아니다. 그리스도인의 삶은 하나님과 함께하는 삶이며, 그리스도 안에서 초자연적으로 맺어진 다른 그리스도인과 함께하는 삶이다. 더욱이 하나님의 말씀은 그 공동체의 중심이다.[5] 형제에 대한 사랑은 언제나 진정한 묵상에서 흘러나온다.

많은 그리스도인들이 성경, 특히 신약성경을 순전히 개인적인 메시지로 여긴다. 우리는 각자 믿음을 통해 은혜로 구원을 받는다. 이것은 진리이나 전부는 아니다! 우리의 구원은 개인적으로 이루어지나 개인에게만 국한되는 것은 아니다. 4복음서는 우리와 하나님과의 관계뿐 아니라 우리와 동료 그리스도인들 및 세상과의 관계에 대해서도 계속 말씀한다. 바울도 그의 서신에서 모든 그리스도인이 서로 화해하고 연합하는 것이 그리스도인의 삶에 중심이 됨을 강조한다.

말씀은 각 사람이 홀로 있는 시간 속에 주어진다. 그러나 그 시간은 또한 공유되어야 한다. 각자가 말씀 안에서 하나님이 함께하시는 가운데 받은 기쁨과 복을 나누는 것이 바로 공동체를 이루어 가는 방법이다. 먼저 혼자만의 시간에 부지런히 연습해야 한다. 매일 아침 하나님과 홀로 있는 시간을 내라. 매일의 훈련을 통해 계속적으로 그리고 의식적으로 내 앞에 계신 주님께 시선을 고정시킴으로써 언제나 하나님과만 홀로 있는 법을 배우

라. 그러면 사람들과 그 시간을 나눌 수 있는 여유를 갖게 될 것이다. 이처럼 공동체는 말씀 앞에 홀로 머무는 시간에서 시작된다. 성령은 믿는 자 각각에게 말씀을 주신다. 그리고 그들이 하나님의 말씀에 의해 변화된 삶을 서로 나눔으로써 초자연적인 공동체를 이루게 하신다. 그런 뒤에야 그들은 비로소 제사장 같은 성도들이 되는 것이다.

성령은 하나님의 말씀을 그리스도의 신부인 교회에게 주신다. 우리 모두는 그의 신부다. 우리는 각자 묵상하면서 하나님의 특별한 은혜의 선물을 받는다. 또한 하나님이 각자에게 주신 사랑뿐 아니라 성령이 말씀을 통해 주신 지식과 지혜를 나눈다. 우리의 삶 전체를 서로서로 나누는 것이다.

자, 이제 성령을 맞아들이자. 하나님의 말씀을 묵상할 때 '기름부음', 곧 우리 안에 거하시는 성령이 하나님의 말씀을 해석하여 우리 삶에 적용할 수 있게 하신다는 사실을 명심하라. 그리고 하나님의 '은밀한 회의'(렘 23:18, 22)에서 들은 말씀을 다른 이들과 나눔으로써 서로를 격려하고 전세계에 그리스도의 몸을 세워가자. 그러면 "땅이여, 땅이여, 땅이여, 여호와의 말을 들을지니라"(렘 22:29)라는 예레미야의 큰 외침이 응답될 것이다.

간단한 성경 묵상법

묵상을 가장 잘 이해할 수 있는 길은 묵상에 관해 읽거나 공부하면서 실제로 묵상을 하는 것이다. 이 책에 묵상의 적용으로 시편 139편을 실은 것도 그 때문이다.

성경(의역보다 직역된 것이 더 좋다), 묵상하는 동안 얻는 영감을 기록할 노트, 그리고 무엇보다도 각 장을 읽은 후에 성경 한 구절을 묵상하기 위해 기꺼이 15분을 낼 준비를 하라.

시편 139편은 다윗 왕이 노래로 부르기 위해 쓴 것이다.[6] 이 시편은 정말 노래하고 또 노래할 만한 가치가 있다. 주의 깊게 묵상하고 공부할 만하며 외워서 생각과 마음 깊숙한 곳에 심어둘 필요가 있다. 내가 누구인지를 내게 알려 주고, 하나님 안에서 나의 참된 정체성을 보여 주기 때문이다. 하나님이 나를 완전히 아신다고 시편 기자는 말한다. 하나님은 내가 어디를 가든지 나와 함께 계신다. 그분이 바로 내 삶의 유일한 근원이며, 나는 다른 무엇과도 같지 않은 그분의 독특한 창조물이다. 나에 대한 그분의 생각을 기록하려면 지금까지 기록된 모든 책의 수로도 모자란다. 나를 향한 그분의 계획은 흠없이 완전하다.

시편 139편을 묵상하면, 자신의 참된 정체성에 대해 품었을지 모르는 의심들이 예수 그리스도 안에서 떨어져 나갈 것이다. 당신을 향한 하나님의 사랑과 돌봄을 아주 친밀하게 알게 되고 당신의 미래를 위한 그분의 계획에 벅찬 기대감을 갖게 될 것이다.

시편 139편의 메시지는 전세계 사람들의 삶을 바꾸어 왔다. 나는 인생의 모든 희망과 의미를 잃고 자살 직전에 있던 한 여대생을 알고 있다. 그녀는 자살을 기도하기 직전, 이 시편을 읽게 되었다. "내가 주께 감사하옴은 나를 지으심이 신묘막측하심이라." 이 말씀에서 눈을 뗄 수가 없었다. 그녀는 자기 자신보다 더 큰 누군가에게 사랑과 보살핌을 받고 있다는 묘한 기분을 갖게 되었다. 바로 그 때, 하나님은 아버지되시며 삶의 참된 근원이신 그분 자신을 그녀에게 드러내셨다. 그녀는 계속하여 읽어 가면서, "주께서… 나의 모태에서 나를 조직하셨나이다", "내가 깰 때에도 오히려 주와 함께 있나이다" 등의 말씀들을 한 마디 한 마디 되새김질했다. 결국 그녀는 주님 앞에서 조용히 흐느끼며 하나님의 사랑의 보살핌에 자신을 위탁했다. 그리고 영혼의 연인 되시는 예수님 안에서 새로운 삶을 살기로 결심했다. 그녀는 오늘도 역동적인 그리스도인으로서 주님을 위해 많은 열매를 맺고 있다!

이 책에서는 묵상하는 방법의 하나로, 각 장의 끝에서 시편 139편을 한 구절씩 묵상하도록 했다. 지나온 교회사 속에서 많은 그리스도인들은 성경말씀을 한 구절 한 구절 묵상하는 것이 가장 효과적인 묵상 방법임을 알게 되었다. 한 구절을 여러 번 읽으면서 소중한 말씀들을 마음속으로 반복하면, 하나님의 말씀이 당신의 생각뿐 아니라 마음과 영에 자리하는 것을 느낄 수 있다. 하나님은 그 말씀을 통해 당신을 만나신다. 그분이 당신에게 말씀하시고, 당신은 날마다 변화된다. 하나님은 그분 자신을 당신에게 보여 주시고, 당신은 그분의 임재 안에서 변화된다. 변화는 하루아침에 일어나지 않고, 마치 꽃이 천천히 봉오리를 열어 아름다움을 드러내듯 당신의 삶에서 주님의 영광이 반사될 때까지 점진적으로 이루어질 것이다. 그렇게 변화된 당신은 창조주를 간절히 알고 싶어하는 세상에 그리스도의 '향기', 그리스도의 '편지'로 살아가게 된다.

그러면 어떻게 묵상을 하는가? 성경적인 묵상을 소개하고 당신을 묵상하는 그리스도인으로 준비시키는 것이 이 책의 목적이다. 자, 이제 묵상의 기본적인 방법을 살펴보기로 하자.

효과적인 묵상은 준비, 듣기, 만남, 응답의 네 단계로 이루어진다.

1단계 - 준비

그리스도의 초대를 받은 손님으로서 잔칫상에 그와 함께 앉는다는 사실을 기억하면서 편한 장소에 앉으라. 당신을 혼란케 하는 모든 방해물을 내려 놓고 그와 달콤한 교제를 나눌 준비를 하라. 알고 있는 모든 죄를 고백하고 무거운 짐이나 염려를 내려 놓은 후, 그의 임재 안으로 들어갈 준비를 하라.

준비 단계에서는 시편 139편을 죽 읽으며 전체의 의미를 이해해 보는 것도 좋다. 그 다음에는 묵상할 구절을 읽으라. 열다섯, 아니 스무 번이라도 큰소리로 읽는 것이 좋다.

2단계 - 듣기

이것이 당신 개인에게 주시는 하나님의 말씀임을 기억하라. 묵상의 목적은 성경을 공부하여 새로운 지식이나 사상을 얻는 데 있지 않다. 하나님이 당신에게 개인적으로 무슨 말씀을 하시는지 듣는 것이 묵상이다.

주님을 기다리라. 너무 조급하게 서두르지 말고, 들으려고 조바심 내지도 마라. 하나님은 당신과 함께 계신다. 그저 그분 안에서 쉬며 들을 때 성령이 말씀하실 것이다. 노트에 하나님이 당신에게 하신 말씀을 적어도 좋고, 당신의 기도를 적어도 좋다. 나중에 하나님이 무슨 말씀을 하셨는지 기억하는 데 도움이 된다.

3단계 - 만남

하나님이 당신에게 말씀하셨다고 느꼈다면, 거기서 끝내지 말고 그의 얼굴을 구하는 시간을 가지라. 하나님이 원하시는 방법대로 하나님 자신을 나타내 달라고 구하라. 당신의 가장 큰 소원은 그분을 보고 그 얼굴의 광채를 보는 것이라고 말씀 드리라. 당신 자신을 하나님께 완전히 열어 놓으라. 그러면 그분이 말씀 속에서 자신을 드러내실 것이고 당신은 그분을 만날 것이다.

4단계 - 응답

묵상은 우리가 응답할 때에야 비로소 완전하다고 할 수 있다. 기도는 늘 하나님께 응답하는 첫 번째 방법이다. 하나님이 당신에게 말씀해 주셨음을 감사하고, 생각나는 대로 기도를 드리라. 그러면 방금 묵상한 구절의 말씀으로 기도하고 있음을 발견하게 된다. 성경에 기록된 하나님의 말씀을 인용하는 기도는 능력이 있다.

또한 새 노래를 부르거나 그림을 그리거나 시를 쓰는 등 창조적인 방법을 사용하여 다양하게 응답하라. 말씀을 좀더 제대로 공부하기로 결심하라. 무엇보다 묵상 시간을 통해 하나님이 당신에게 말씀하시는 모든 것에 순종하라.

시편 139편을 묵상할 준비를 하는 동안, 묵상에 관한 헨리 나우웬의 말을 들어 보는 것도 좋을 것이다.

> 침대에 누워서, 차를 운전하면서,
> 버스를 기다리면서, 개를 데리고 산책하면서,
> 당신은 이 구절의 한 마디 한 마디를
> 당신의 생각 속에서 천천히 되풀이할 수 있다.
> 단지 그 구절이 무슨 말씀을 하고 있는지
> 당신의 전 존재로 들으려 하면서 말이다.
> 여러 가지 염려로 계속해서 주의가 흩어지겠지만,
> 그 말씀으로 계속해서 돌아가면,
> 점차 염려에 덜 집착하고
> 진정으로 기도를 즐기기 시작한 당신을 볼 수 있을 것이다.
> 그리고 기도가 생각에서부터
> 당신 존재의 중심으로 내려갈 때
> 치유하는 능력을 발견할 것이다.[7]

성경 번역에 대하여

성경 번역가들은 성경을 문자 그대로 정확하게 번역하려고 노력하면서도, 한편으로는 좀더 잘 읽을 수 있는 번역본을 만들어야 한다는 부담을 갖고 있다. 사실, 성경 번역본은 완벽하거나 완전하지 않다. 하지만 훌륭한 영어 번역본이 많이 있는 것도 사실이다.

성경을 번역하는 방법에는 기본적으로 두 가지가 있다. 하나는 '단어 vs 단어'의 접근법으로, 히브리어와 헬라어의 주요 단어들을 모두 그대로 보존하여 근본적으로 '문자 그대로'인 번역본을 만들어 내는 것이다. 다른 하나는 '생각 vs 생각'의 접근법인데, 일반 독자들에게 어려울 수 있는 신학 용어들을 가끔 생략하여 읽기 쉽고 원문과 내용상 대등한 번역본을 만들기 위해 사용한다.

'생각 vs 생각' 번역의 대표적인 예는 NIV(New International Version)와 NJB(New Jerusalem Bible)다. 성경 번역의 전통적 주류인 '단어 vs 단어' 방식의 전형적 예로는 KJV(King James Version), RSV(Revised Standard Version) 및 NASB(New American Standard Bible) 등이 있다. 이 방식의 가장 최근 번역본은 2001년에 번역된 ESV(English Standard Version)다.

두 가지 방법 모두 각각 장점과 약점이 있다. '단어 vs 단어' 방식은 '생각 vs 생각' 방식에 비해 좀더 정확하고 명료하지만, 딱딱한 문구와 문장 때문에 어색하다. '생각 vs 생각' 접근법은 읽기는 쉽지만, 어떤 때에는 원문에 대한 정확도와 충실성이 떨어진다.

   나는 성경 공부와 묵상, 특히 성경 한 절을 놓고 한 단어씩 묵상할 때를 위해 ESV를 추천한다. 이 번역본은 매우 읽기 쉬우면서도, 정확하고 명료하다.

"당신의 말씀을 인해 당신께 감사드립니다"

나의 하나님이여, 당신의 말씀을 인해 당신께 감사드립니다
약과도 같이, 또는 검과도 같이 다가와
내 삶을 바꾸어
당신의 모습으로 변화하게 하시는 그 말씀으로 인해.
우레 같은 천둥소리든 정적 속의 세미한 음성이든
당신이 원하시는 대로 말씀하소서
당신의 말씀은 진리요, 당신의 말씀은 빛이니
옳은 길을 가도록 가르쳐 주소서

간구하오니 제게 당신을 나타내 주소서
오 하나님이여 제게 당신을 나타내 주소서
제게 당신의 뜻을 보여 주시고, 당신의 길을 보여 주소서
그리하면 제 평생에 당신을 섬기렵니다
"빛이 있으라"는 당신의 외침에
찬란한 빛 광채가 하늘을 덮었으니

그 빛을 다시 한번 제게 명하사
당신의 영광을 더 보게 하소서
당신은 살아계신 말씀, 당신의 이름을 찬양하나이다
당신은 영원히 동일하신 분,
선지자와 제사장과 왕께 말씀하셨으니
이제 제게도 말씀하소서, 당신의 말씀을 주소서

나의 주, 나의 하나님이여, 제가 당신을 갈망하나이다
당신의 거룩한 말씀을 열어 주소서
제가 와서 마시고 먹기를 원하니
제 속 깊은 곳 이 갈망을 채워 주소서

오소서 성령이여, 하늘 비둘기여, 오소서
내 사랑하는 분, 내 주님을 보여 주소서
그리고 제게 말씀하사
"예… 하나님께서 오늘 제게 말씀하셨습니다"라고
말할 수 있게 해 주소서

묵상 가운데 당신의 말씀을 통해
주여 제게 당신의 계시를 주소서
그리고 그것이 언제나 제게
나의 주, 나의 왕에 대한 지식을 가져오게 하소서[8]

제1부
묵상의 이해

우리를 친구라 부르시며,
아버지께서 무한하신 사랑 가운데
자신에게 보여 주신 모든 것들을
우리와 나누기 원하시는 예수,
그분의 임재 가운데 살아갈 때
묵상은 숨쉬는 것만큼이나 자연스러워진다.

내가 성경을 펴고
예수님 발 앞에 앉을 때,
성령께서는 기록된 말씀을
살아 있는 말씀으로 바꾸어
내 속사람 안에 심으신다.

그러면 나는 움직이는 '지성소'가 되어
열방을 제자 삼는 데
쓰임 받을 수 있다.

제1장

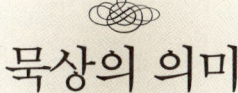

묵상의 의미

The Meaning of Meditation

　　　　　디트리히 본회퍼는 독일 나치의 손에 죽기 몇 년 전, 자신에게 신학을 배웠던 사람들과 정기적으로 서신을 주고받으며 끝까지 기도와 묵상을 계속하라고 그들을 격려했다. 최전선에 있는 한 군인에게 쓴 편지에서 그는 이렇게 말하고 있다. "날마다 내게 적용되는 하나님의 말씀을 고요히 묵상하는 시간은(단 몇 분만이라도) 내 삶의 질서가 분명해지는 순간이다. 묵상은 평안과 인내와 기쁨의 원천이다. 그것은 우리 삶에서 질서에 공헌하는 모든 힘들을 한데 끌어오는 자석과도 같다. 그것은 깨끗한 표면에 구름과 태양을 비추는 깊은 물과도 같다. 묵상은 또한 우리 삶 속에서 자기 훈련, 침묵, 치유 및 만족의 영역에 지존하신 분을 모심으로써 그분을 섬기는 일이 된다."[1]

성령의 인도하심에 맡기기

"묵상이 무엇입니까?" 누군가 본회퍼에게 물었을 때, 그는 이렇게 답했다.

> 마리아가 한 것처럼 성경의 말씀을 받아들이고 그 말씀을 마음에 두어 생각하라. 이것이 전부다. 이것이 묵상이다. … 우리는 천천히, 조용히, 참을성 있게 한 단어씩 나아감으로써… 그리고 각 절마다 멈추어 (큰소리로) 말함으로써 하나님의 임재 안으로 들어가야 한다. 광야를 거쳐 여행하던 이스라엘의 자녀들이 언약궤 위에 있는 구름이 올라가기를 기다려 그 후에야 따라갔던 것처럼, 우리도… 성령께서 우리를 인도하시기를 기다려야 한다. 때로 그는 우리가 잠잠히 있게 내버려 두실 수도 있다. 또 어떤 때는 우리를 앞으로 이끄시고, 우리의 여정에 많은 기쁨과 힘을 주는 영적인 생각들을 보여 주실 수도 있다.[2]

이처럼 묵상은 본질적으로 단순하기 때문에 그저 외부에서 관찰만 하는 사람은 그 변화의 능력을 미처 깨닫지 못할 것이다. 그러나 주님의 집에 거하여 "여호와의 아름다움을 앙망하며 그 전에서" 사모하는(시 27:4) 것이 유일한 소원인 사람들에게, 묵상은 풍성한 그리스도인의 삶과 성령 안에서 활기찬 사역 둘 다를 제공하는 비결이다.

지성과 마음과 의지

묵상은 지성(mind)과 마음과 의지에 모두 관련되어 있다. 우리는 성경말씀을 생각하거나 숙고함으로써 묵상하지만 말씀이 머리에만 머무는 것은 원하지 않는다. 예수께 시선을 고정하고 말씀 속에서 그를 만나려 할 때 말씀이 지성뿐 아니라 마음속으로도 들어오기를 바란다. 이것이 어떤 사람에게는 긴 여행이 될 수도 있지만, 우리는 이 여행을 해야만 한다. 하나님의 말씀은 우리를 하나님의 임재 안으로 곧장 이끌어 가는 성령의 고속도로기 때문이다. 성령은 말씀이 지성과 마음을 깊이 관통하게 함으로써 우리가 의지로도 아버지를 따를 수 있게 이끄신다. 이것이 성령님이 우리를 하나님의 임재로 이끄시는 방법이다.

묵상은 과정이다

묵상은 단지 우리의 배고픈 영혼을 채우기 위해 이따금씩 행하는 한순간의 행동이 아니다. 묵상은 하나님의 말씀이 내 안에 들어와 풍성히 거하시게 하는 과정이다. 바울은 "그리스도의 말씀이 너희 속에 풍성히 거하여 모든 지혜로 피차 가르치며 권면하고 시와 찬미와 신령한 노래를 부르며 마음에 감사함으로 하나님을 찬양하고"(골 3:16)라고 말한다.

묵상은 주님께로 돌아서서 그분의 말씀을 듣고 순종하여 그분께 영광을 돌리기 원하는 태도며, 주님께 초점이 맞추어졌기에 매일 아침 잠에서 깨면 제일 먼저 하나님이 성경을 통해 개인적으로 말씀해 주시기를 바라는 마음이다. 또한 하나님과 만나 그의 위엄을 바라본다는 최고의 소망을 품고 종일토록 하나님을 갈망하면서 하나님과 친밀하게 걸어가는 것이다.

묵상에 관한 구약성경의 가르침

대화로서의 묵상
묵상하는 자를 묘사하는 구약성경의 단어[3]에는 대화라는 개념이 포함되어 있다. '가장 달콤한 삶은 하나님과 끊임없이 대화하며 사는 삶이다.' 로렌스 수사(Brother Lawrence)는 이 말을 할 때, 이미 묵상의 개념을 잘 알고 있었던 것이다. 그가 말한 삶은 묵상의 열매이기도 하고, 묵상의 과정을 묘사한 것이기도 하다. 인간의 대화에서와 마찬가지로 묵상에는 하나님께 이야기하는 것과 그가 하시는 말씀을 듣는 것이 모두 포함된다. 묵상은 이 흥분되는 삶의 문을 열어 준다. 시편 기자는 그것을 이렇게 묘사하고 있다. "내가 여호와를 항상 내 앞에 모심이여 그가 내 우편에 계시므로 내가 요동치 아니하리로다"(시 16:8).

예배로서의 묵상

구약성경은 또한 예배로서의 묵상에 관해 말씀한다. 어떤 때에는 묵상과 예배, 이 두 단어가 거의 같은 뜻으로 쓰이기도 한다. 따라서 묵상은 예배의 마음으로 성경말씀을 읽고 연구하는 것이라고 이해할 수 있다. 그렇다면 묵상은 예배의 기초다. 묵상은 우리를 예배로 이끈다. 진정한 예배자는 먼저 하나님의 말씀을 참되게 묵상하는 사람이다!

예배의 핵심은 받는 것이 아니라 드리는 것이다. 우리는 종교 의식을 행하거나 하나님께 축복을 받기 위해 예배하지 않는다. 최고의 사랑과 감사를 드리기 위해 하나님을 찬양하며 예배하는 것이다. 우리는 그가 언제 어디서 어떤 방법으로든 우리를 쓰실 수 있게 우리 몸을 산제사로 드림으로써 그를 예배한다.

예배자보다 더 복된 이가 누구인가? 소유할 권리를 포함해 모든 것을 드려서 전심으로 헌신하고 예배하는 사람보다 하나님의 신실하심과 끊임없이 공급하시는 은혜를 더 잘 설명할 수 있는 이가 있겠는가!

우리는 묵상할 때마다 하나님께 예배를 드리고 있는 것이다. 그저 오늘의 말씀을 얻거나 하나님과의 친밀한 삶을 보상으로 받으려 애쓰지 마라. 묵상을 하면 이 모든 것과 함께 훨씬 더 많은 것을 얻게 된다. 아침마다 당신의 전부를 새로 주님께 드리는 예배의 행위로서 묵상하라. 묵상을 하게 되면 하나님께 아무리 드려도 결코 충분하지 않음을 깨닫게 될 것이다! 매일 아침 하나님의 말씀을 묵상함으로써 그분을 만날 때 당신은 더 깊은 예배의 삶을 살게 될 것이다.

기도로서의 묵상

성경은 또한 기도로서의 묵상에 관해 말씀한다. 묵상은 예배하는 자세로 성경말씀을 기도로 아뢰는 것이라 할 수 있다. 제자들은 예수님께 부탁했다. "주님, 기도하는 법을 가르쳐 주십시오!" 이것은 모든 시대의 그리스도인들이 주님께 구하는 것이 아닌가. 우리는 어떻게 기도해야 하는가? 이상하게 들릴지 모르지만, 기도하는 법을 배울 필요가 있다. 저절로 기도할 수 없다는 것은 모두가 아는 사실이다. 배우지 않으면 욕망이나 욕구 및 쾌락 등을 기도와 혼동하기 쉽다. 그러므로 기도하는 법을 배워야 한다.

어린아이가 말하는 법을 생각해 보라. "아버지의 말을 들음으로써 배운다"고 디트리히 본회퍼는 말했다. 그의 말을 좀더 들어 보자. "우리는 하나님께서 우리에게 말씀하셨고 말씀하시기 때문에 하나님께 말씀드리는 법을 배운다. 하나님 자신의 말을 따라함으로써 그분께 기도하기 시작한다.[4] … 우리는 성경에서 예수 그리스도 안에 있는 하나님의 말씀을 만난다. 확신과 기쁨으로 기도하기 원한다면 성경말씀을 토대로 기도해야 한다. … 하나님께로부터 나오는 말씀이 우리가 하나님께로 가는 길을 찾는 방법이 된다."[5]

특히 시편을 묵상하면 자신이 그 시편의 말들을 고스란히 기도로 옮기고 있음을 곧 알게 된다. 시편은 성경에 기록된 기도책이다! 시편은 성경에서 기도만을 담고 있는 유일한 책이다. 시편에는 몇 세기 전에 다윗 왕과 여러 시인들의 입술로 그리스도 자신이 기도하신 내용이 담겨 있다. 그분은 묵상하는 우리를 통해서도 그런 기도를 하기 원하신다. 그러므로 묵상은 예배뿐 아니라 기도의 기초다.

예배, 묵상, 기도는 그리스도인의 영성의 핵심이다. 진정한 그리스도인은 절대로 다른 것을 희생하여 한 가지에만 집중하지 않는다. 중보기도자는 언제나 예배자요 묵상하는 사람이어야 한다. 그렇지 않으면 그의 중보는 단지 인간의 욕구를 표현할 뿐이다. 묵상하는 자는 예배로서 드리는 묵상 자체가 우리를 더 깊고 높은 예배의 경지로 이끈다는 것을 알게 된다. 묵상은 진리의 말씀이신 예수님이 계시는 아버지 하나님의 왕실로 우리를 이끌어 간다. 하나님의 오른편에 앉아 모든 나라들이 와서 경배하기를 기다리고 계시는 그 예수님께로!

묵상에 관한 신약성경의 가르침

구약성경이나 신약성경 모두 성경적 묵상에 대해서 똑같은 개념을 제시하지만, 강조점이 몇 가지 다르다.[6] 성경 전체에서 말하는 묵상은, 하나님과 하나님 말씀이 들어갈 자리를 만들기 위해 마음을 깨끗하게 하거나 정화하는 과정이다. 죄, 헛된 생각, 상상, 다른 이들에게 품은 악의 등 하나님과의 관계를 방해하는 모든 것들을 제거하여 마음을 온전히 하나님께 집중하는 것이 묵상이다.

"위엣 것을 생각하고 땅엣 것을 생각지 말라." 사도 바울의 말을 통해 우리는 묵상을 더 깊이 이해하게 된다. 그는 성령에 집중된 마음은 생명을 가져오는 반면, 육에 초점을 둔 마음은 죽음을 가져온다고 말한다. 그는 자신을 따르는 자들이 하나님의 말씀으로, 나아가 하나님 자신으로 가득 차기를 기도한다. 이 모두가 묵상을 표현하는 것이다. 묵상하는 그리스도인은 자신의 믿음에 대해, 또 그리스도 안에 있는 구원의 메시지에 대해 깊게 생각한다. 그뿐이 아니다. 하나님이 성경 안에서 예수 그리스도에 관해 말씀하신 모든 것을 자신의 생각과 마음에 채우려 한다. 그는 그리스도께 시선을 고정하며 삶에서, 심지어 죽음에서도 하나님을 영화롭게 한다는 자신의 목표에 집중한다. 그러므로 묵상하는 사람들이 성령에 의해 계속 변화를 받아 그들 주위에 영향을 끼치는 것은 정말 당연한 일 아닌가!

묵상할 때 기억할 세 단어

묵상에 대한 성경의 가르침은 '열라', '초점을 맞추라', '채우라' 이 세 단어로 가장 잘 요약할 수 있다. 이 단어들을 기억하면서 묵상한다면 성경적 묵상의 참된 의미를 이해할 수 있다. 뿐만 아니라, 어떻게 묵상해야 하나님을 송축하고 온 세상에 축복을 전하는 놀라운 결과를 가져올 수 있는지 배울 수 있다.

열라

"내 눈을 열어서 주의 법의 기이한 것을 보게 하소서"(시 119:18).[7] 하나님의 말씀의 신비 안으로 들어가려면 성령이 내 눈을 열어 주셔야 한다. 그렇다면 이 말은 하나님이 나를 눈멀게 하셨다는 것을 암시하는 것이 아닌가? 하나님은 그분의 말씀을 인간의 분석과 지적 추론으로부터 숨기셨다. 성경의 저자이신 성령만이 내 눈과 생각을 열어 말씀의 영원한 진리를 이해할 수 있게 하신다. 아무리 탁월한 성경학자라도 성경 속 진리는 인간의 노력이 아닌 성령의 계시에 의해 깨닫게 된다는 것을 인정할 것이다. 참된 학생이라면 성령이 자신의 눈을 열어 결코 스스로는 발견할 수 없었을 기이한 것들을 보게 하심에 경탄을 금할 수 없다.

묵상하는 가운데 "지성과 마음과 의지를 연결하는 통로가 열린다. 지성으로 받아들인 것이 마음에 들어가고, 의지를 거쳐 행동에 이른다."[8] 묵상은 하나님에 대한 지식에서 하나님을 아는 지식으로 건네주는 다리다. 묵상할 때 우리는 그저 생각으로 진리를 감지하는 수준을 넘어서서 전 존재로 성경말씀을 찾기 시작한다. 묵상할 때 사상과 개념을 넘어 하나님을 실제로 경험하게 된다!

"밤에 한 나의 노래를 기억하여 마음에 묵상하며 심령이 궁구하기를"(시 77:6, 저자가 사용하는 영어 성경에는 '내 영이 부지런히 찾기를'이라고 번역되었음–역주). 시편 기자의 말과 같이 하나님은 말씀을 우리에게 나타내시고 우리의 눈을 열어 말씀의 기이한 것들을 보게 하신다. 그러므로 우리도 우리 자신, 곧 영과 생각과 감정과 의지를 다 열어 그를 받아들여야 한다. "볼지어다 내가 문밖에 서서 두드리노니 누구든지 내 음성을 듣고 문을 열면 내가 그에게로 들어가 그로 더불어 먹고 그는 나로 더불어 먹으리라"(계 3:20).

예수님은 이 말씀을 믿지 않는 자들이 아니라 깊은 친밀감과 교제를 함께 나누기 원했던 믿는 자들에게 하셨다. 내가 생각과 영의 문을 열 때 나는 "그리스도께서 내 마음속에 내면의 성전을 건축하시게 할 감정적, 영적 공간을 만들어 낸다."[9] 나 자신을 하나님께 열고 그분이 거하실 공간, 즉 그분이 성경 각 구절에 담겨 있는 보화를 쌓으실 자리를 만드는 것이다.

묵상은 한 구절의 성경말씀 앞에 앉음으로써 시작된다. "여호와는 나의 목자시니 내가 부족함이 없으리로다." 시편 23편의 이 짧은 구절을 통해 나는 하나님을 바라보며 그분의 임재를 갈망한다. 나는 하나님의 말씀 안에서 그분께 나 자신을 열고 생각만이 아니라 영으로도 교제하기 시작한다. 나는 영으로 하나님을 찾고 목자의 얼굴을 응시하면서 깊이 생각한다. 묵상할 때 나의 바람은, 목자가 어떤 분인지를 이해하거나 그분이 어떻게 나의 필요를 공급해 주시는지만을 공부하는 것이 아니다. 목자를 실제적·개인적으로 만나고 교제하는 것, 이것이 나의 소원이다. 그러면 틀림없이 '부족함 없게' 된다. 단지 이 한 구절 앞에 앉아, 성령이 선한 목자에게로 자신을 이끌어 가시게 함으로써 삶이 완전히 변화된 사람들은 셀 수 없이 많다!

초점을 맞추라

묵상한다는 것은 본문에서 발견되는 하나님의 말씀에 초점을 맞추는 것이다. 또한 내 앞에 있는 말씀에 집중하기 위해 모든 더럽고 불필요한 생각과 산만함을 없애는 것이다.

유대인 성경학자 아리예 카플란은, 모든 사람에게는 "지금까지 자신에게 일어났던 모든 것을 기억하고 자신을 둘러싼 모든 사건을 인식할 수 있는 타고난 능력"이 있다는 사실을 상기시켜 주었다.[10] 하지만 이 모든 정보가 마음속에 한꺼번에 쏟아져 들어오면 완전히 압도당해 혼란을 겪을 것이라고 덧붙였다. 또한 '혼자 있음' 또는 '자신을 내면적으로 고립시킴'이라는 뜻을 가진 히브리어 히트보데드는 마음속에 정체되어 있는 것들, 즉 불필요한 정보나 쓸모없는 생각을 제거하여 하나님이 우리에게 주시고자 하는 생각이나 하나님 자신께 집중하는 것을 묵상으로 묘사하고 있다고 지적한다.

좋은 사진가는 초점이 잘 맞아야 완벽한 사진을 얻을 수 있다는 것을 안다. 초점이 잘 맞으면 조명이 알맞게 되고, 결국 원하는 결과를 얻는다. 묵상도 이와 비슷하다. 본문의 각 단어에 초점을 맞추어 한 단어 한 단어에 집중하면, 눈이 점점 열리고 숨겨진 보물이 드러나는 것을 경험할 것이다.

뉴욕시티에서 내가 즐겨찾던 유대인 책방에는 데이빗 킴치(David Kimchi)라는 랍비의 책이 많이 있었다. 그는 가장 저명한 유대인 성경 주석가이자 어원학자였다. 그는 묵상이란, 한 생각에 집중하기 위해 마음에서 다른 모든 생각을 없애며 그 주제를 "어루만지는 것"이라고 표현했다.[11] 새 신부가 다이아몬드 반지를 어루만지며 그 아름다움에 모든 관심을 집중시키는 것과 아주 비슷하다. 그녀는 한 각도에서 반지를 살펴보고는 빛을 향해 들어올려 또 다른 각도에서 자세히 관찰한다. 세월이 지나도 다이아몬드의 황홀한 아름다움은 사그라지지 않는다. 마찬가지로 오랫동안 깊이 묵상해 온 사람만이 그 속에 숨겨진 아름다움을 면면이 발견할 수 있다.

하나님의 말씀은 다이아몬드와 같아서 묵상하는 사람이 처음에는 이 면, 다음에는 다른 면의 의미에 세심하게 집중할 때 계속해서 그 아름다움을 드러낸다. 하나님의 사랑의 높이와 자비의 깊이 및 은혜의 넓이와 길이를, 묵상하는 자보다 더 잘 아는 사람은 없다. 매일 아침 성경 한 구절 앞에 앉을 때, 성령은 각 단어를 통해 하나님의 영광을 아는 지식의 빛을 비추신다. 하나님 말씀의 보석함이 열리고 각종 귀한 보석이 새로운 통찰력, 신선한 깨달음, 새 계시를 드러내는 것이다. 그럴 때 우리는 주님이 정말로 말씀하셨음을 안다.

묵상은 예수님과 함께 앉는 것과 예수님께 배우는 법을 익히는 것이다. 예수님이 돌아가시자 상실감에 빠진 제자 둘이 엠마오로 가고 있었다. 그들의 유일한 희망이신 예수님이 떠나가신 것이다. 그러나 그들이 모르는 사이에 예수님은 죽음에서 부활하셨고, 그 순간에 그들 곁에서 걷고 계셨다. 그들은 비록 예수님을 알아보지 못했고 예수님이 하시는 말씀을 이해하지 못했지만(어쩌면 완전히 믿을 수 없었는지도 모른다), 예수님의 존재에 매혹되어 자신들의 거처로 그를 초대했다(눅 24:13-35).

그들과 식탁에 앉으셨을 때 예수님은 그들과 함께 떡을 떼시고 자신에 관한 모든 성경말씀을 계속해서 나누셨다. "저희와 함께 음식 잡수실 때에 떡을 가지사 축사하시고 떼어 저희에게 주시매"(눅 24:30). 이 말이 묵상의 과정을 가장 잘 묘사하는 말인지도 모른다. 예수님이 그들과 함께 식탁에 앉으셨다. 대부분의 그리스도인들은 예수님을 위해 일하고 그분의 비전을 들고 달리는 법을 안다. 어떤 이들은 그분과 함께 걷는 법도 안다. 하지만 무엇보다도 예수님과 함께 앉는 법을 배워야 한다. 예수님이 발 앞에 앉은 마리아에게 말씀하신 것처럼 우리도 그분께 온전히 집중할 때 아버지의 말씀을 들을 수 있다(눅 10:38-41). 또 예수님은 떡을 가지고 축사하신 후 사람들에게 떼어 주셨다.

이것이 바로 묵상 아닌가. 예수님은 우리와 함께 식탁에 앉으신다. 그분은 주인, 우리는 손님이다. 제자들은 자기들이 예수님을 초대했다고 생각했지만, 그동안 내내 그들을 초대하신 분은 바로 예수님이시다! 그분은 아침마다 우리를 초대하셔서 자신과 함께 식탁에 앉아 자신에게 집중하라고 하신다. 그리고 나서 말씀을 가져다가 축복하시고 떼어 우리에게 주신다. 우리는 단지 받을 뿐이다. 우리는 계속해서 예수님께 집중하고, 그분께만 초점을 맞추며, 그분이 우리에게 하시려는 모든 말씀을 듣고, 그분의 임재를 즐긴다. 그리고 그 말씀에 사랑과 전심을 다한 헌신으로 응답함으로써 묵상을 완성한다.

아침마다 예수님과 함께 앉아 그분과 그 말씀을 묵상하는 사람에게는 변화가 기다리고 있다! "저희 눈이 밝아져 그인 줄 알아보더니." 묵상하는 자의 보상은 바로 이것, 예수님을 보는 것이다! 그분의 임재 안에서 변화되고 그분의 말씀으로 풍성해진 우리는, 우리 안에 거하시는 예수님이 성령을 통해 우리에게 능력을 주셔서 하늘 아버지를 영화롭게 하신다는 확신 속에 날마다 새 날을 맞이한다.

채우라

'채움'은 묵상을 이해하기 위한 마지막 핵심 단어다. 묵상은 생각과 마음을 하나님의 말씀으로 채우는 것이다. 묵상하는 이들의 목표는 자신을 비우는 것이 아니라 말씀이 풍성히 거하시도록 하나님의 말씀으로 자신을 가득 채우는 것이다. 바울은 우리가 하나님의 모든 충만하신 것으로 충만하게 되기를 기도한다(엡 3:19).

묵상은 하나님의 말씀을 내 마음속에 숨기는 것, 날마다 성령이 내게 하시는 말씀으로 내 보석함을 채우는 것이다. 성경에는 그 마음속에 '하나님의 말씀을 숨긴' 많은 이들이 등장한다. 요셉의 형들은 요셉의 꿈을 시기하여 그를 죽이고자 했으나 그의 아버지는 "그 말을 마음에 두었다"(창 37:11). 다니엘 역시 하나님 나라에 대한 이상을 받은 후 "내가 이 일을 마음에 감추었느니라"(단 7:28)고 말했다. 수백 년을 뛰어넘어 예수님의 어머니 마리아는 목자들이 예수님에 관해 하는 말을 들었다. 주위 사람들은 그 말을 기이히 여겼지만 마리아는 "이 모든 말을 마음에 지키어 생각"(눅 2:19)했다. 즉 간직했다. 마음에 간직해 둔 말씀은 말씀하시는 이에 대한 신뢰와 그분의 뜻에 대한 순종을 이끌어 낸다.

묵상이란 우리가 발견한 진리나 이해하고픈 신비를 마음속 깊은 곳에 감추고, 성령이 우리의 영에 그 의미와 능력을 보여 주시리라 믿는 것이다.

훌륭한 성경 묵상자요, 묵상에 관한 한 가장 뛰어난 선생으로 평가되는 캠벨 맥알파인에게 처음 묵상을 배운 지도 거의 30년이 지났다. 그는 묵상이란 "수용하는 자세로 성경의 한 구절 혹은 몇 구절을 깊이 생각하면서, 성령이 기록된 말씀을 우리 속사람에게 살아 있는 말씀으로 적용하시게 하는 믿음의 훈련"이라고 묘사한다.[12] 맥알파인의 발 앞에 앉아(사실은 그가 묵상에 관해 가르칠 때 옆에서 통역하면서) 어떻게 성경의 저자이신 성령이 기록된 말씀을 살아 있는 말씀으로 변화시켜 나의 내면 가장 깊은 곳에 심으시는지, 그리고 그 말씀의 씨가 어떻게 내 삶에서 뿌리를 내리고 꽃을 피우며 주님을 위해 열매 맺는지 감탄해하던 기억이 난다. 묵상에 대한 그의 설명을 좀더 들어보자. "묵상은 성령께서 그 진리와 의미를 보여 주실 것에 전적으로 의존하면서 성경 구절들을 깊이 생각하고 숙고하며 사색하는 훈련이다. 그리고 순종하는 마음으로 말씀을 받아들여서 그 말씀을 속사람에게 전달한다. 묵상은 마음속에서 진리를 받아들이는 것이다."[13]

묵상의 또 한 가지 의미는 새김질하는 것이다. 하나님은 사슴, 소, 양과 같은 둔한 동물들을 창조하시고 사랑으로 돌보셨다. 그들에게 네 개의 위를 주셔서 넓은 들판에서 재빨리 풀을 먹은 후, 육식동물들로부터 멀리 떨어진 숲의 나무 그늘 아래서 새김질을 할 수 있게 하셨다. 사슴이나 소는 많은 양의 음식을 빨리 입에 넣고 삼킨다. 삼킨 음식을 첫 번째 위로 보냈다가 15초에서 20초 안에 다시 입 안으로 게워낸다. 잘게 씹힌 음식물은 둘째 위로 갔다가 다시 입 안으로 올라온다. 이 과정은 음식이 넷째 위에 도달하여 완전히 소화될 때까지 되풀이된다. 수의사 친구의 말로는, 이 동물들은 8시간, 심지어 12시간까지도 되새김질을 한다. 새김질하는 것, 이것이 바로 묵상이다!

스리랑카 목회자들이 영성 세미나에 참석하기 위해 청소년 사회복지 센터로도 사용되는 콜롬보(스리랑카의 수도) 부근의 작은 사슴 농장에 모였다. 밖에서 사슴들이 '묵상하는 것' (되새김질하는 것)을 관찰했을 때까지 그들은 묵상의 의미를 잘 몰랐던 것 같다. 30분 정도 관찰한 끝에 누군가가 말했다. "아, 이제야 알겠습니다! 묵상한다는 것은 참신한 아이디어나 설교 거리를 찾는 것이 아니라 하나님의 말씀을 천천히 씹는 것, 그러면서 하나님이 내게 주시는 말씀을 인내를 가지고 소화시키는 것이로군요!" 진정 이것이 묵상의 비결이다. 단어 하나하나를 천천히 마음에 두고 생각하는 것, 새로운 지식이나 뭔가 다른 목적에 사용할 자료를 찾는 것이 아니라 성령님이 나에게 먹이기 원하시는 모든 것을 받아들이는 것이다. 묵상은 성령에서 시작되고 나는 받을 뿐이다. 나의 유일한 바람은 그분이 먹이시는 것을 먹는 것이다. 즉, 그분이 매일 내게 주시는 말씀을 곰곰이 생각하고 맛보고 즐기면서 하나님이 내게 개인적으로 하시려는 말씀을 듣는 것이다.

"만군의 하나님 여호와시여 나는 주의 이름으로 일컬음을 받는 자라 내가 주의 말씀을 얻어 먹었사오니 주의 말씀은 내게 기쁨과 내 마음의 즐거움이오나"(렘 15:16). 이 고백을 한 예레미야는 하나님의 말씀을 마음속에 받는, 묵상의 사람이었다.

예수님도 직접 그의 제자들에게 말씀하셨다. "살리는 것은 영이니 육은 무익하니라 내가 너희에게 이른 말이 영이요 생명이라"(요 6:63).

여기에 성장의 비결이 있다. 하나님의 말씀은 살아 있는 말씀이다. 그 말씀이 우리를 채우면 채울수록 우리 안에 거하시는 성령의 능력은 점점 더 커진다. 우리 안에 있는 그리스도의 생명도 점점 더 풍성해진다. 우리는 그저 하나님이 날마다 말씀으로 우리를 먹이시고 채우시게 하면서 그 말씀을 마음껏 즐기기만 하면 된다. 캠벨 맥알파인은 하나님이 광야에 있는 이스라엘 백성에게 만나를 공급해 주신 것에 관해 이렇게 말했다. "여기에 그들을 먹이고 살릴 '하늘로부터의 빵'이 있었다. 사람들은 그것을 어떻게 대했는가? 감탄하고 분석하고 조사, 비평했는가? 아니다. 주신 것을 먹었다. 내면에서 그것을 받아들인 것이다." 이것이 묵상할 때 일어나는 일이다. 우리는 말씀을 먹고 말씀으로 채움 받는다. 우리의 영혼은 주님의 임재로 만족을 느낀다.

묵상과 성경 공부, 묵상과 명상

묵상은 말씀을 통해 하나님을 알아가는 가장 효율적인 방법이지만 유일한 방법은 아니다. 믿는 자들은 말씀을 읽고, 공부하고, 듣고, 외우고, 노래하고, 선포해야 한다. 특히 묵상과 성경 공부, 묵상과 명상(contemplation)을 구별해야 한다. 그러면 그리스도인의 삶에 필요한 묵상의 의미와 가치를 좀더 깊이 이해하게 될 것이다.

묵상과 성경 공부

하나님께 내 눈을 열어 말씀의 기이한 것들을 발견하게 해 달라고 기도하는 것은, 말씀 묵상이 성경 공부와는 별개임을 암시한다. 성경 연구가 필요 없다는 뜻은 아니다. 그 반대로 공부와 묵상은 병행되어야 한다. "말하자면, 묵상은 신실하고 경건한 성경 공부의 기초 위에 이루어진다."[14]

우리가 성경을 공부하는 이유는 지성(mind)을 사용하여 성경의 진리를 이해하고 파악함으로써, 하나님을 알고 그분의 진리에 순종하며 다른 사람을 가르치기 위함이다. 믿음의 교수들과 선생들이 신실하고 경건하게 성경을 연구해 왔기에 일반 성도들은 기독교의 진리를 더 잘 이해하고 적용할 수 있다. 우리는 온 생애를 다 바쳐 성경을 번역하고 주석을 쓰며 성경용어사전, 성경사전, 배경 연구 등을 편집한 학자들에게 무한히 감사해야 한다. 그로 인해 믿는 자들이 성경을 이해하는 데 도움을 얻었다. 일반 성도들은 또한 언제고 사용할 수 있도록 교회나 기독 서점에 비치된 다양한 자료들을 이용하여 성경을 공부해야 한다. 특히 성경을 귀납적으로[15] 공부하면 말씀의 깊이를 발견할 수 있다.

그렇지만 진정으로 훌륭한 성경학자는 성경을 공부하면서 어떤 시점에선가 자신이 '하나님의 말씀과 사랑에 빠지고 있다'는 것을 발견할 것이다. 이것은 학문적인 지식 추구에 비할 바가 아니다. 그는 말씀에 매혹되고 성령이 끌어당기는 힘에 사로잡힌다. 많은 학자들은 성경 공부가 자연스레 묵상으로 흘러간다고 증언한다. 성경 공부는 묵상의 장애물이 아니다. 오히려 성경말씀을 묵상하도록 이끈다. 성경 공부와 성경 묵상은 기능이 다르며, 어느 하나만으로는 온전하지 않다. 하나님은 우리의 마음에 빛을 비추셔서 우리 각자를 위한 그분의 메시지를 보게 하신다. 또한 말씀 속에서 그분을 만날 수 있게 하신다.

피터 툰이 제시한 세 가지 설명은 성경이 어떻게 묵상의 근원이 되는지를 잘 보여 준다. 첫째, 묵상은 제자들이 가장 존경하는 스승의 글을 읽는 것과 같다. 제자라면 스승의 모든 글을 주의 깊고 충실하게 읽을 것이며, 때로는 한 단어를 오래도록 숙고하여 그 글을 건성으로 대하는 자는 관찰할 수 없는 함축적 또는 간접적 의미를 보게 될 것이다. 둘째, 묵상은 군인이 전쟁 전에 지령을 읽는 것과 같다. 군인은 지령을 한 단어도 놓치지 않는다. 놓치기는커녕 하도 읽어서 자신도 모르는 사이에 외우게 된다. 명령을 마음에 새겨 전쟁을 준비하는 동안 생각하고 외울 것이다.

하지만 세 번째 설명만큼 적절한 것도 없다. 피터 툰은 성경말씀을 신랑이신 예수 그리스도가 신부인 교회에게 하늘에서부터 보내는 장문의 연애편지와 같다고 묘사한다.[16] 신부는 애정과 기대감에 편지를 읽는다. 그리고 성경을 해석하는 사람들은 영원히 발견할 수 없는 보물들을 발견한다. 여기서 신부란 사랑하는 예수의 발 앞에 앉아 자기만을 위한 사랑의 메시지를 듣고 그 메시지에 응답함으로써 그분을 사랑하고 경배하는, 묵상하는 사람을 말한다.

이 세 가지 설명은 하나님의 말씀을 공부하는 것과 그 말씀을 묵상하는 것이 서로 분리될 수 없음을 나타낸다. 성경적 지식이 있으면 하나님이 묵상 시간에 만나 주셔서 직접 말씀하실 때 자기가 경험하는 것들을 더 잘 이해할 수 있다.

예수님은 다메섹 도상에서 바울을 만나 주시고, 그에게 그리스도에 관한 예언에 담긴 풍성한 보화를 보여 주심으로써 큰 신비를 알려 주셨다. 학자로서 바울은 성육신의 신비를 이해하는 데 전생애를 드렸다. 그의 글에는 성육신-십자가, 하나님의 사랑, 그리스도인에게 주어질 풍부한 보물-에 대한 묵상의 깊이가 드러난다.

성 프란시스는 하나님의 말씀에 바르게 접근한 것 같다. 존 마이클 탈봇은 다음과 같이 그를 묘사한다.

> 성 프란시스는 전문적인 성경학자는 아니었다. 그러나 그의 지칠 줄 모르는 기도와 계속적인 선행이 그의 영적인 눈을 정결케 했다. 그리하여

그의 냉철한 지성은 영원한 빛의 광채에 휩싸이면서 말씀 속을 깊이 파고들었다. 때묻지 않은 그의 천부적인 재능은 그 신비의 중심을 뚫고 들어갔으며 하나님을 향한 사랑으로 그는 신학자들과 과학이 그 바깥에 서 있었던 그 곳 안으로 들어갔다. 그는 성경에서 읽고 이해한 것이 지워지지 않게 기억 속에 새겨 넣었다. 일단 주의 깊게 파악한 것은 계속해서 묵상했다. 이것이 바로 동시대 신학자들에게서 다음과 같은 평을 받게 된 근거다. "우리의 학식은 땅에서 기고 있는 반면, 그의 신학은 한창 날고 있는 독수리처럼 순결과 명상의 날개를 달고 높이 날아오른다!"[17]

묵상과 명상

묵상과 성경 공부가 기능은 서로 다르지만 서로를 보완하는 것처럼, 묵상과 명상도 그러하다. 명상은 묵상에서 시작된다. 또는 성경말씀에 대한 묵상이 어느 시점에선가 하나님에 대한 명상으로 이끈다고 말할 수도 있겠다. 오늘날, 명상을 '발견한' 것처럼 느끼는 많은 그리스도인들이 굉장히 흥분하는 것을 보았다. 나는 명상적인 기도에 지지하지만, 그것이 말씀 묵상과 별개라거나 교회의 새로운 경향이기 때문은 아니다. 명상은 초대 교회 시절부터 항상 있었던 것이다. 묵상과 명상은 분리될 수 없고 항상 함께한다.

기독교 초창기부터 명상은 '하나님을 경험하는 것'으로 이해되어 왔다. 우리는 하나님을 만나고 더 헌신적으로 그분을 사랑하기 위해, 그래서 주저함 없이 온전히 그분을 섬기기 위해 하나님을 추구한다. 하지만 명상은 언제나 하나님의 말씀을 묵상하는 데서 출발한다. 말씀을 건너뛰거나 하나님의 말씀을 제외하고 '더 높은 기도'로 직행할 수는 없다. 말씀 묵상을 삶의 기초로 세우고 날마다 하나님이 자신에게 하시는 말씀을 듣는 사람만이, 하나님을 대면하고 그의 아름다움과 위엄을 바라보는 단계로 나아갈 수 있다. 그리스도인의 영성은 결코 하나님의 말씀 없이 존재할 수 없고, 하나님의 말씀 이상으로 나아갈 수도 없다.

그러면 '묵상'이 '명상'이 되는 시점은 언제인가? (영적 문제에 관한 추상적인 토론을 조심해야 한다. 이런 토론이 요즘에야 흔하지만, 우리 믿음의 선조들 사이에서는 그렇지 않았다.) 토마스 머튼은 묵상이 명상이 되는 과정을 잘 요약한다. "우리가 말씀을 실제로 붙잡는 유일한 길은… 말씀에 관해 이야기하기를 멈추고, (하나님을 더 알고 더 사랑하고자 노력하면서) 말씀을 묵상함으로써 실재하는 말씀을 손에 쥐는 것이다."[18] 우리가 신실하게 성경을 묵상하면 하나님이 그분 자신을 우리에게 나타내실 것이며 우리는 그를 만날 것이다. 이것이 명상이다.

전례 기도에 관한 머튼의 설명은 우리가 묵상에 대해 이해하는 것과 거의 일치한다. "우리의 기도[묵상]가 하나님에 대한 간구에서 벗어나, 마침내 하나님을 찾았다는 내면에서 우러나온 기쁨으로 변할 때가" 바로 묵상이 명상이 되는 순간이라고 말했다.[19] 이는 바로 엠마오로 가는 길에서 예수님을 만나 말씀을 들은 두 제자가 그분과 함께 식사하는 자리에서 예수님이 축사하시고 떼어 주신 떡을 받는 순간 "눈이 밝아져 그인 줄 알아"보았을 때 경험한 것이 아닌가!(눅 24:30-31)

묵상은 명상이 아니라, 명상으로 이끄는 것이다. 하지만 동일한 성령이 그리스도인들을 감동시켜 묵상과 명상을 할 수 있게 하신다. 성경말씀이 기록되도록 계시를 주신 분도, 우리가 묵상할 때 말씀의 깊은 의미를 보여주시는 분도 성령이시다. 성령은 그 말씀을 통해 우리를 성경을 넘어 참된 말씀이신 예수 그리스도께로 인도하신다. 성경의 모든 말씀 뒤에는 길이요 진리요 생명이요 말씀이신 예수님이 계신다. 우리는 그분의 말씀을 들을 때도 기뻐하지만 말씀하시는 그분을 볼 때 더욱 기쁨에 넘치고 황홀해진다. 엠마오로 가는 제자들은 예수님의 말씀을 들었을 때 마음이 뜨거워졌다. 그리고 실제로 그를 보았을 때 말할 수 없는 기쁨으로 가득 차 그 기쁨을 나눴다. 이는 "묵상의 중심은 살아계신 하나님의 임재를 순전히 즐기는 것이며 그분의 이름을 찬양하는 데서 오는 기쁨"[20]이기 때문이다. 말씀 묵상과 그분이 임재하시는 명상을 향해 여행을 떠나자. 이 모든 보화들이 우리를 기다린다.

The Meditating Christian

잔칫상으로의 초대_시편 139편

묵상의 네 단계를 복습합니다(26p).

시편 139편을 읽습니다.
하나님이 말씀하시도록 자신을 열어 놓고
시편 기자가 표현하려던 것을 이해해 봅시다.

시편 139편 1절을 묵상합니다.
하나님은 당신에 관한 모든 것을 알고 계십니다.
또, 판단하려고가 아니라 더 온전히 사랑하려고 당신의 마음을 감찰하십니다.
그런 주님이 개인적으로 들려주시는 말씀에 귀 기울이십시오.

주께서 주신 말씀을 노트에 적습니다.
기도를 적어도 좋고 성령이 이끄시는 대로 다른 무언가를 적어도 좋습니다.

감사의 기도를 드리고 그분께 순종하기로 결정하십시오.

제2장

묵상자가 되기 위한 일곱 열쇠

Seven Keys to Becoming A Meditator

　　수년 전, 친구 두 명이 각각 다른 시기에 다른 장소에서 내게 책 한 권씩을 건네주었다. 그리고 이 책들은 성경말씀과 기도를 대하는 나의 태도를 크게 바꾸어 놓았다. 그 중 한 권은 한스 우르스 폰 발타자르의 「기도」라는 책이다. 이 책은 1955년 독일에서 'Das Betrachtende Gebet'라는 제목으로 출판되었고, 영어로는 그로부터 30년 이상이 지나서야 출판되었다. 저자는 하나님의 말씀의 능력을 강조한다. 말씀은 읽는 이로 하여금 하나님을 알게 할 뿐 아니라, 하나님을 인격적으로 만나고 말씀을 통해 변화되도록 이끈다는 것이다. 성경은 우리가 쉽게 정복할 수 있는 책이 아니다. 하나님이 곳곳에 자신을 계시하셔서 성경을 읽는 이로 하여금 무릎 꿇게 하는 것이다! 폰 발타자르의 말을 그대로 옮겨 보자면, "하나님의 현현은 말씀을 듣는 이로 하여금 겸손한 순종으로 무릎 꿇을 수밖에 없게 만든다."[1]
　　또 한 권은 토마스 H. 그린, S.J.의 「하나님께 열기:기도 안내」[2]였다. 저자는 묵상이 기도의 기초가 된다고 말한다. 사람들은 날마다 하나님의 말씀

속에서 그분께 귀 기울이고 순종하려고 노력하는 가운데 하루 종일 그분의 음성을 깨닫는다. 기도란 하나님께 생각과 마음을 열어 사랑 가운데 그분을 만날 수 있도록 이끄는 것이라고 그는 정의한다. 하나님의 말씀을 들을 때 형성되는 하나님과의 사랑의 관계는 기도의 기초가 된다. 이 두 권의 책은 하나님의 말씀을 묵상하는 사람이나 성령의 인도를 따라 하나님께 간구하는 중보기도자에게 커다란 도움이 될 것이다.

다음에 소개하는, 묵상자가 되기 위한 열쇠가 모두 두 권의 저자에게서 얻어진 것은 아니다. 대부분은 오랫동안 묵상하는 자로 살아오는 동안 하나님이 내게 보여 주신 것들이다. 물론 나는 저자들과 그 책을 내게 전해준 친구들에게 깊이 감사하고 있다. 묵상하는 자의 마음을 좀더 분명히 이해하도록 도움을 주었기 때문이다. 이제 효과적으로 성경을 묵상하기 위한 몇 가지 열쇠를 소개하겠다.

우리는 묵상하는 자들로 태어났다

우리는 묵상하는 자, 하나님의 말씀을 듣고 응답하는 자로 창조되었다. 하나님은 그분의 신비를 우리의 내면 깊은 곳에 넣어 두셨고, 우리는 말씀을 통해 하나님을 인격적으로 만날 때까지 결코 만족을 모른다. 성 어거스틴도 이것을 알고 있었음이 분명하다. 그는 「참회록」(Confessions)에서 하나님이 당신 자신을 위해 우리를 창조하셨으며 우리의 마음은 그분 안에서 안식을 찾을 때까지 결코 진정한 안식을 발견하지 못할 것이라고 했다. 하나님은 우리가 소망을 가지고 하나님을 찾으며 그가 말씀하실 때 들을 수 있는 능력을 주셨다. 폰 발타자르는 「기도」에서 그것을 이렇게 표현한다. "사람은 하나님의 말씀을 듣는 자로 창조되었으며, 그 말씀에 응할 때에라야 자신의 진정한 존엄성을 획득할 수 있다."

성경은 평범한 사람은 다가갈 수 없는 학자들만의 책이 아니다. 성령은 하나님이 성경을 통해 하신 말씀을 모든 그리스도인이 들을 수 있게 하신다. 이 말은 더 이상 성경을 공부할 필요가 없다거나 성경학자가 필요하지 않다는 뜻이 아니다. 오히려 오늘날에는 성경을 연구하는 데 평생 헌신할 젊은이들이 절실하게 필요하다. 하나님의 말씀의 신비를 이해하면 할수록 묵상의 깊이도 점점 더 깊어진다. 하지만 하나님이 말씀하시는 것을 듣기 위해서 특별한 훈련이나 학위나 교회에서의 특별한 직위가 필요한 것이 아님은 강조되어야 한다.

하나님은 우리가 있는 곳에서 우리를 만나주신다. 그분이 우리에게 말씀하시며, 우리는 그분이 말씀하시는 것을 들을 수 있다. 여기에는 공식이 없다. 관계가 있을 뿐이다.

모세와 이스라엘 백성들이 광야를 걸을 때 하나님은 그들을 위해 장막을 예비해 주셨다. 그 안쪽에는 제사장이 하나님과 만나는 '지성소'가 있었고 모세는 날마다 '회막' 안으로 들어갔다. 그리고 하나님은 사람이 그 친구와 이야기하듯이 모세와 대면하여 말씀하셨다(출 33:9-11).

그러면 오늘날 '지성소'와 '회막'은 어디에 있는가? 삼위일체이신 아버지와 아들과 성령이 거하시는 우리 안에 있다! 하나님이 말씀하시는 것을 듣기 위해 두루 찾아다닐 필요도 없고, 그분을 만나기 위해 건물을 세워야 할 필요도 없다. 그분은 우리 안에 계신다. 그리고 우리에게 날마다 말씀하신다. 우리는 단지 마음의 성전에 있는 '먼지를 떨어 버리고' 들을 준비만 하면 된다. 우리가 할 수 있는 가장 멋진 일은 마음속에 하나님의 말씀이 거하실 자리를 만드는 것이다. 나는 묵상하는 사람이다. 당신도 묵상하는 사람이다. 그렇다면 우리는 그분의 말씀을 들어야 한다!

성경에 관한 책이 아니라 성경 자체를 묵상해야 한다

폰 발타자르는 「기도」에 다음과 같이 기록해 놓았다. "사람들은 스스로 해야 할 명상이 이미 기록되어 있는 '묵상집'을 집어든다." 그는 이어서 다른 사람의 묵상을 읽는 것은 다른 사람이 먹는 것을 단지 지켜보는 것과 같다고 말한다. 그러나 배는 채워지지 않는다. '큐티'나 '아침 묵상'을 위한 자료를 쓴 사람은 분명히 하나님의 말씀을 풍성히 먹었을 것이다. 그러면 우리가 먹는 것은 무엇인가? 하나님의 말씀에 대한 다른 사람의 해석이다. 이것은 묵상이 아니다.

묵상 시간을 위해 흔히 사용하는 소책자들도 유용한 점이 있다. 사람들은 저자의 통찰력에 동의하고, 책에 실린 실례들을 즐기며, 질문과 지침 사항을 통해 유용하고 유익한 성경 공부를 시작하기도 한다. 이런 자료들을 통해 분명 그리스도인들은 성장한다. 하지만 그것은 '영적 독서'지 묵상은 아니다. 그 시간에 최근에 발간된 묵상 책자보다는 훌륭한 기독교 고전을 한 페이지나 한 장씩 읽는 것이 더 좋을지도 모른다. 로렌스 수사의 「하나님의 임재 연습」(두란노 역간), 또는 한나 W. 스미스의 「그리스도인의 행복한 삶의 비결」(크리스챤다이제스트 역간) 등 훌륭한 고전을 읽으면 그들과 함께 성장할 수 있다. 물론 이 외에도 수많은 양서가 있다.

그리스도인들은 성경에 대해 설명하는 책이 아니라 성경을 직접 묵상하면서 말씀을 통해 하나님을 만나고 그분의 음성 듣는 법을 배워야 한다. 주석도, 묵상 책자도, 이야기나 실례도, 우리가 답을 써야 하는 질문도 필요 없다. 필요한 것은 바로 성경이다! 성경 안에서 하나님을 만나며, 성경 안에서 그분의 말씀을 듣기 때문이다.

하나님만이 유일한 묵상 대상이다

성경을 묵상할 때, 사실 우리는 인쇄된 글이 아니라 말씀을 통해 그 자신을 드러내시는 하나님을 묵상하는 것이다. 이와 마찬가지로 아름다운 석양이나 장엄한 산봉우리를 묵상할 때에도, 사실은 자연을 창조하시고 그 장관을 통해 하나님을 만날 수 있게 하신 그분의 위대하심을 묵상하는 것이다. 하나님만이 유일한 묵상 대상이시다. 말씀을 묵상할 때나 구원의 행사를 묵상할 때, 또는 창조의 경이로움을 묵상할 때나 그분이 보여 주신 선하고 올바르고 존경할 만한 무언가를 묵상할 때 우리는 언제나 하나님을 묵상하고 있는 것이다. 이 모두는 다만 하나님이 우리에게 자신을 나타내시는 수단이다.

묵상은 그리스도인의 성장을 돕기 위해 하나님이 주신 연장이다. 연장 자체가 집을 지을 수는 없다. 연장이 숙련된 목수의 손에 쥐어졌을 때에라야 집을 지을 수 있다. 이처럼, 자신을 하나님의 손에 맡기고 전적으로 성령을 의지하는 자의 묵상은 삶을 바꾸는 축복의 통로가 될 것이다. 묵상 그 자체가 우리를 돕는 것이 아니라, 묵상하면 예수님이 아버지의 축복을 우리에게 부어주시는 것이다!

묵상하면서 자신이 누구인지를 기억해야 한다

자신의 참된 정체성에 대해 확신을 갖고 하나님의 말씀에 다가갈 때 비로소 효과적으로 묵상할 수 있다. 우리는 누구인가? 사도 바울의 외침을 들어 보라. "우리는 그의 만드신 바라 그리스도 예수 안에서 선한 일을 위하여 지으심을 받은 자니"(엡 2:10). NJB(New Jerusalem Bible, 새예루살렘 성경)에는 이렇게 번역되어 있다. "우리는 그의 예술 작품입니다!" 우리는 진정 하나님의 아들 예수 그리스도가 갈보리 십자가에서 치르신 희생을 통해 그의 가족으로 입양된 하나님의 자녀들이다. 하나님의 아들딸들인 것이다.

그렇다면 거지의 신분이 아닌 항상 담대히 나오라고 초대하시는 그분의 자녀로서 묵상의 자리에 나아가야 한다. 묵상에 앞서 좀더 영적인 사람이 되려고 '애써 노력할' 필요도 없다. 우리는 이미 영적이며 그분 안에서 완전하다. 우리의 의로움은 그리스도의 의로움이므로 그분의 왕실에 들어갈 가치가 없거나 자격 미달이 아닐까 염려할 필요가 없다. 묵상할 '준비'가 된 듯한 느낌을 주는 특정 분위기나 환경을 찾을 필요도 없다. 기다리고 있는 아버지의 품안에 뛰어드는 아이처럼 나아가면 된다. 탕자는 집에 돌아오기 전에 아버지를 만나면 무슨 말을 하고 어떻게 행동할지 연습했다. 하지만 아버지는 그가 자기 비평을 하거나 무가치하다고 느낄 만한 여유를 주지 않았다. 달려가 품에 안고는 한때 잃어버렸던 '자식으로서의 복'을 부어 주었다.

우리도 하나님의 말씀을 묵상할 때 이렇게 다가가야 한다. 묵상은 큰 잔치에 참여하는 것과 같다. 하나님이 우리를 위해 잔치를 준비하셨다. 그러므로 매일 아침 초대 손님으로서 그 자리에 나아가야 한다. 많이 얻을 것을 기대하지 못하는 거지처럼 나아가서는 안 된다. 누군가가 묵상은 신약성경의 관점에서 해야 한다고 했다. 즉, 묵상은 하나님의 은혜를 통해 어린양의 피로 구속받은 그리스도인들로서 하는 것이지, 율법의 행위로 의롭다함을 얻어야 하는 구약의 신자들로서 하는 것이 아니라는 뜻이다. 하나님과 우리 사이를 분리시켰던 벽이 허물어졌고, 지성소도 이제 열려 있다. 한때 우리를 하나님과 분리해 놓았던 휘장도 두 쪽으로 갈라졌다. 묵상하려는 사람에게는 기초적인 성경 지식이 꼭 필요하다. 우리를 위해 베푸신 하나님의 위대한 일과 그분 안에서 우리가 누구인지에 대한 지식 말이다.

하나님께 무언가를 얻기 위해 묵상하지 않는다

나는 사역 초기 몇 년 동안, 성경을 마주해 하나님이 내게 말씀하시는 것을 직접 듣는 것이 어려웠다. 기도의 응답이나 남에게 전해줄 말씀 또는 설교 아이디어 등 하나님께 뭔가 특정한 것을 얻기 위해 묵상했기 때문이다. 그런데 묵상의 목적이 하나님을 기다리는 것이라는 사실을 깨달았을 때 비로소 묵상에 일대 전환점을 맞았다.

묵상하는 자의 자세는 일하거나 뛰는 자의 자세가 아니라 기다리는 자의 자세다. 무언가가 아니라 누군가를 기다리는 자세! 묵상은 원하는 것을 얻기 위한 행위가 아니다. 날마다 하나님을 만나고, 예배의 정신으로 나아가며, 그분의 놀라운 얼굴을 응시하고, 그 아름다움을 바라보기 위해, 그리고 그분이 하시려는 말씀을 듣기 위해 하는 것이다. 나는 목회자나 말씀을 가르치는 사람들이 하나님을 알고 싶어하는 평신도보다 하나님의 말씀을 들기가 더 어려울 수 있다는 사실을 알았다.

묵상하는 것은 특정 기도에 대한 응답을 찾는 것이 아니며, 다음 주 설교 자료를 얻기 위함도 아니다. 그러나 매일의 묵상을 통해 하나님의 말씀 안에 풍성히 거하는 목회자는 절대로 설교할 말씀이 부족하지 않을 것이다. 묵상은 '대단한 말씀'을 받으려는 시도가 아니다. 어떤 말씀을 주시든, 설사 "나를 따르라"와 같은 간단한 말씀일지라도 생각과 마음과 의지를 다하여 그 말씀을 받아들이고, 말씀을 통해 그분을 신뢰하고 주저 없이 따르기로 헌신하는 것이다.

묵상에는 사람의 의견이 없다. 오히려 그것은 헌신의 기도를 드리는 것이다. "주님, 당신이 제게 보여 주기 원하시는 것이 무엇이든, 그것만이 제가 당신께 원하는 것입니다!" 날마다 이런 태도로 나아가면 하나님이 하늘 문을 여셔서, 우리가 청하기도 전에 인도하시며 구하지도 않은 복을 주실 것이다. 우리는 하나님의 말씀으로 충만케 될 것이다.

그리스도인으로서 우리의 바람은 스펀지가 물을 흠뻑 빨아들이는 것처럼 하나님의 말씀에 흠뻑 젖어 언제나 그분의 뜻을 행할 준비가 되는 것이다. 흙과 물에서 자양분을 빨아들이는 나무뿌리처럼, 하나님과 살아 있는 유기적 관계를 맺음으로써 언제나 하나님이 쓰실 수 있는 준비된 상태가 되는 것이다. 이것을 가능하게 하는 것이 바로 묵상이다.

묵상하면서 변화되기를 기대해야 한다

묵상하는 것은 하나님을 만나는 것이다. 사람들은 사랑과 성찰의 마음으로, 또한 그분이 말씀하시는 것을 듣고 순종하고픈 갈망으로 말씀을 통해 그분을 바라본다. A.W.토저는 믿음이란 우리의 문제들과 불가능해 보이는 일들을 내려놓고 단지 하나님의 얼굴을 바라보며 우리의 가장 깊은 필요와 소원의 답을 가지신 그분께 시선을 고정시키는 것이라고 했다.

하지만 이보다 더 큰 진리가 있다. 내가 묵상할 때에 하나님도 직접 나를 보고 계시다는 사실이다! 그렇다면 효과적인 묵상 비결은 내가 하나님을 만나기 원하는 것보다 하나님이 더 나를 만나기 원하신다는 것을 알고 하나님의 말씀을 대하는 것이다. 사람들은 종종 우리가 하나님을 초대해야 한다고 생각한다. 그러나 사실은 하나님이 우리를 초대하신다. 엠마오로 가던 제자들은 함께 식사하시도록 예수님을 자기들의 거처로 초대했지만, 결국 예수님이 자기들을 초대하고 계셨다는 사실을 알게 된다! 묵상도 이와 마찬가지다.

우리가 묵상할 때 하나님은 우리를 보고 계신다. 모든 것을 보고 모든 것을 알고 계시는 이가 우리를 보고 계신 것이다. 그 앞에 나아가기에 부족한 죄인이 아니라 그분을 알고 그분과 더 친밀하게 동행하고 싶어하는 소중한 자녀를 보시는 것이다. 그분은 우리의 약점이 아닌 우리의 갈망에 주목하신다. 예수님은 시몬 베드로를 제자로 부르셨을 때, 그를 더 이상 "시몬"이라 부르지 않고 "베드로"라 부르겠다고 하셨다. 시몬이란 '갈대'라는 뜻으로 불안정하고 쉽게 부러지며 기반이 없이 물속에서 흔들리는 식물을 의미하며 베드로는 바위, 즉 튼튼한 기초를 상징한다. 우리가 그분께 나아갈 때, 예수님은 베드로를 보셨던 시각으로 우리를 바라보신다.

하나님이 우리를 사랑의 눈으로 바라보시고, 우리는 그분의 아름다움과 거룩함을 주시할 때 변화가 일어난다! 하나님과 그분의 말씀을 묵상하면 날마다 변화된다. 묵상할 때에 우리는 자신을 바라보거나 말씀의 의미와 진실을 우리 자신 속에서 찾지 않는다. 삶에 적용할 원칙을 찾는 것도 아니다. 우리는 하나님을 바라보고, 하나님은 우리를 주시하신다! 그리고 우리는 변화된다. 변화는 유명한 설교자의 설교를 듣거나 세미나에 참석한다고 되는 것이 아니다. 변화는 우리가 그분의 임재 안에 거하기를 기뻐하시는 우리 주인 되신 하나님과 홀로 있을 때 일어난다. 이것이 바로 성장의 비결이다. 하나님의 말씀을 묵상하면 언제나 변화된다. 우리 자신을 위해 무언가를 구해서가 아니라 우리 자신을 넘어 하나님을 만나기 때문이다.

묵상하면 세계를 복음화하는 하나님의 도구로 준비된다

묵상을 하는 동안 우리는 성부, 성자, 성령이신 하나님의 신비를 깨닫고, 그분과의 친밀함 속으로 들어가며, 인격이 새로워진다. 그러나 예수 그리스도의 복음의 신비는 모든 인류를 위한 것임을 결코 잊어서는 안 된다! 진정한 묵상은 자신 안으로 끌어당기는 것이 아니라, 언제나 우리를 자신에게서 끄집어내어 세상으로 이끌고 간다. 묵상할 때 하나님은 우리를 개인적으로 만나 주신다. 설교 주제나 가르칠 말씀을 주시기 전에 우리 자신을 위한 개인적인 말씀을 주신다. 우리가 그와 홀로 보내는 시간을 통해 우리를 변화시키신다.

그러나 세상과 동떨어져 혼자만 성령의 임재를 즐기는 '더욱 영적인 그리스도인'이 되게 하시려고 우리를 변화시키시는 것이 아니다. 우리는 세상에 흘려보내기 위해 하나님께 받는다. 하나님이 우리를 복 주시는 이유는 아브라함에게 약속하셨듯이 우리를 열방을 위한 복의 근원으로 삼기 위해서다! 묵상하는 그리스도인은 잃어버린 세상을 향한 하나님의 마음을 품는 '세계적 그리스도인'이다.

우리는 복음의 진리를 세상과 나누라는 부르심을 받았다. 하지만 진리가 먼저 우리 자신의 개인적인 진리가 되어 삶에 적용될 때에라야 비로소 다른 이들과 나눌 수 있다. 우리가 먼저 변화되고 진리에 의해 자유케 될 때, 세상을 변화시키는 하나님의 도구가 되는 것이다.

당부와 격려의 말

이쯤에서 당부와 함께 격려를 하는 것이 좋을 듯싶다. 먼저 당부하자면, 그리스도인들은 비기독교적 묵상을 하지 않도록 조심해야 한다. 정신 수양으로서의 요가든, 초월적 명상이든, 타 종교의 묵상이든 마찬가지다. 기독교 묵상과 비기독교 묵상과의 근본적 차이는 묵상의 대상에 있다. 비기독교적 묵상에서는 묵상자 본인이나 어떤 원칙 또는 사상을 묵상의 대상으로 삼는다. 묵상자에게 자신을 드러낼 대상이 없는 것이다. 반면, 기독교 묵상에는 언제나 대상이 있다. 바로 자신을 나타내시고 나에게 말씀하시며 나와 대화하시는, 그의 임재 안에 들어갈 때 나를 변화시키시는 살아계신 하나님이다. 다른 종교들은 묵상을 통해 '자신의 참된 모습'을 찾는다. 그러나 그리스도인들은 묵상 가운데 자신들의 '참된 창조주', 즉 하나님이시며 우리 주 예수 그리스도의 아버지이신 그분을 찾는다.[3]

토마스 머튼은 기독교 묵상과 비기독교 묵상을 통찰력 있게 대조한다. 그는 창조물이 "하나님의 빛을 사람의 영혼으로 전달하는 투명한 창문"으로서 인간에게 주어졌다고 설명한다.[4] 그러나 인간의 타락과 그로 인한 신분의 추락으로 인류는 더 이상 자신들이 속해 있는 세상을 이해할 수 없게 되었다. 태양을 하나님의 창조에 대한 증거로 보지 못하고 태양 자체를 신으로 숭배하기 시작했다. 세상에 드리워진 어두움의 결과로 사람들은 태양과 나무, 별들을 두려워하게 되었다. 하나님이 주신, 하나님을 증거하는 이 모든 아름다운 것들은 오히려 어르고 달래 주어야 하는 대상이 되어 버렸다.

머튼은 창유리를 상징으로 사용하여, 외부로부터 빛이 들어오지 않는 밤에 창문에 나타나는 현상과 타락의 상황을 비교하여 설명한다. 날이 밝을 때는 창문을 통해 밖을 볼 수 있다. 밤이 와도 방안에 불빛이 없다면 여전히 창문을 통해 밖을 볼 수가 있다. 하지만 방안에 불을 켜면 밖은 보이지 않고 창유리에 반사된 자신의 모습만을 볼 수 있다. 문제는 이방인들이 하나님의 빛을 볼 수 없어서 자신들의 전등을 켜기 시작한 것이다. 그들은 창유리에 비친 모습을 보고는 그것을 또 다른 영적 세계라고 생각한다. 좀 더 나은 종교 리더들, 특히 붓다와 같은 리더들은 통찰력이 있었다. 하지만 그들의 통찰력은 제한적이다. "붓다는 창문에 비친 영상들이 우리 자신과 우리 자신의 소원이 투영된 것뿐임을 너무나 잘 알고 있었다. 그러나 그는 이것이 창문이며 유리 바깥에 태양빛이 있다는 것을 몰랐다."[5]

이제 격려의 말을 하고 싶다. 첫째, 비기독교적 묵상 중에는 파괴적이고 사탄적 요소가 있는 것도 사실이지만, 세계의 주요 종교에서 행하는 묵상들은 사람들이 하나님을 찾는 표현임을 인식해야 한다. 하나님을 발견할 수 없는 상태에서 그들은 아직도 하나님을 알기를 원하며 삶의 의미와 근원을 부지런히 찾고 있다. 그러므로 그들을 판단하지 말고 긍휼히 여겨야 하며, 그들이 나그네로서 살아가는 동안에 그들에게 자신을 나타내기 원하시는 하나님을 만날 수 있도록 기도해야 한다.

둘째, 독자 여러분 한 사람 한 사람을 격려하고 싶다. 여러분이 이제 막 하나님의 말씀을 묵상하기 시작했거나 이미 묵상하고 있다면, 여러분이 정말로 묵상하고 있으며 하나님이 여러분에게 날마다 하시는 말씀을 들을 수 있다는 것을 보여 달라고 하나님께 간구하라. 말씀 속에서 시간을 보내고, 하나님이 당신에게 말씀하시는 모든 것에 순종할 준비가 된 '말씀의 사람'이 되라. 그분이 당신의 삶을 통해 직접 열매를 맺으신다는 것을 깨닫고, 묵상과 함께 날마다 새롭게 될 것을 기대하라. 그러면 평생토록 그분을 영화롭게 할 수 있다.

THE MEDITATING CHRISTIAN

잔칫상으로의 초대_시편 139편

묵상의 네 단계를 복습합니다.

시편 139편을 읽습니다.
하나님이 말씀하시도록 자신을 열어 놓고
시편 기자가 표현하려던 것을 이해해 봅시다.

시편 139편 2절을 묵상합니다.
당신이 잠에서 깰 때마다 하나님은 당신을 축복하기 위해 바라보십니다.
그분은 당신의 생각을 아시며 당신과 생각을 나누고 싶어하십니다.
그분이 개인적으로 들려주시는 말씀에 귀 기울이십시오.

주께서 주신 말씀을 노트에 적습니다.
기도를 적어도 좋고 성령이 이끄시는 대로 다른 무언가를 적어도 좋습니다.

시간을 들여 주님을 기다립니다.
그분께 마음을 드리고 그분 자신을 보여 달라고 기도하십시오.

감사의 기도를 드리고 그분께 순종하기로 결정하십시오.

제3장

하나님과 홀로 있기, 침묵 그리고 말씀

Solitude, Silence and the Word

하나님과 홀로 있기

에녹은 이 땅에 살았던 훌륭한 묵상자 중 한 사람이다. 그는 이 땅에 사는 동안 하나님께 열중했다. 하나님을 떠나서는 아무런 의미도 찾지 못했고, 하나님 외에 다른 곳에서는 아무런 기쁨도 느끼지 못했으며, 하나님과 나누지 못할 슬픔이란 없었다. 그는 영으로 하나님을 찾았으며 삶의 초점을 하나님께 맞추었다. 또한 하나님으로 완전히 채움 받고자 성령께 자신을 내어 드렸다. "에녹이 하나님과 동행하더니 하나님이 그를 데려가시므로 세상에 있지 아니하였더라"(창 5:24).¹ 에녹은 하나님이 그를 데려가시기 전에 믿음으로 하나님을 기쁘시게 해드려 칭찬을 받았다(히 11:5).

그저 하나님과 동행하고 성령의 능력을 힘입는 삶-이것이 영적 삶의 진수 아닌가! 주님과 밀착되어 걸어감으로써 세미한 속삭임에도 들을 수 있는 것, 그 앞에서 충성스럽게 행함으로써 언제나 그분의 뜻을 행할 준비가 되어 있는 것, 앤드류 머리(Andrew Murry)는 이것이 우리의 목표여야 한다고 말한다.

시편 기자는 그것을 이렇게 표현했다. "내가 여호와를 항상 내 앞에 모심이여 그가 내 우편에 계시므로 내가 요동치 아니하리로다"(시 16:8). 주님의 임재 안에 머물고자 의식적으로 노력하는 것, 그분이 나와 함께 있고 싶어하시듯 나도 그분과 함께 있고 싶다고 고백하는 것, 이것이 영적 여정의 시작이다! 예수님은 무엇보다도 자신과 함께 있게 하시려고 열두 제자를 택하셨다. 제자들과 교제하시면서 아버지의 보화를 그들과 함께 나누기 위해서였다. 그 후에 복음 전파를 위해 그들을 파송하시고 귀신을 내쫓는 권세를 주셨다(막 3:13-15). 이것이 하나님과 함께하는 삶이다.

우리는 어디에 있든 무엇을 하든 우리를 완전히 아시고 사랑하시는 이의 임재 안에서 그분을 기쁘시게 하려는 한 가지 목표를 가지고 살아간다. 홀로 있기(Solitude)란 많은 군중 속에서도 '하나님과만 함께' 있는 것을 의미한다.

우리 사역 단체의 사무실이 뉴욕에 있을 때 나는 맨해튼 타임스퀘어의 혼잡하고 소란한 거리를 거닐곤 했다. 그러면서 도시의 불빛과 귀청이 터질 것 같은 소음 속에서 하나님과만 함께 있는 것이 가능할까 생각했었다. 그런데 하나님은 내가 조용한 시골 마을의 예배당에 있는 것과 마찬가지로 그 도시 속에서도 그분의 임재 안에 있다고 확신시켜 주셨다. 그리스도는 언제나 우리와 함께 계신다. 항상 내 앞에 계신 이를 보기 위해 돌아설 때 나는 그분의 임재로 가득 찬다. 우리의 모든 사역은 주 되시며 구원자이신 그리스도의 친절과 치유 안에 거하는 것에서 시작된다.

우리를 친구라 부르시며 하나님 아버지가 무한한 사랑 가운데 보여 주신 모든 것을 우리와 나누기 원하시는 예수 그리스도의 임재 안에서 살아갈 때(요 15:15), 묵상은 숨쉬는 것만큼이나 자연스럽다. 묵상자는 영성을 잃지 않으려고 자신을 일상사로부터 보호하거나 세상과 분리하는 사람이 아니다. 반대로 그리스도와 함께 시장에 가며 아침 설거지를 하거나 거대한 엔지니어링 프로젝트를 관리하는 동안에도 그리스도와 교제하는 사람이다. 묵상하는 사람은 언제나 듣고 언제나 순종할 준비가 되어 있으며 주님과 홀로 걷는다.

매일의 훈련

주님과 동행하려면, 즉 로렌스 수사의 말처럼 하나님의 임재를 연습하려면 매일 하나님과 함께 있는 시간을 따로 떼어 놓는 것부터 해야 한다. 이때는 날마다 우리의 충동과 두려움과 욕망과 분노를 내려놓고 예수님의 친절과 치유 안으로 들어가는 시간이다.

헨리 나우웬은 혼자 하나님과만 있는 이 시간을 가리켜 비우는 시간이자 채우는 시간이라고 했다.[2] 이 시간은 날마다 내 권리를 포기하고 내 실상의 모습에 직면하여 나의 '거짓 자아'를 단념하는 시간이다. 나우웬은 거짓 자아를 구성하는 쌍둥이인 욕심과 분노에 관해 말한다. 욕심은 자기중심의 기본 특성이며, 분노는 빼앗기거나 부당하게 취급받았다고 느끼는 것에 대한 충동적인 반응이다.[3]

또한 이 시간은 사랑하는 아버지 앞에서 악한 생각, 나쁜 습관, 충동적 행동과 반항 등의 내 모습에 직면하는 하루 중 유일한 시간일지도 모른다.

고투의 시간. 매일 홀로 있는 시간은 고투의 시간이다. 부정적 생각, 자만심, 완고함을 다루어야 하기 때문이다. 나는 사탄이나 세상과만 싸우는 것이 아니라 나 자신과도 싸우고 있다. 하지만 주의 은혜 앞에 서서 주의 임재 안에 거할 때, 나는 나를 온전케 만들기 원하시는 성령의 능력 안에서 고투하고 있는 것이다.

나우웬은 이 시간을 '뜨거운 화덕' 또는 '변화의 도가니'라고 표현한다.[4] 다니엘의 세 친구가 결박에서 풀려난 불타는 풀무 속과도 흡사하다. 이 시간은 너무나 바싹 달라붙는 죄에서 해방되는 회개의 시간이기도 하다. 우리 대부분은 주님과 함께 보내는 아침 묵상 시간이 평화롭고 기쁨으로 가득 차기를 바랄 것이다. 하나님도 분명 우리가 영혼의 큰 평안과 기쁨을 누리기 원하신다. 하지만 우리의 모든 부정적인 생각과 죄를 없애도록 성령이 먼저 우리의 영을 휘젓기도 한다.

만남의 시간. 성령님은 우리가 이 시간에 고투할 뿐 아니라 주님과 만나게 되기를 원하신다. 사람들은 주님 앞에서 자신을 비우는 동안 그분으로 충만케 되기를 원한다. 두려움을 몰아내는 그분의 사랑으로 채워지기를 원한다. 우리의 소원은 그분을 만나는 것이다. 권리를 포기하고 욕심과 분노를 내려놓으면 내 삶의 모든 영역 안에 예수님을 초청한다는 의미가 된다. 매일 아침은 예수님과 만나는 시간, 그분의 사랑 안에 거하는 시간, 내 지친 영혼을 위한 그분의 치유를 받아들이는 시간이다. 앤드류 머리는 날마다 주님의 임재 안인 '지성소'에 거하는 것을 다음과 같이 묘사한다.

지성소에 있는 삶의 축복이란! 여기서 아버지의 얼굴을 볼 수 있고 그의 사랑을 맛볼 수 있다. 여기서 그의 거룩함이 드러나며 영혼은 그 거룩함에 참여하게 된다. 여기서 사랑과 예배와 경배의 제사가, 기도와 간구의 향이 능력 안에 올려진다. 여기에 하나님과 어린양의 왕좌로 솟아오르는, 끊임없이 흐르는 강이라 알려진 성령이 흘러나온다. 여기 하나님의 임재 안에서 영혼은 그리스도와 완전히 하나 된 모습으로, 그의 형상과 일치하는 모습으로 자라간다… 여기서 영혼은 독수리의 날개를 단 듯 올라가고, 힘은 새롭게 되며, 복과 능력과 사랑이 주어져 하나님의 제사장들이 그것을 들고 죽어가는 세상을 축복하러 나갈 수 있게 된다. 여기서 우리는 날마다 새로운 기름부으심을 경험할 수 있으며, 그로써 사람들에게 하나님의 사자요 증인이요 구원의 통로, 즉 우리의 거룩한 왕께서 온전한 최후 승리를 이루시는 데 살아 있는 도구로 쓰임 받을 수 있다! 오 예수여! 우리의 대제사장이시여! 이것이 우리의 삶이 되게 하소서!⁵

침묵과 묵상

침묵은 말씀의 집이다. T.S. 엘리엇은 '사순절 첫날(Ash Wednesday)'이라는 시에서 "말씀은 어디 있고, 어디서 울려 퍼질 것인가? 여기는 아니다. 충분한 침묵이 없다"라고 한탄했다. 주님 앞에서 침묵 가운데 기다릴 때에만 그분이 말씀하시는 것을 들을 수 있다. 엘리야는 이세벨을 피해 도망갈 때 하나님의 말씀을 들었다. 그가 호렙 산 어느 동굴에 피신해 있을 때 하나님의 말씀이 임하였다. 하지만 엘리야가 예상했던 것과 다르게 하나님의 말씀은 강한 바람이나 큰 지진이나 불 가운데 있지 않았다. 세미한 속삭임으로 들려 왔다. 어떤 성경은 "완전한 침묵의 소리 속에"라고 번역하였다.

성경에서 말하는 침묵은 말이 없는 것이 아니다. 가만히 앉아서 무언가가 일어나기를 수동적으로 기다리는 것도 아니다. 성경적 침묵은 듣기 위해 귀를 기울이는 태도나 자세를 말한다. 하루 일과를 해나가면서 종일 주님 앞에 고요히 머물고, 말씀 안에서 그분을 기다리며, 그분께 주의를 기울일 때 하나님은 말씀하실 것이다.

그러나 많은 이들이 침묵을 위협으로 여겨 두려워한다. 전에 뉴욕에서 중고생을 대상으로 청소년 사역을 한 적이 있었다. 그 곳의 학생부 전도사들은 청소년들이 잘못된 것들을 '묵상'하는 것이 주된 문제임을 깨달았다. 아이들은 아주 해로운 음악과 폭력적인 인터넷 게임에 집중하고, 생각과 감정을 온통 그것들로 채우고 있었다. 우리는 여름 캠프를 열어 그들에게 하나님의 말씀을 묵상하는 법을 가르치곤 했다. 아이들은 성경을 들고 15분간 나무 밑에 앉아서 하나님께 말씀해 달라고 구했다. CD 플레이어도, 카세트 녹음기도 휴대할 수 없었다. "하나님 앞에 잠잠히 있으면서 그분이 말씀하시기를 기다려라." 이것이 우리가 주문한 내용이었다.

한 어린 학생은 3분밖에 견디지 못했다! "너무 시끄러워요. 소음을 견딜 수가 없어요." 그 학생은 불평하며 모임 장소로 급히 돌아왔다. 하지만 캠프를 열었던 포코노 산에는 졸졸 흐르는 시냇물 소리와 새들의 노랫소리 외에는 아무 소리도 들리지 않았다. "아뇨, 제 안이 너무 시끄럽단 말에요!" 그는 외쳤다. "어떻게 해야 할지 모르겠어요!" 그 때, 침묵에는 두 종류의 침묵이 있음을 깨달았다. 무서움을 느끼게 하는 두려운 침묵과 평화로운 침묵.

밖은 조용했지만, 학생은 내면의 고요함을 경험할 수 없었다. 오히려 내면의 소음이 밖의 소음보다 더 커졌다! 분노와 갖가지 두려움이 거세게 소리치자, 그는 침묵을 견딜 수가 없었던 것이다.

많은 이들이 일상생활의 소음과 소동을 떠나 주님 앞에 조용히 머물 수 있을 때 말씀을 묵상하려고 애쓴다. 그러나 이내 소음은 그들 안에 있지, 밖에 있지 않다는 사실을 깨닫고는 불만스러워한다. 하지만 효과적인 묵상을 하기 위해 평안과 적막을 찾아 자신의 내면으로 들어갈 필요는 없다. 말씀을 들을 수 있는 평화로운 침묵을 얻으려면 우리 자신을 넘어 하나님의 임재 안으로 들어가야 한다.

다음은 초기 기독교 시대의 '사막 교부들(Desert Fathers)'에게서 유래된 이야기다. 한 젊은 제자가 스승에게 침묵을 발견하는 방법을 물었다.

"제게 침묵을 가르쳐 주시겠습니까?" 나는 물었다.
"아!" 그는 기뻐하는 듯했다. "자네가 원하는 게 '위대한 침묵'인가?"
"예, '위대한 침묵'입니다."
"글쎄, 자네는 그걸 어디서 찾아야 한다고 생각하는가?"
"제 속 깊은 곳이라고 생각하는데요. 안으로 깊이 들어갈 수만 있다면 소음을 피하리라고 확신하지만, 어렵습니다. 저를 좀 도와주시겠습니까?"
나는 그가 도와주리라는 것을 알았다. 그의 생각이 느껴졌고, 그의 영혼은 매우 고요했다.

"그래, 나도 한때 그랬지." 그는 대답했다. "안으로 들어가는 데 수년을 보냈어. 그리고 거기서 침묵을 맛보았네. 그런데 어느 날 내 상상인지 모르지만 예수님이 찾아오셨네. 그리고 단순히 '와서 나를 따르라' 고 말씀하셨지. 나는 나갔네. 그리고 다시는 돌아오지 않았지."

나는 어리벙벙했다. "하지만 침묵은…?"

"나는 '위대한 침묵' 을 발견했네. 그리고 소음은 안에 있다는 것을 알게 되었다네!"⁶

하나님의 말씀을 묵상하는 사람들은 '위대한 침묵'을 발견한 것이다. 그것은 대제사장이신 예수님의 임재 안에서 하나님의 왕좌 앞에 담대히 들어가는 평화로운 침묵이다. 우리는 잠잠히 기다린다. 하나님이 먼저 말씀하시기 전에는 말하지 않는다. 우리는 그분의 말씀 듣기를 갈망한다. 그분의 목소리는 우리 마음에 형언할 수 없는 기쁨을 선사한다.

침묵은 중요하다. 우리는 '일어나 가는 데' 너무나 익숙한 나머지 침묵을 위해 시간을 내면 죄책감을 느낀다. 하지만 침묵은 하나님의 말씀을 듣는 열쇠다. 하나님을 향한 온전한 마음이란 잘 받아들이는 마음이다. 하나님이 말씀하실 때 우리는 들을 수 있다. 또한 우리가 그분의 말씀을 묵상할 때 하나님은 세상을 향한 그분의 마음을 우리와 나누실 수 있다.

홀로 있는 시간, 주님의 치유 안에서 쉬는 시간, 하나님이 하시고자 하는 모든 말씀에 온 맘 다해 경청하는 침묵의 시간. 이것이 믿는 사람들이 주님 안에서 하루를 시작하는 방법이다. 길어야 할 필요는 없다. 바쁜 일정 속에 살아가는 사람들은 매일 15분 내지 20분만 들여도 좋다. 짧지만 그것은 삶을 바꾸는 시간이 될 것이다! 하나님과 홀로 있는 시간과 침묵은 우리를 세상과 분리하는 것이 아니다. 오히려 세상을 긍휼히 여기도록 우리를 변화시키고 자유케 한다.

The Meditating Christian

잔칫상으로의 초대_시편 139편

묵상의 네 단계를 복습합니다.

시편 139편을 읽습니다.
하나님이 말씀하시도록 자신을 열어 놓고
시편 기자가 표현하려던 것을 이해해 봅시다.

시편 139편 3절을 묵상합니다.
하나님은 당신에 관해 누구보다도, 심지어 당신보다도 더 잘 아십니다.
당신의 모든 길을 아시는 그분이 당신을 의의 길로 인도하기 원하십니다.
그분이 개인적으로 들려주시는 말씀에 귀 기울이십시오.

주께서 주신 말씀을 노트에 적습니다.
기도를 적어도 좋고 성령이 이끄시는 대로 다른 무언가를 적어도 좋습니다.

감사의 기도를 드리고 그분께 순종하기로 결정하십시오.

제4장

묵상의 대상

The Object of Our Meditation

하나님이 우리의 묵상 대상이심은 이미 말한 바 있다. 믿는 자로서 우리의 간절한 바람은, 우리가 은혜와 사랑과 거룩과 능력이 충만하신 하나님으로 가득 채워져서 우리의 눈을 "항상 우리 앞에" 계신 분께 고정하고 완전한 친밀함 가운데 그분과 동행하는 것이다(엡 3:19, 시 16:8, 행 2:25). 시편 기자는 다음과 같이 고백한다. "주의 존귀하고 영광스러운 위엄(을)… 나는 묵상하리이다"(시편 145:5).

하나님은 우리에게 하나님을 묵상할 수 있는 다양한 방법을 주셨다. 모두가 그분께 초점을 두며, 그분의 임재 안으로 좀더 다가가 그분의 광채를 바라보며, 우리를 향한 그의 사랑의 눈길로 우리를 변화시키는 방법들이다. 우리는 하나님이 자신을 드러내신 모든 방법들을 탐구해야 한다. 그분은 자연 세계에서는 창조주로, 구속과 구원의 사건에서는 시간과 역사의 주로 자신을 드러내셨다. 그리고 무엇보다도 하나님 자신에 관한 특별한 계시인 성경을 통해 드러내셨다. 우리는 그분과 교제하고 동행함으로써 날마다 그분을 만날 것을 기대해야 한다.

하나님의 말씀을 묵상하기

어떤 묵상 방법도 하나님의 말씀 그 자체만큼 우리를 하나님께 가까이 이끌지는 못할 것이다. 영성이 아무리 깊다 해도 하나님의 말씀을 넘어서지는 못한다. 하나님 말씀보다 우리를 더 높은 영적 수준으로 이끌어갈 고상한 묵상이나 명상은 없다. 하나님의 말씀을 칭송하는 시편 기자의 고백을 들어 보라.

> 주의 말씀을 묵상하려고 내 눈이 야경이 깊기 전에 깨었나이다… 방백들도 앉아 나를 훼방하였사오나 주의 종은 주의 율례를 묵상하였나이다 주의 증거는 나의 즐거움이요 나의 모사니이다… 나의 나그네 된 집에서 주의 율례가 나의 노래가 되었나이다… 내가 주의 법을 어찌 그리 사랑하는지요 내가 그것을 종일 묵상하나이다… 주의 증거로 내가 영원히 기업을 삼았사오니 이는 내 마음의 즐거움이 됨이니이다(시 119:148, 23-24, 54, 97, 111).

하나님의 말씀인 성경을 날마다 묵상하면 유약한 그리스도인들도 하나님의 담대한 증인으로 변화된다. 우리는 한 구절을 읽거나 공부하는 동안, 그 몇 마디 안에서 하나님이 만나 주시기를 기도하는 마음으로 마음 문을 연다. 그리고 하나님이 주시는 은혜의 말씀을 통해 매일 스쳐 지나가는 힘없고 지친 사람들을 섬길 힘을 얻는다. 이것이 곧 삶을 바꾸는 묵상이며, 결국 우리의 순종을 통해 세상을 변화시킬 묵상이다.

성경 묵상에는 강한 능력이 있다. 성경말씀 자체가 우리를 하나님의 말씀이신 예수 그리스도의 임재 안으로 이끌어가기 때문이다. '주 예수 해변서 (생명의) 떡을 떼사'[1] 라는 찬송가의 처음 두 소절은 이 진리를 분명하게 드러낸다.

> 주 예수 해변서 떡을 떼사
> 무리를 먹이어 주심같이
> 영생의 양식을 나에게도
> 풍족히 나누어 주옵소서

(영문 가사 직역: "주 예수여 해변에서 떡을 떼셨듯이 제게도 생명의 떡을 떼어 주옵소서. 성경의 글자 너머로 주님을 찾습니다. 오 살아계신 말씀이시여! 제 영이 당신을 갈망합니다."—역주)

> 내 주여 진리의 말씀으로
> 사슬에 얽매인 날 풀으사
> 내 맘에 평화를 누리도록
> 영원한 생명을 주옵소서

(영문 가사 직역: "주께서 갈릴리에서 떡을 축사하셨듯이 오늘 제게 보여주신 이 진리 위에 복 주옵소서. 그러면 모든 속박이 중단되고 모든 족쇄가 풀어져, 제가 당신 안에서 제 가장 소중한 것을 찾겠나이다."—역주)

우리는 예수님을 구한다! 성경을 묵상할 때 성령은 우리를 인쇄된 글자 너머에 있는 주님의 임재 안으로 이끌어 가신다. 그 곳에서 우리는 치유를 맛보고 매임으로부터 해방되며 참 만족을 얻는다.

하나님 그분을 묵상하기

하나님을 묵상하는 것은 아주 보람 있는 일이다. 묵상하는 자는 하나님의 본질과 속성과 성품을 공부하는 것이 좋다. 하나님을 좀더 알아가는 데 도움 얻을 만한 자료는 많다.² 하나님이 어떤 분이신지, 즉 하나님의 영원한 속성과 본질 및 성품을 이해하면 시편 기자의 묵상에 동참할 수 있다.

제임스 패커는「하나님을 아는 지식」(IVP 역간)에서 하나님을 알기 위해서는 세 가지 주제를 다루어야 한다고 말한다. 첫째는 하나님의 신격이다. 이것은 스스로 존재하심, 무한성, 영원성, 불변성 등 하나님을 인간과 구분하는 성질들이다. 둘째로 그의 능력, 즉 전지전능하심과 무소부재하심을 이해해야 한다. 셋째로 그의 도덕적 성품 또는 완전성, 즉 사랑과 자비, 신실하심, 선하심, 인내, 공정하심 등을 공부해야 한다.

이전 세대들은 이 주제들을 아주 중요한 것으로 여겨 기본 훈련과 제자 훈련 과정에 포함시켰었다. 나는 교회학교에 들어갔던 십대 때 '웨스트민스터 소교리 문답'의 일부를 외워야 했다. 그 중 네 번째 질문은 "하나님은 어떤 분이신가?"이며 "하나님은 신이신데 그의 존재하심과 지혜와 권능과 거룩하심과 공의와 인자하심과 진실하심이 무한하시며 무궁하시며 불변하시다"는 것이 답이다. 하지만 오늘날의 그리스도인들 대부분은 하나님의 본질과 속성에 대해 말할 줄을 모른다. 하나님의 도덕적 성품을 공부하고 묵상하는 사람은 있어도 하나님의 또 다른 본질을 이해하려는 사람은 거의 없을 것이다.

유난히도 고요하고 시원한 어느 아침, 나는 하와이 빅 아일랜드의 코나에서 케알라카쿠아로 가는 작은 국도를 달리고 있었다. 상쾌한 아침 소낙비 덕에 하늘에 쌍무지개가 펼쳐진 것을 보고는 하나님의 위대하심과 위엄에 압도되었다. 내 주의를 사로잡은 것은 하늘의 아름다움이 아니라 하나님 그분의 아름다움이었다. 그분의 위엄의 광채와 그 존재의 위대하심…. 길 옆에 차를 세웠을 때, 내가 모든 것의 창조주 되시는 전지전능하시고 영원하신 하나님의 임재 안에 있다는 사실을 의식할 수 있었다. 그분의 환영을 받으며 나는 그분의 임재 안으로 들어갔다! 이처럼 작고 죄 많고 하찮아 보이는 피조물인 내가 그분의 임재 안으로 초대받은 것이다! 그 날 아침 그분께 주목하고 그분의 임재에 초점을 맞추었을 때, 나는 그분이 베푸신 자비와 긍휼로 인해 영광의 왕이시며 거룩하고 의로우신 하나님을 바라볼 수 있었다!

우리 하나님은 쉽게 다가갈 수 있는 분이시다. 어린아이마저도 하나님과 깊이 교제할 수 있으며 회개했다면 누구든지 그분과 교제할 수 있다. 묵상하는 한 가지 방법은 일상에서 잠시 손을 떼고 시간을 내어 하나님께 초점을 맞추는 것이다. 다음의 시편과 같이 말이다. "내 영혼이 만족할 것이라 내 입이… 주를 찬송하되 내가 나의 침상에서 주를 기억하며 밤중에 주를 묵상할 때에 하오리니 주는 나의 도움이 되셨음이라 내가 주의 날개 그늘에서 즐거이 부르리이다"(시 63:5-7). 시편 기자는 또 이렇게 외친다. "주의 존귀하고 영광스러운 위엄(을)… 나는 묵상하리이다"(시 145:5).

하나님을 묵상하는 좋은 방법은 그분의 본질과 속성 또는 성품을 묵상하는 것이다. 주님 앞에 앉거나 주의 임재 가운데 산책하면서 그분의 불변성, 선하심, 사랑, 신실하심, 공정하심, 거룩하심, 무소부재하심 등에 생각을 집중시킬 수 있다. 이런 묵상법은 하나님의 성품에 대한 공부를 병행하면 더할 나위 없이 효과적이다. 묵상과 공부를 함께 하라. 하나님이 누구신지를 부지런히 공부하면 할수록 묵상이 더 깊어지고 그분과의 관계도 더 친밀해진다. 또 묵상은 하나님을 아는 지식을 더한다.

신실하신 하나님에 대해 묵상하기 원한다면, 매일 성경을 읽으면서 하나님의 신실하심에 관한 성경 구절이 나올 때마다 '하나님의 성품 노트'에 적으라. 하나님의 신실하심을 묵상하기 원하는 동안 계속 그렇게 하라. 일상에서나 만나는 사람들에게서 드러나는 하나님의 신실하심의 증거들도 기록하라. 몇 달 후 기록해 놓은 내용과 성경 구절들 하나하나를 묵상하면, 신실하신 하나님이 새롭고 친밀한 방법으로 그분 자신을 우리에게 드러내주셨음을 발견하게 된다. 하나님의 신실하심에 대한 새로운 신뢰로 인해 믿음이 자라고 그리스도인으로서 더욱 신실해진 자신을 발견할 수 있을 것이다.

구원의 행사를 묵상하기

구원의 행사에 대해 묵상하는 것은 믿는 자들에게 큰 위로와 안정을 준다. 하나님이 어떻게 아들의 십자가와 부활을 통해 그분과 함께 거할 수 있는 백성을 창조하셨는지 이해할 수 없지만, 그 행사를 묵상하지 않고는 우리 구원의 풍성함과 깊이를 경험할 수 없다. 시편 기자는 노래한다. "대대로 주의 행사를 크게 칭송하며 주의 능한 일을 선포하리로다… 주의 기사를 나는 묵상하리이다 여호와여 주의 지으신 모든 것이 주께 감사하며 주의 성도가 주를 송축하리이다… 주의 능하신 일과 주의 나라의 위엄의 영광을 인생에게 알게 하리이다"(시 145:4-5,10,12).

'구원의 행사'란 무엇인가? 하나님이 세상과 화해하시고자 십자가를 통해 그리스도 안에서 행하신 놀라운 역사, 죄인들을 위하여 죄 없는 그리스도가 흘리신 피, 성령이 예수를 죽은 자 가운데서 일으키심으로써 텅 빈 무덤, 그리스도의 교회를 세우고 백성들에게 새로운 생명과 사역에 필요한 권능을 주시기 위해 오순절에 강림한 성령…. 이 모두가 구원의 행사다.

예수 그리스도를 따르는 제자들은 십자가와 인간을 구속하시려고 예수님이 흘리신 보혈과 그분의 부활을 끊임없이 묵상해야 한다. 하늘의 모든 천사들은 죽임 당하신 어린양을 창세 전부터 끊임없이 찬양하고 있는데, 찬양의 중심 내용은 바로 어린양의 보혈이다. 하나님이 행하신 역사를 찬양하는 것이 천사들의 묵상 방법이다. 그렇다면 이 땅에서 살아가는 하나님의 사람들이 십자가에 달리신 예수님을 통해 성취하신 하나님의 구원 사역에 초점을 두는 것은 지극히 당연한 일 아닌가!

그분이 십자가에서 구원의 역사를 이루기 전에 행하신 일들을 묵상할 수도 있다. 백성들을 노예 생활에서 해방시키고 홍해에서 기적적으로 구출하시며 광야에서 초자연적으로 먹이신 일, 백성들을 70년간의 포로 생활에서 건져 이스라엘을 재건하신 일, 메시아의 오심을 알리기 위해 세례 요한을 보내신 일, 하나님이 무력한 아기의 모습으로 세상에 오신 일….

십자가 사건과 부활 이후에 나타난 구원의 행사도 풍부한 묵상 거리다. 사도행전에 기록된 능력 있는 성령의 공동체에 관해 묵상할 수도 있고, 하나님이 사울의 광신적인 자기만족적 삶을 막으시고 역사상 가장 능력 있는 그리스도의 증인으로 변화시킨 것을 묵상할 수도 있다. 히브리서 11장에 기록된 성인들의 삶에 대한 묵상은 또 얼마나 부요한가! 생각과 마음을 모아 우리 주 예수 그리스도의 다시 오심에 주의를 집중하는 것만큼 멋진 시간도 없을 것이다.

묵상할 때에 하나님이 당신을 만나기 원하시며 당신에게 개인적으로 말씀하기 원하신다는 것을 기억하라. 시간을 내어 아름다운 예배당의 십자가 앞에 무릎을 꿇든지, 예수의 생명이 담긴 보혈을 마음속에 생생하게 그려 보라. 출애굽에서 백성들을 구원해 내신 것이나 당신을 죄와 수치의 삶에서 건져 내신 것을 곰곰이 생각해 보라. 가족을 부양할 수 없었거나 재정이 없었을 때 기적적으로 공급해 주신 것을 묵상하라. 당신을 현재의 믿음과 헌신으로 이끌어 오신 하나님의 인도를 깊이 생각해 보라. 하나님의 의로우심과 친절과 선하심이 묻어나는 일들을 묵상하라. 그분이 당신을 위해 행하신 것을 기억하라. 변함없이 신실하신 그분이 약속하신 모든 것을 지키실 것이다.

하나님의 의롭고 선하심은 성경뿐 아니라 다른 이들의 칭찬 없이 하나님을 섬기는 사람들을 통해서도 볼 수 있다. 에이즈 환자 수용 시설에서 죽어가는 이들을 섬기는 사람들, 평화와 화해를 옹호하며 전쟁으로 파괴된 나라에 담대히 들어가는 용감한 그리스도인, 정신적으로 불안정한 이웃을 돌보고 존귀하게 대해 주는 사려 깊은 과부 등이 바로 그들이다.

하나님의 창조를 묵상하기

하나님이 손으로 지으신 자연을 묵상하는 것은, 하나님을 묵상하는 방법 중 가장 즐거우면서도 삶을 변화시키는 방법이다. 시편은 하나님의 창조를 바라볼 때 우러나는 경외감과 놀라움을 잘 담고 있다. 다윗은 고백한다. "주의 손가락으로 만드신 주의 하늘과 주의 베풀어 두신 달과 별들을 내가 보오니 사람이 무엇이관대 주께서 저를 생각하시며"(시 8:3-4).

지금도 나는 어느 여름 수련회 때 교회 캠프장에 있는 낡은 부둣가에 누웠던 것을 기억한다. 호수로 연결된 그 부두는 15미터가 채 안 되었는데도, 목사님은 그 좁은 곳에 중등부 학생 모두를 눕게 했다. 목사님[3]까지도 누울 자리를 찾아 우리와 함께 아무 말 없이 몇 시간을 보냈다. 떠들썩한 아이들에게 이건 보통 과업이 아니었다! 우리는 별이 가득한 하늘을 응시하며 모든 별의 이름을 하나하나 부르시는 주님을 묵상했다. 그리고는 모닥불에 둘러앉아 몸을 데우고 코코아를 마시면서, 당시에 느꼈던 경외심과 경이감 및 생각과 느낌을 서로 나누었다.

시편 기자는 하늘의 창조물 자체가 하나님의 위대한 선교사라고 이야기했다. 그들의 '말 없는 말'과 '언어 없는 목소리'가 밤낮으로 온 땅에 다니며 하나님이 누구인지를 선포한다는 것이다(시 19:1-6). 사도 바울은 이교도를 포함한 모든 이들이 하나님 앞에 책임이 있다고 로마의 그리스도인들에게 말했다. "창세로부터 그의 보이지 아니하는 것들 곧 그의 영원하신 능력과 신성이 그 만드신 만물에 분명히 보여 알게 되나니 그러므로 저희가 핑계치 못할지니라"(롬 1:20).

하나님이 믿지 않는 이들에게도 자연을 통해 당신 자신을 나타내신다면, 그리스도인들이 자연을 묵상함으로써 하나님을 경험하고 그분의 말씀을 잘 들을 수 있다는 것은 더 말할 나위 없는 것 아닌가?

조지 맥도날드는 성령이 어떻게 믿지 않는 자들의 마음속에 움직여 그들로 하여금 자연의 아름다움을 보고 하나님께 나아오게 하는지를 설명한다. 하나님을 아직 발견하지 못한 한 젊은이에 관해 그는 다음과 같이 서술한다.

> 그는 이따금씩 이전에 알지 못했던 낯설고 부드러운 방법으로 자신의 마음이 푸른 하늘에 이끌리는 것을 느꼈다. 여름날 이른 아침의 신선함 속에선 더했다. 때로 그의 영혼은 그 자신에게서 나와 가장 소박한 꽃을 열정적으로 포옹하는 것 같았다. 바람이 몰려와 그의 뺨에 입맞출 때, 그는 이제 바람을 향해 두 팔을 활짝 편다. 그는 자신을 이끄는 것들이 형태는 다양하지만 결국은 하나의 힘이라는 사실을 인정하지 않았다. 그 힘은 사실 그의 전부이신 하나님이셨다. 그분은 그동안 내내 진리와 아름다움의 신성한 힘으로 그를 사로잡고 계셨으며, 오직 하나님만이 하실 수 있는 능력으로 그에게 역사하셨다.[4]

"다양한 형태를 지닌 한 힘"이라는 말 속에 하나님이 묵상 가운데 어떤 일을 의도하시는지 잘 묘사되어 있다. 하나님은 매우 다양한 형태로 자신을 드러내신다. 우리는 자연의 다양한 모습을 통해서 하나님을 묵상한다. 성경 앞에 앉아 말씀을 듣거나 그 외 다른 방법을 통해서도 하나님을 묵상한다. 그러나 그리스도인의 유일한 묵상 대상이신 하나님의 임재 안으로 우리의 영혼을 끌어당기는 것은 한 가지 힘, 곧 성령의 힘이다.

한 일본 청년이 조지 맥도날드의 소설 속에 나오는 젊은이와 비슷한 경험을 했다. 그는 영적으로 매우 불안했으며 할 수만 있다면 사람들을 피하려 했다. 사람들과 개인적으로 의미 있는 관계를 거의 맺지 못했다. 그에게 있는 깊은 상처는 사람들을 쉽게 다가오지 못하게 했다.

어느날 그는 묵상 세미나에 참석하게 되었다. 주최측은 참석자들에게 아름다운 빨간 장미 한 송이씩을 나눠 주고는 그것에 대해 묵상하라고 했다. 장미를 집어들었을 때 가시가 그의 시선을 끌어당겼다. 가시와 상처와 해결될 기미가 보이지 않는 갈등으로 가득 찬 자신의 모습이었기 때문이다. 그는 손으로 가시를 감싸며 장미를 헐겁게 쥐었다. 장미에 대한 묵상의 핵심이 바로 가시에 있는 듯했다. 그러나 그는 처음에는 가시에서 눈을 뗄 수 없었지만 점차 진홍빛 장미의 절묘한 아름다움을 보게 되었다. 그리고 바로 그 때, 예수님을 보았다. 자기의 모든 죄를 덮고 자기의 모든 가시를 없애신 예수 그리스도의 피를 직접 보고 있는 듯했다. 30분간 장미 한 송이를 묵상하는 동안 자신의 삶을 변화시킨 예수님을 경험한 것이다!

이 때의 묵상 경험과 주최측의 애정 어린 보살핌으로 그의 상처는 완전히 회복되었다. 현재 그는 일본에서 목회를 하고 있다. 그는 교인들을 사랑하며, 어린아이들도 쉽게 다가갈 수 있는 사람이 되었다. 무엇보다 지금 그는 하나님을 묵상하는 사람이다!

세계의 수많은 사람들이 어떻게 하나님이 자신들을 만지셨는지, 그분을 자신들에게 나타내셨는지에 관해 비슷한 이야기들을 전한다. 해질 무렵

해변가를 거닐면서 찬란한 노을을 감상하다가 하나님을 만난 이들도 있고, 어떤 이들은 잔잔한 물결이 끊임없이 바위를 때리는 것을 지켜보면서 물결 하나하나가 하나님의 풍성한 은혜와 사랑의 표시라고 느끼기도 했다. 장엄한 산봉우리에 서서 하나님의 창조 표시인 골짜기와 강들을 내려다보면, 누군들 소리 높여 "주님의 높고 위대하심을 내 영혼이 찬양하네"라고 노래하고 싶지 않겠는가!

그러나 토마스 머튼보다 해돋이를 더 잘 묘사하지는 못하리라.

> 해돋이! 이것은 인간 본성의 아주 깊숙한 곳에서 엄숙한 음악을 불러오는 사건이다. 사람들이 자연과 하나가 되어 새 날을 주신 하나님을 찬양하고, 지금껏 존재했으며 앞으로 존재할 모든 창조물의 이름으로 그를 찬양하는 것처럼…. 솟아오르는 해를 보며 이제 나는 내 모든 선조들이 보아왔던 것을 볼 책임이 있음을 느낀다. 내 선조들이 그 당시에 스스로 하나님을 찬양했든 안 했든, 이제 그들은 내 안에서 하나님을 찬양해야 하리라. 해가 솟아오를 때 우리 개개인은 산 자와 죽은 자들의 부름을 받고 하나님을 찬양한다.[5]

일반적인 연구에서도 자연에 대한 묵상이 현대 사회의 스트레스를 해소하는 효과가 있음을 인정해 왔다. 심리학 교수인 스티븐 카플란은 동료들과 함께 정신적 피로에 관해 연구한 결과를 발표했다. "(정신 건강에서) 집중력은 매우 중요한 요소다. 그 능력이 저하되기 시작할 때 많은 어려움이 연속적으로 일어난다. 다른 사람의 이야기를 듣기가 어렵고, 효율적인 결정을 내리기 힘들며, 인내가 없고 충동적인 경향이 있어 한 가지 방법으로 꾸준히 일을 진척시키는 것이 어렵다. 깊이 생각하는 것이나 사려 깊은 것과 반대되는 성향이 있다."[6]

정신적 피로에 가장 강력한 해독제는 자연 환경이며 창문으로 자연 환경을 내다보는 것만으로도 효과가 있다고 그는 말한다. 연구 결과에 의하면 자연 경관을 볼 수 있는 창문이 있을 때 암환자들이 더 빨리 회복되며, 감옥 죄수들이 더 건강하게 지내고, 사람들이 일의 압박을 덜 경험한다. 아무도 그 이유를 분명히 해명할 수는 없으나, 나무를 바라보는 것에 굉장한 효과가 있다고 그는 말한다.

묵상을 위한 지침

다양한 형태의 묵상을 통해 믿는 자는 하나님을 더 깊이 알게 되고 그분과 더 친밀한 교제를 갖는다. 하나님은 매우 다양한 방법으로 자신을 나타내시며, 우리가 삶의 모든 영역에서 그분을 보고 만나게 되기를 원하신다.

사도 바울은 빌립보 그리스도인들에게 보내는 편지에서 묵상하는 그리스도인을 위한 분명한 지침을 전한다. 주님 안에서 기뻐하고, 염려 대신 기도하며, 감사함으로 하나님의 평안을 찾으라고 권고한 후에 그 평안을 유지하는 지침을 전하고 있는데, 이것은 사실 묵상을 위한 지침이다.

"종말로 형제들아 무엇에든지 참되며 무엇에든지 경건하며 무엇에든지 옳으며 무엇에든지 정결하며 무엇에든지 사랑할 만하며 무엇에든지 칭찬할 만하며 무슨 덕이 있든지 무슨 기림이 있든지 이것들을 생각하라"(빌

4:8). JSV에는 이런 것들로 "너희 마음을 채우라"고 번역되어 있고, J.B. 필립스는 신약 성경을 의역하면서 그런 것들에 "너희 생각을 고정시키라"고 말한다. 바울은 보는 것이나 삶에서 일어나는 사건에서 하나님의 순결, 아름다움, 정의, 탁월함 등이 드러날 때 그것들을 묵상하라고 가르치는 것이다.

묵상하는 자는 날마다 하나님을 만나고, 그분의 경이로움과 아름다움을 바라보며, 그분과 깊이 교제하면서 걸어가기를 기대한다. 하나님은 우리가 그분을 바라볼 때 그분으로 인해 변화되도록 은혜의 수단을 공급하신다. 하나님이 다가오실 때 우리가 그분을 알 수 있도록 성령이 우리를 점점 더 민감하게 하시기를 기원한다.

The Meditating Christian

잔칫상으로의 초대_시편 139편

묵상의 네 단계를 복습합니다.

시편 139편을 읽습니다.
하나님이 말씀하시도록 자신을 열어 놓고
시편 기자가 표현하려던 것을 이해해 봅시다.

시편 139편 4절을 묵상합니다.
하나님은 당신의 속마음을 잘 알고 계시며
당신이 무슨 말을 할지도 알고 계십니다.
당신이 남들에게 말하는 방식을 알려 달라고 구하십시오.
그리고 그분이 개인적으로 들려주시는 말씀에 귀 기울이십시오.

주께서 주신 말씀을 노트에 적습니다.
기도를 적어도 좋고 성령이 이끄시는 대로 다른 무언가를 적어도 좋습니다.

감사의 기도를 드리고 그분께 순종하기로 결정하십시오.

제2부
변화시키는 말씀

하나님의 말씀은 언제나 듣는 자를 변화시킨다.
마치 농부가 추수를 위해 씨를 심는 것처럼
하나님의 영은 내가 묵상하며 하나님께 귀 기울일 때
나의 내면에 하나님의 말씀을 심으신다.

매일 아침 내 귀를 열어
제자로서 말씀을 듣게 하시는 주님께 응답할 때
하나님은 말씀을 통해 내 영혼 깊은 곳에서
믿음을 일깨우신다. 그리고 나를
나라를 변화시키는 자로 사용하기 시작하신다.

제5장

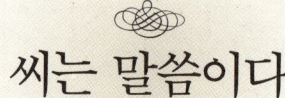

씨는 말씀이다

The Seed Is the Word

"씨는 하나님의 말씀이요"

눅 8:11

"하나님의 말씀이 어떻게 해서 믿는 자의 삶 속으로 들어오는가?" 이것은 성경을 공부하는 학생에게 결정적인 질문이다. 성경말씀에 의하면 우리는 말씀 안에 "거해야" 하며, 하나님의 말씀은 그리스도인의 삶에 거주하기를 원하신다. 예수님도 직접 우리에게 약속하신다. "너희가 내 안에 거하고 내 말이 너희 안에 거하면 무엇이든지 원하는 대로 구하라 그리하면 이루리라"(요 15:7). 묵상하는 자는 다음의 질문을 던져야 한다. "그리스도의 말씀이 어떻게 우리 안에 거할 수 있는가?"

하나님의 말씀은 씨다

예수님은 씨를 뿌리러 나간 농부의 비유를 말씀하셨다. 농부가 씨를 뿌리는데 어떤 씨들은 길가에 떨어져서 밟혀 즉시 못쓰게 되었다. 또 더러는 바위 위에 떨어져 습기 부족으로 말랐고, 가시떨기 속에 떨어진 씨는 성장이 막혀 열매를 맺지 못했다. 그러나 어떤 씨들은 좋은 땅에 떨어져 풍성한 결실을 맺었다.

비유를 이해하지 못한 제자들에게 예수님은 비유를 설명해 주셨다. 그 과정에서 묵상하는 자가 알아야 할 가장 큰 진리가 드러난 것 같다. 그것은 씨는 하나님의 말씀이라는 것이다!(눅 8:11)

묵상의 비결이자 우리 질문의 답이 여기 있다! 이것은 진정 20여 세기 동안 교회사에서 그리스도인들이 성경 묵상을 영적 성장과 변화의 역동적인 자원으로 여기게 된 주된 이유다. 그 비결이란, 성경말씀은 귀 기울여 듣는 그리스도인들의 마음속에 성령이 심으시는 씨라는 것이다!

물론, 성령이 말씀의 씨앗을 우리의 삶에 심으실 때 그 말씀은 지적 능력을 통해 나의 머리로 들어간다. 하지만 그것이 끝이 아니다! 그 말씀은 인간의 이해와 지식을 넘어서 내 마음속에 심겨진다! 머리에서 마음으로! 이것은 하나님께 선물 받은 '이성'을 통해 얻은 지식을 잃어버리는 것이 아니다. 오히려, 하나님의 말씀이 나의 내면에 들어오셔서 거하시는 것이다. 이제 하나님에 대한 지식은 하나님을 아는 지식이 된다. 묵상이란 하나님에 대한 지적인 지식을 하나님을 아는 친밀한 지식으로 건네주는 다리다.

세상에서 가장 먼 거리는 머리와 마음 사이라는 말이 있다. 어떤 그리스도인들은 그 여행을 결코 끝내지 못한다. 여러분은 묵상을 통해 머리로만이 아니라 마음으로도 예수 그리스도를 알게 되기 바란다. 예수 그리스도가 "착하고 좋은 마음으로 말씀을 듣고 지키어 인내로 결실하는 자니라"

(눅 8:15)고 말씀하신 바로 그 사람이 되기를 바란다. 그리스도의 말씀처럼 열매를 맺는 자가 되기 위해 하나님의 말씀이 씨라는 개념을 좀더 면밀히 검토해 보자.

씨의 DNA

캘리포니아 북부의 거대한 레드우드 산림을 거닐자면 누구나 수백 년도 넘은 나무들의 웅장함에 압도당한다. 더 주목할 만한 사실은, 그 거대한 나무 하나하나가 하나의 씨에서 생겼다는 것이다. 나무 옆에 두면 매우 하찮아 보이지만, 씨는 나무 전체의 DNA를 포함하고 있다. 모든 나무는 결국 그 조그마한 씨 안에 존재하고 있는 것이다.

2002년은 DNA 발견 50주년이었다. DNA 발견은 생물공학이라는 새로운 과학의 출발을 돕고, 지상에 있는 생물의 다양성을 이해하는 기초를 제공하며, 유전자 치료의 길을 열고, 암과 같은 질병에 희망을 가져온 대단한 발견이었다. 그런데 모순되게도 이것을 발견한 두 명의 과학자, 제임스 왓슨(James Watson)과 프란시스 크리크(Francis Crick)는 기념 주년을 이용하여 종교에 공격을 가했다. DNA의 발견으로 하나님은 더 이상 '필요없게 되었다'고까지 했다. 특히 '진리는 신이 계시한 것이다' 는 사상을 공격했다.

DNA 발견 기념을 실은 신문 〈런던 통신〉은 이들의 의견을 반박하고 "그들의 반종교적 오만"에 기만되지 말 것을 독자들에게 당부했다. 그리고 이어서 1993년에 제임스 왓슨의 뒤를 이은 과학자 프란시스 콜린즈(Francis Collins)의 업적을 광범위하게 다루었다. 독실한 그리스도인인 콜

린즈 박사는 그 50주년 기념 행사에서 하나님이 '푸대접'을 받았다고 비평하면서, 이 '매우 유명한 인물들'의 반종교적 견해는 유전학에 대한 대중의 반감을 증가시킬 것이라고 했다. 왓슨과 크리크가 모든 과학자들을 대표하는 것이 아니라는 사실도 덧붙였다.

그는 종교와 과학은 상호 보충 및 상호 지지의 관계에 있다고 말했다. 또한 자신이 낭포성 섬유증(cystic fibrosis)을 일으키는 결함 유전자를 발견하기 위해 실행한 연구가 "과학계를 들썩이게 했고, 우리 인간은 몰랐지만 하나님은 이미 알고 계셨던 것을 발견한 데 대한 경외심을 일으켰다"고 말했다. 더 주목할 사실은 DNA 발견에서 가장 중요한 점은 생명의 핵심이 정보라는 데 있고, "그 모든 정보는 임의의 세계에서 우연에 의해 생길 수 없다"고 런던 통신이 지적했다는 것이다. 이 신문의 말을 그대로 인용하자면, 그것은 "오직 설계자의 작업일 수밖에 없다!"

우리 삶의 설계자

온 우주와 그 안에 거주하는 모든 것들의 '위대한 설계자' 되시는 하나님이 바로 DNA의 발견을 허락하신 분이다. 하나님은 자신이 계획하고 설계한 여러 가지 복잡한 것들을 열심히 찾는 자에게 —비록 그리스도인이 아니라 해도— 보여 주기를 기뻐하신다. 모든 진리는 그의 것이기 때문이다. 이 발견들은 '하나님을 필요없게' 하는 것이 아니라, 오히려 하나님의 신비에 더 큰 경외와 놀라움을 갖게 한다. 하나님을 경배하고픈 마음을 일으킨다.

과학자들은 면밀한 연구를 통해 인간 몸의 DNA를 발견할 수 있다. 그렇다면 인간을 정말 인간 되게 하는 영혼에 대해서는 어떤가? 우리가 무엇으로 만들어졌는지, 각 개인의 독특한 정체성은 무엇이며 어떻게 형성되었는지 어떻게 알 수 있는가? 어디에서 우리의 과거 및 미래에 대한 것을 발견할 수 있는가?

그 답은 하나님의 말씀 안에만 있다. 하나님의 말씀인 성경에 믿는 자들의 '영적 DNA'가 들어 있다! 말씀의 씨는 묵상할 때에 성령에 의해 내면에 심겨진다. 조그마한 씨가 레드우드 삼림에 있는 웅장한 나무의 DNA를 가지고 있는 것처럼, 말씀의 씨도 영적 존재로서 내가 누구인지를 전부 보여 준다. 말씀은 내 생명의 근원을 보여 준다. 하나님이 직접 나의 내부의 기관들을 형성하셨고 모태에서 나를 조직하신 것이다. 말씀은 더 나아가 나의 진기함을 드러낸다. "나를 지으심이 신묘막측하심이라"(시 139:14), "거듭난 것이 썩어질 씨로 된 것이 아니요 썩지 아니할 씨로 된 것이니 하나님의 살아있고 항상 있는 말씀으로 되었느니라"(벧전 1:23). 하나님의 말씀은 내 생명의 근원과 정체성 그리고 나의 예정된 삶을 그 안에 품고 있다.

성령은 말씀이신 예수님을 심으신다

요한은 예수님이 하나님의 말씀임을 증거하고 있다. 요한복음은 다음과 같이 시작된다. "태초에 말씀이 계시니라." 성령님은 씨, 즉 말씀이신 예수님을 마리아 안에 "심으셨다." 그리고 말씀이신 예수님을 우리 안에도 심으신다. 또한 우리는 그분 안에 거함으로써 살아간다. 예수님은 말씀하신다. "저가 내 안에, 내가 저 안에 있으면 이 사람은 과실을 많이 맺나니 나를 떠나서는 너희가 아무것도 할 수 없음이라"(요 15:5).

성령은 예수님의 말씀을 심으신다

거한다는 말에 담긴 한 가지 비밀은 말씀이신 예수님을 우리 안에 심으시는 성령님이 또한 우리 안에 예수님의 말씀을 심으신다는 것이다. 우리가 자신의 영적 DNA를 발견하는 것도 이 말씀 안에서다! 이것은 말씀을 설명하거나 해설해 놓은 묵상 안내서가 아니라 성경말씀 자체를 묵상해야 하는 근본적인 이유기도 하다. 성령이 우리 안에 심어놓으신 하나님의 말씀 안에 우리의 영원한 기원과 영원한 목적지가 담겨 있다.

묵상이 그저 본문의 사상이나 의미를 끌어다가 삶에 지식적으로 적용하는 것이 아님을 항상 기억하자. 묵상은 단순히 이해하거나 읽는 것을 말하지 않는다. '영적 독서'도 아니다. 묵상은 성령이 말씀의 씨를 내 안에 심도록 허용해 드리는 것이다!

묵상은 성경을 읽고 공부하고 외우는 것 이상의 의미다. 물론, 하나님의 말씀을 읽으면 그리스도인의 삶에 튼튼한 기초가 세워지고, 하나님의 진리를 들을 수 있고, 구원의 메시지를 이해할 수 있다. 참된 신자는 하나님의 진리에 푹 잠기기 위해 계속하여 성경말씀을 읽고 싶어한다. 물론 참된 제자가 되려면 하나님의 말씀을 철저히 공부해야 한다. 그 말씀을 이해하고 자신의 삶에 적용하며 나아가 다른 사람들을 가르칠 수 있도록 말이다. 그리스도 안에서 승리의 삶을 사는 자들은 성경의 중요한 구절들을 외우는 것이 얼마나 중요한지 깨달아 알고 있다. 바울은 디모데에게 다음과 같이 권고한다. "네가 진리의 말씀을 옳게 분변하며 부끄러울 것이 없는 일꾼으로 인정된 자로 자신을 하나님 앞에 드리기를 힘쓰라"(딤후 2:15).

하지만 하나님은 하나님의 말씀을 읽고 공부하고 외우며 그분의 임재 안으로 더 깊숙이 들어가 그 말씀에 의해 새로워지기를 추구하는 그리스도인들을 위해 특별한 잔치를 마련하셨다. 그 잔치의 이름은 묵상이다. 예수님은 말씀을 추구하는 그리스도인에게 말씀하실 것이다. "와서 나와 함께 잔치를 즐겨라! 나의 잔칫상이 너를 위해 준비되었다!"

우리는 매일 아침 그의 말씀의 잔칫상 앞에 예수님과 함께 앉음으로 변화된다. 즉각적이 아니라 점진적으로, 조금씩이지만 분명히 변화된다. 성령은 묵상하는 자가 다 수건을 벗은 얼굴로 주의 영광을 보고, 주님의 임재 안에 들어가 그분과 같은 형상으로 변화하여 영광으로 영광에 이르게 하신다(고후 3:18). 생각이 새로워지고, 감정이 치유 받으며, 의지가 곧아지고, 공허한 마음이 채워진다. 이를 위해 성령이 사용하시는 위대한 도구가 바로 묵상이다!

말씀을 한 절씩 묵상할 때마다 성령님은 말씀의 씨를 내 마음속에 심으신다. 그리고 그 말씀은 내 안에 거하시고 활동하시면서 나의 전인격, 즉 영, 감정, 생각, 뜻, 몸을 위한 하나님의 온전한 구원을 주신다.

말씀을 받아들이기

"그러므로 모든 더러운 것과 넘치는 악을 내어버리고 능히 너희 영혼을 구원할 바 마음에 심긴 도(영어 성경: 말씀)를 온유함으로 받으라"(약

1:21). 사도 야고보는 서신을 읽는 이들에게 분노에서 돌이켜 하나님의 말씀을 수용하고 행함으로써 진정한 믿음을 실천하라고 가르쳤다. 그는 또 '자유하게 하는 온전한 율법', 즉 하나님의 말씀 전체를 들여다보는 자는 복을 받고 진정으로 경건하며 믿음 좋은 사람이 될 것이라고 약속한다(약 1:22-27).

얼마나 단순하면서도 혁신적인 진리인가. 씨는 말씀이다! 하나님의 말씀에 마음을 열 때마다 성령이 그 말씀 한 단어 한 단어, 한 줄 한 줄을 우리의 내면 깊은 곳에 심으신다. 훌륭한 농부가 봄에 땅을 갈고 늦여름의 수확을 위해 씨를 심는 것처럼, 성령님도 우리의 마음속에 말씀의 씨를 심어 때가 되면 열매를 맺게 하신다.

심장병 환자는 심장 이식을 받아야 하고 신장병으로 고생하는 사람은 신장 이식이 필요할 수 있다. 이러한 현대 의학의 기적들로 인해 많은 이들이 생명을 얻고 생산적인 삶을 살 수 있게 되었다.

하지만 하나님이 그리스도인들에게 이식하기 원하시는 것은 말씀이다! 그분은 말씀이 우리 안에 풍성히 거해서 우리가 하나님의 온전하심으로 가득 채움 받기 원하신다. 이것만이 풍부한 결실을 맺는 생산적인 삶을 사는 비결이다. 어떻게 이 일이 가능한가? 훌륭한 의사이신 그분이 직접 하실 것이다!

심긴 말씀을 받아들이는 방법

어떻게 하면 심긴 말씀을 받을 수 있는가? 독특하게도 깊은 영성과 성경적 의미의 사회 정의를 둘 다 포용한 독일의 신학자 디트리히 본회퍼는 다음과 같은 실마리를 준다. "말씀이 우리 안에 이식되려면, 그리고 이식의 목적이 우리의 영혼을 구원하는 것이라면, 여기서 우리가 말하는 말씀이란 말씀의 주관적인 경험이지 단지 판단하기 위한 지식이 아니다."[1]

본회퍼는 신학생뿐 아니라 많은 성경학자들이 성경을 단순히 역사 자료로 취급하며, 학문적으로만 접근하기 때문에 말씀이 그들 자신과 사람들에게 하나님의 살아 있는 말씀이 되지 못한다고 지적한다.

성경이 하나님의 객관적인 말씀이기는 하나 그리스도인이라면 결코 성경을 객관적인 관점에서 대할 수만은 없다. 우리를 열정과 희생을 다해 사랑하시는 그분, 우리의 전적인 충성을 요구하시는 하나님 앞에서 누가 객관적일 수 있겠는가? "네가 나를 사랑하느냐?" 이렇게 말씀하시는 하나님을 감히 누가 판단만 하면서 바라볼 수 있겠는가? 물론 성경은 하나님의 객관적인 진리다. 그러나 말씀이 우리 안에 들어올 때, 우리는 성령이 심으신 그 말씀을 주관적으로 경험해야 한다.

말씀을 행하는 자가 되라는 야고보의 가르침대로 하나님의 말씀이 우리를 새롭게 빚으시게 해야 한다. 그분의 생명을 이 세대에 가져오기 위해 말씀으로 빚어진 하나님의 사람들이 되어야 하는 것이다. 하나님은 우리에게 길을 알려 주신다. 죄와 악에서 떠나 하나님께로 삶의 방향을 돌리게 하신다. 본문은 더 나아가 말씀을 어떤 식으로 받아들여야 하는지를 일러 준다. "마음에 심긴 도를 온유함으로 받으라"(약 1:21). 여기에서 온유로 번역된 헬라어는 '겸손'으로도 번역될 수 있다. '온유'와 '겸손'에 대해 좀 더 살펴볼 필요가 있다.

마음에 심긴 말씀을 '겸손'으로 받기

겸손은 모든 그리스도인의 핵심적인 덕이다. 또한 자신을 낮추어 하늘의 영광을 떠나 인간의 몸을 입고 이 땅에 오셔서 온 세상의 죄를 지신 예수 그리스도의 특징이었다.

그러나 겸손은 그리스도인의 덕행 중 가장 오해되는 것이기도 하다. 그리스도인들조차도 겸손을 수줍음이나 서투름으로, 심지어 몸을 자해(自害)하는 행동으로까지 오해해왔다. 그렇다면 그리스도인의 참된 겸손이란 무엇인가?

"하나님을 떠나서는 나는 아무것도 아니고 아무것도 할 수 없다." 겸손은 이런 태도에서 출발한다. 겸손이란 '가난한 마음'으로 주님께 오는 것이다. 또한 하나님 앞에 섰을 때 내가 영적으로 파산되었다는 것, 내가 그분께 드릴 것이 아무것도 없다는 것을 의미한다. 그런데 겸손이 지닌 아름다운 역설이 있다. 겸손하게 하나님께 나아갈 때 하나님 자신을 담을 수 있는 그릇이 된다는 사실이다! 성부, 성자, 성령 삼위일체 하나님이 나를 통로로 사용하셔서 그분의 축복과 은혜를 세상에 흘려 보내신다. 따라서 비록 나 자신은 아무것도 아니지만, 나도 사도 바울처럼 "내게 능력 주시는 자 안에서 모든 것을 할 수 있는 하나님의 걸작품"이라고 고백할 수 있다(빌 4:13, 엡 2:10 NJB).

겸손하게 나아갈 때, 주님은 그의 원대로 우리를 사용하신다. 성령이 제한 받지 않고 우리를 통해 일하실 수 있다. 우리 안에 계신 그리스도가 직접 성령의 능력으로 우리를 통해 사역하시기 때문이다. 우리가 할 일은 하나님께 모든 영광을 돌리는 것이다.

성령이 우리 속에 하나님의 말씀을 심으시는 데 겸손보다 더 능력 있는 방법이 있겠는가? 우리는 그분이 우리 안에서 일하지 않으시면 아무것도 할 수 없고, 그분이 먼저 우리에게 말씀하지 않으시면 아무것도 말할 수 없다는 겸손의 고백으로 말씀 앞에 나아간다. 따라서 우리는 그분이 성경을 통해 하시는 말씀을 듣는다. 그분은 말씀하시고, 우리는 듣고 순종하는 것이다. "우리 자신을 전적으로 내어드리니 언제 어디서나 원하시는 대로 우리를 사용해 주십시오." 이것이 우리의 고백이다. 우리가 들을 때 성령님은 하나님의 말씀을 우리 영혼 깊숙한 곳에 심어 주시며, 우리는 그분께 사용되고 그분께 모든 영광을 드릴 준비가 되는 것이다.

하나님은 이사야 선지자를 통해 겸손에 대해 말씀하셨다. "무릇 마음이 가난하고 심령에 통회하며 나의 말을 인하여 떠는 자 그 사람은 내가 권고하려니와"(사 66:2). 이것은 하나님의 말씀을 매우 겸손하게 대하는 묵상자의 기본 특성을 묘사한다.

마음에 심긴 말씀을 '온유'로 받기

야고보서 1장 21절은 말씀을 온유로 받으라고 한다. 묵상하는 자는 온유하고 온순하게 말씀을 대해야 한다.

야고보는 예수님의 자세로 말씀을 대하라고 가르친다. 예수님이 직접 말씀하신 자신의 대표적인 성품은 겸손과 온유다. 예수님은 성경에 나오는 가장 위대한 초청을 하시면서 영적·신체적으로 억눌린 무리에게 말씀하신다. "수고하고 무거운 짐진 자들아 다 내게로 오라 내가 너희를 쉬게 하리라 나는 마음이 온유하고 겸손하니 나의 멍에를 메고 내게 배우라"(마

11:28-29).[2] 겸손과 온유, 이것은 예수님의 성품이자 그의 말씀을 묵상하는 자들의 성품이다!

나는 한국에 있을 때 운보라는 필명을 가진 유명한 화가 김기창의 그림에 매우 감복했다. 커다란 벽 크기의 대형 캔버스에 아무런 구속 없이 힘차게 뛰며 도약하는 야생마들을 그려낸 노련한 솜씨가 그의 가장 큰 매력이었다. 나의 한국어 교사였던 헤디 함(Hedi Hahm) 여사가 중요한 한국 문화와 함께 이 훌륭한 화가를 소개해 주었다. 나는 길들여지지 않은 동물들이 뿜어내는 야생 그대로의 힘과 활력을 포착한 그의 솜씨에 압도되어 몇 시간이고 그림 앞에 서 있었다.

그의 그림을 감상하는 법을 배우는 동안, 온유 또는 온순을 뜻하는 고대 헬라어에 '야생마가 주인의 가장 부드러운 명령에도 순종하도록 길들여졌다'는 뜻이 포함되어 있음을 기억했다. 말은 힘을 빼앗긴 것이 아니라, 주인이 원하는 대로 힘의 방향이 조정된 것뿐이다. 온유한 그리스도인이란 의지를 하나님께로 조정한 사람, 즉 자신의 의지보다 하나님의 뜻을 더 우선하는 사람이다. 마음에 심긴 말씀을 온유로 받아들인다는 것은 성경을 통해 말씀하시는 하나님께 무조건적으로 순복한다는 뜻이다. 또한 그분이 말씀으로 다시 빚으시도록 자신을 내어 드린다는 뜻이다. 그러면 그 말씀은 우리의 사고방식, 감정, 의지를 재형성할 것이다.

말씀 안에서 하나님께 순복하면, 하나님은 우리에게 그분을 사랑할 힘을 주신다. 하나님이 섬기라고 우리의 곁에 두신 사람들을 위해 기쁘게 헌신할 수 있을 만큼 하나님을 사랑하는 힘 말이다. 순종하는 마음으로 묵상한다면, 묵상이 당신을 세상에서 분리시키는 것이 아니라 오히려 세상 속으로 더 깊이 이끌어 외롭고 버림받고 길 잃은 자들을 헌신적으로 섬기도록 인도한다는 사실을 발견할 것이다.

모세가 그런 사람이었다. 구약성경은 그가 역사상 가장 온유한 자였다고 선언한다. 모세는 원한다면 얼마든지 가질 수 있었던 이집트의 보화를 포기하고, 하나님께 무조건적으로 순복하기로 결정했다. 이로 인해 그는 자기 백성을 위해 헌신할 수 있는 은혜를 하나님께로부터 받았다. 묵상하는 우리는 오늘 모세를 비롯해 허다한 무리의 증인들에게 둘러싸여 있다. 우리 앞에 놓인 경주를 경주하자. 그들이 우리를 응원하고 있다.

해야 할 네 가지 일

씨를 심어 좋은 결과를 거두려는 사람은 많은 것들을 고려해야 한다. 씨에 알맞고 잘 준비된 토양이 있어야 하며 심는 시기와 성장 때의 돌봄도 매우 중요하다.

우리 마음속에 심긴 씨도 이와 같다! 앤드류 머리는 성령이 말씀의 씨를 자기 안에 심으시기 원하는 사람은 네 가지를 해야 한다고 했다. 믿음으로 말씀을 받아야 하고, 씨를 받을 준비를 해야 하며, 말씀이 자기 안에 거하도록 인내해야 하고, 자기 안에 있는 말씀이 열매를 맺을 것을 믿어야 한다고 했다.[3] 네 단계의 의미를 하나씩 살펴보기로 하자.

첫째, 믿음으로 말씀을 받아야 한다. 바울은 데살로니가 교인들이 자신이 전한 말씀을 "사람의 말로 아니하고 하나님의 말씀으로"(살전 2:13) 받은 것에 감사했다. 나중에 에베소 교회의 장로들에게 작별 인사를 할 때도,

그는 하나님의 말씀을 성도들에게 맡긴 것이 아니라 성도들을 하나님의 말씀에 맡겼다. 하나님의 말씀이 인간의 힘보다 더 강하다는 것을 알았기 때문이다. "그 말씀이 너희를 능히 든든히 세우사 거룩게 하심을 입은 모든 자 가운데 기업이 있게 하시리라"(행 20:32).

매일 아침 묵상하는 말씀을 자기의 생각이나 인간적인 생각이 아니라 내게 주시는 하나님의 말씀으로 여겨야 한다. 이 말씀 안에 오늘 나를 위한 하나님의 목적이 담겨 있으며, 이 말씀이 나를 정결케 하고, 나를 바꾸며, 나를 위로하며, 나를 준비시키고, 나를 먹이고 또 내게 능력을 주어, 나를 '세상에 보내는 하나님의 편지'가 되게 하리라는 것을 믿어야 한다.

토마토 씨를 땅에 심을 때 맛 좋은 열매를 기대하는 것처럼, 성령이 매일 아침 내 마음에 심어 주시는 말씀을 받을 때 그 말씀이 오늘 내 안에서 역사하여 하나님이 계획하신 모든 일을 행하리라고 믿어야 한다. 그러면 분명히 말씀에 순종할 준비가 되어 있을 것이다.

둘째, 성령이 하나님의 씨를 심으시도록 준비해야 한다. 농부가 씨를 심기 위해 열심히 땅을 가는 것처럼, 하나님의 말씀을 받기 위해 생각과 마음을 가꾸어야 한다. 내게 있는 그 무엇보다도 소중하고 귀중한 보물로서 말씀을 갈망해야 한다. 묵상은 생각과 감정과 뜻 모두를 다해 하나님의 말씀을 받는 것이다. 그러므로 전심을 다해 능동적으로 말씀에 귀 기울여야 한다. 이것은 정말로 쉽지 않다. 우리는 말씀을 사랑하고, 원하며, 반가이 받아들이고, 내 의지를 굴복시키며, 기꺼이 순종함으로 온 삶을 내어드려야 한다. 이것이 하나님의 말씀을 받기 위해 내가 해야 할 일이다. 묵상이란 온전히 순종하는 마음으로 하나님의 말씀을 받아서, 삶 속에서 그 말씀을 실천하는 것이다.

하나님의 말씀을 받는 것은 정말로 힘들다. 그러나 마음으로 준비할 때 말씀으로 인해 삶이 변화되고 세상에서 하나님을 섬기게 될 것이라고 하나님이 직접 약속하신다.

셋째, 말씀의 씨가 내 안에 거하시도록 인내해야 한다. 씨가 열매를 맺으려면 땅속에 있어야 한다. 내 삶에서도 하나님의 열매를 맺으려면 말씀이 내 안에 머물러 있어야 한다! 하나님은 말씀이 우리 안에 풍성히 거하여 우리가 균형과 격려 가운데 살아가고, 언제나 하나님께 감사하며, 끊임없이 그를 찬양하기 원하신다(골 3:16).

성령이 말씀 안에 우리를 숨기실 수 있게 해야 한다. 이사야 선지자는 고난당하는 종에 대해 설명하면서, 하나님이 "내 입을 날카로운 칼같이 만드시고 나를 그 손 그늘에 숨기시며 나로 마광한 살을 만드사 그 전통에"(사 49:2) 감추셨다고 고백한다.

믿는 자로서 우리는 말씀 안에 살기 위해 시간을 내어야 한다. 말씀을 사역 도구로만 사용하지 말고 하나님의 말씀이 역사하실 때까지 우리 안에 거하시도록 해야 한다. 하나님은 때로 우리를 말씀 안에 숨기셔서 말씀이 우리 속 깊숙이 뿌리 내리게 하기 원하신다. 우리로 하여금 세상에서 하나님의 종으로 살아가게 하시려고 하나님이 주신 선물이 묵상임을 이해하겠는가? 말씀이 우리 안에서 일하실 시간을 얻기 위해 하나님이 우리를 광야로 데려가셔야 할 때도 있다. 주님에게서 멀리 떨어져 있는 것만 같은 외로운 광야에서의 경험들을 무시하지 마라. 당신을 온전케 하고 준비시키기 위해 주님이 말씀 안에 당신을 숨기시는 것이다.

넷째, 내 안에 심긴 말씀이 열매를 맺는다는 사실을 믿어야 한다. 묵상하면 열매 맺는 그리스도인이 된다고 하나님은 약속하셨다. 묵상하는 자는 시냇가에 심은 나무가 시절을 좇아 과실을 맺음 같을 것이다(시 1:3).

성령님이 말씀을 내 속에 너무 깊이 숨기셔서 말씀이 내 속에 있음을 잊을 수도 있다. 그러나 말씀이 속히 겉으로 드러나지 않는다 해도 분명코 내 삶에서 열매를 맺는다는 것을 기억하라. 그 말씀을 의지하고 믿으며 말씀에 삶을 위탁해야 한다! 하나님의 말씀은 결코 나를 저버리거나 황폐케 버려 두지 않으신다. 우리는 기억해야 한다. "너희 안에서 행하시는 이는 하나님이시니 자기의 기쁘신 뜻을 위하여 너희로 소원을 두고 행하게 하시나니"(빌 2:13), "네가 나로 말미암아 열매를 얻으리라"(호 14:8).

하나님이 성령을 통해 말씀을 우리 안에 심으신다는 것을 알았으니, 이제 그 방법에 대해 좀더 구체적으로 살펴보도록 하자.

The Meditating Christian

잔칫상으로의 초대_시편 139편

묵상의 네 단계를 복습합니다.

시편 139편을 읽습니다.
하나님이 말씀하시도록 자신을 열어 놓고
시편 기자가 표현하려던 것을 이해해 봅시다.

시편 139편 5절을 묵상합니다.
하나님이 '당신의 전후를 두르시는' 이유는 당신을 제한하기 위해서가 아니라
사랑의 테두리 안에서 살아가게 하기 위한 것입니다.
그분은 당신을 축복하고 당신에게 기름붓기 위해 손을 얹으십니다.
그런 주님이 개인적으로 들려주시는 말씀에 귀 기울이십시오.

주께서 주신 말씀을 노트에 적습니다.
기도를 적어도 좋고 성령이 이끄시는 대로 다른 무언가를 적어도 좋습니다.

감사의 기도를 드리고 그분께 순종하기로 결정하십시오.

제6장

매일의 묵상을 통해 씨 심기

Planting the Seed Through Daily Meditation

"주 여호와께서… 나의 귀를 깨우치사"
사 50:4

이사야 선지자는 이스라엘이 오랜 세월 바벨론에서 포로 생활을 하는 동안에 모든 소망을 잃었다고 기록한다. 비참한 상황 속에서 그들은 하나님이 자기들을 완전히 버렸다고 생각했다. 하나님이 그들의 어미를 버리고 그들을 채주에게 팔았다고 생각했다(사 50:1). 나라를 잃고 자신들이 드리던 방법으로 예배할 자유마저 잃고는, 자신들은 하나님께 잊혀졌고 아무 도움도 얻지 못하게 되었다고 결론지었다.

그러나 이사야는 그들이 포로 됨을 어떻게 이해하고 있느냐가 가장 중요하다는 사실을 상기시킨다. 고통 가운데 있는 오늘날의 우리에게도 그의 말은 매우 실제적이다. 우리의 속박이 핍박 때문이건, 병 때문이건, 아니면 외로움 때문이건 우리는 그의 말에서 큰 격려를 받는다. "시온이여 깰지어다 깰지어다 네 힘을 입을지어다… 너는 티끌을 떨어 버릴지어다… 사로잡힌 딸 시온이여 네 목의 줄을 스스로 풀지어다"(사 52:1-2).

사로잡힘과 고통 속에서도 결코 소망을 잃어서는 안 된다고 이사야는 말한다. 영혼의 캄캄한 밤 중에도, 하나님을 만나거나 하나님의 말씀을 들을 수 없을 때조차도 우리는 하나님을 신뢰해야 한다.

그러나 이스라엘은 이사야의 말을 들을 수 없었다. 아니, 어쩌면 듣지 않으려 했는지도 모른다. 이스라엘은 자신들이 피해자라고 생각했다. 피해 의식에 젖어 그들은 하나님이 자기를 버렸다고 화를 내며 비난했다. 우리는 이스라엘의 역경을 분명히 안다. "내가 그렇게 극심한 고통을 겪고 있을 때 대체 하나님은 어디 계셨나요? 내가 밤낮으로 부르짖을 때 왜 내게 오지 않으셨어요?" 우리 역시 아픔과 괴로움 속에서 이렇게 부르짖은 적이 어디 한두 번인가!

하나님의 대답에 이스라엘은 분명히 혼란스러웠을 것이다. 그리고 오늘날도 어떤 이들은 그럴지 모른다. 하나님이 그들에게 물으셨다. "내가 너희 어미를 내어 보낸 이혼 증서가 어디 있느냐?" 물론 그들에게는 이혼 증서가 없었다. 그분은 계속해서 말씀하신다. "네 죄로 인해 잠시 너를 멀리했지만, 너와의 관계를 완전히 끊은 적은 결코 없다. 결단코 너를 떠나지 않았으며 계속해서 네게 가서 너를 부르고 있었다." 하나님은 이스라엘 백성들이 (또한 우리가) "내가 그런 고통 가운데 있었을 때 하나님, 당신은 어디 계셨습니까?"라고 물을 때 이렇게 대답하신다. "내가 네게 왔을 때 너는 어디 있었느냐? 내가 왔어도 사람이 없었으며 내가 불러도 대답하는 자가 없었음은 어찜이뇨?"(사 50:2). 우리를 찾아오셨을 때 왜 집에 아무도 없었는지 묻고 계시는 것이다!

그리스도인의 집

그러면 그리스도인의 집은 도대체 어디에 있는가? 이스라엘의 진짜 집은 어디에 있었는가? 바로 하나님의 마음이다! 하나님의 마음이 바로 나의 집이다! 세상에서의 고통은 일시적이고 한때지만, 하나님의 사랑은 시작도, 끝도 없이 영원하다. 예수님은 제자들을 고아로 내버려 두거나 버리지 않겠다고 약속하셨다. "내 안에 거하라 나도 너희 안에 거하리라"(요 15:4). 우리의 집은 주님 안에 있다. 사탄도 절대로 우리를 하나님의 확고한 사랑에서 떼어낼 수 없다.

주님 안에 거하는 것은 막연한 영적 경험이 아니다. 우리가 그리스도인으로서 배워야 할 매우 중요한 영적 진리가 있는데, 영성은 하나님의 말씀을 듣는 것보다 결코 앞설 수 없다는 점이다. 그러므로 어떠한 고난과 슬픔이 있다 해도 하나님의 말씀에 귀 기울임으로써 하나님이 계신 곳에 머물러야 한다! 예수님은 제자들에게 말씀하셨다. "너희가 내 안에 거하고 내 말이 너희 안에 거하면 무엇이든지 원하는 대로 구하라 그리하면 이루리라"(요 15:7).

그렇다. 그리스도인의 집은 하나님의 마음이다. 우리는 그분의 말씀 안에 거함으로써 하나님 안에 거할 수 있다! 성경은 '주님의 회의'에 날마다 들어오지 않고, 또 충실한 제자로서 그분께 귀 기울이지 않고, 막연하게 주님의 임재 안에 거하고 싶어하는 사람에게는 교훈이나 지침을 주지 않는다.

고난당하는 종의 노래

이사야서에는 '고난당하는 종의 노래' 네 편이 실려 있다.¹ 곧 오실 메시아 예수 그리스도의 삶에 대해 예언하는 이 노래들은 예수님의 삶의 방식과 사역, 그리고 예수님이 종으로 부르신 모든 이들의 삶의 방식과 사역에 대해 분명하게 전한다. 이제 우리가 살펴볼 이사야 50장 4-9절에 실린 세 번째 노래는 하나님의 말씀을 듣고 온전히 순종하는 종에 대한 노래다. 자기 자신의 딜레마에 갇혀 하나님 안에서 주어진 자유를 받아들일 수 없는 사람들과는 현저하게 대조된다.

하나님은 아침마다 나를 깨우신다

종은 하나님이 깨우시고 새날을 맞게 하심으로 매일 아침을 시작한다. 하나님의 종인 우리의 삶은 우리에게 호흡을 주시는 하나님께 전적으로 달려 있다. 하나님이 아침에 깨우지 않으시면 이 세상의 어떤 다른 능력도 우리를 깨울 수 없다. 그러므로 날마다 잠에서 깰 때, 아니 깨움을 당할 때 우리에게 하루를 더 주기로 하신 하나님의 선택에 깊이 감사함으로 응답해야 한다. 우리는 정말로 이 날을 기뻐하고 축하한다. "이 날은 여호와의 정하신 것이라 이 날에 우리가 즐거워하고 기뻐하리로다"(시 118:24)! 지난 60여 년 동안 세계 여러 나라에서 남편 엘머(Elmer)와 함께 하나님께 크게 쓰임 받아온 진 다넬(Jean Darnall) 목사는 날마다 성부, 성자, 성령 하나님을 향한 자신의 사랑을 재확인하고, 하나님을 반가이 맞이하고, 하나님의 뜻을 이루는 데 새롭게 헌신함으로써 새날을 맞는다고 한다.

우리 그리스도인들은 매일을 새로운 시작으로 맞아들인다. 슬픔은 언제나 옛것인 반면, 하루하루 특별한 날의 기쁨은 언제나 새롭다. 우리는 과거를 죄와 상처와 함께 떨쳐버리는 법을 배워야 한다. 죄를 회개하여 용서받고(그러면 우리 죄는 영원히 없어진다) 보혈을 통한 치유를 믿음으로 받아들일 때 가능하다. 그러고 나면 우리는 이 새날을 기대와 흥분으로 맞을 수 있다. 대천덕 신부가 예수원에서 이른 아침에 항상 그렇게 했듯이 우리도 하나님께 구할 수 있다. "이 특별한 날에 저를 향한 하나님의 계획이 무엇입니까?" 하나님이 우리에게 보여 주실 것을 확신하면서 말이다.

하나님은 나의 귀를 깨우쳐 듣게 하신다

하나님은 나를 깨우실 뿐 아니라 나의 귀까지도 깨우쳐 "학자같이 알아듣게"(사 50:4) 하신다! 하나님이 왜 내 귀를 깨우치시는가? 나를 창조하신 이는 내가 그분의 음성을 듣고 응답해 온전한 인간으로서 존엄성을 갖추기 원하시고, 또 나에게 말씀하시기 원하신다!

물론 하나님은 다양한 방법으로 말씀하신다. 성경을 읽거나 남들이 읽는 말씀을 들을 때, 그 놀라운 말씀을 공부하거나 설교를 들을 때 그분은 내게 말씀하신다. 그러나 마치 친구가 친구에게 이야기하듯 하나님이 내게 직접 개인적으로 말씀하실 때는 바로 잠에서 깨어나는 시간이다. 주님이 나를 깨우시고 나의 귀를 여셔서, 친밀한 중에 성령이 주시는 말씀을 듣고 배우는 시간. 제자가 되어가는 우리에게 이 때보다 더 소중하고 중요한 시간은 없다. 이 때가 바로 성령이 하나님에 관해 직접 가르쳐 주시는 시간이며, 예수님이 직접 나를 제자로 훈련하여 내가 하늘에 계신 그의 아버지이자 나의 아버지 앞에서 신실하게 걸을 수 있게 하시는 시간이다.

이 시간이 바로 묵상 시간이다. 하지만 묵상을 하는 유일한 시간은 아니다. 주님과 아주 친밀하게 동행하며 하루 종일 계속해서 그분과 교제하고 싶기 때문이다. 늦은 밤의 정적을 더 좋아하여 밤에 하나님께 개인적으로 말씀해 달라고 구하는 사람도 있다. 그러나 누구도 매일을 시작하는 시간, 하나님이 직접 나를 잠에서 깨우셔서 내 귀를 열어 학자(제자)같이 듣게 하시는 이 시간의 절박함을 피할 수 없다.

하나님은 매일 나를 위해 준비하신 말씀, 나를 위한 개인적인 말씀을 가지고 계시다. 하나님이 가장 분명하고 가장 친밀하게 말씀하시는 자리이므로 성경의 한 단어 한 단어, 한 줄 한 줄, 한 구절 한 구절을 묵상하라. 정말로 이 시간에 성령은 학문적인 방식이 아니라 아주 개인적인 방식으로 복음의 깊은 진리에 관해 알게 하신다. "나의 귀를 깨우치사 학자같이(영어 성경: 가르침을 받는 자같이) 알아듣게 하시도다"(사 50:4). 이 말씀이 진리임을 나는 경험으로 안다. 내 존재의 깊은 곳에서 하나님의 진리를 경험해야만 그 진리를 이해할 수 있지 않은가.

이 시간은 다른 사람의 묵상이 담긴 묵상 책자나 성경 공부 교재에 의존하는 시간이 아니다. 위대한 기독교 고전을 읽는 영적 독서 시간도 아니다. 이 때는 성경을 열어 하나님을 대면하는 시간이며, 날마다 주님과 얼마나 깊고 진실하게 동행할지를 선택하는 결정의 시간이다. 우리는 단지 이렇게 청하면 된다. "주님, 오늘 저와 나누고 싶어하시는 말씀이 무엇입니까?

주님, 말씀하십시오. 종이 듣고 있습니다."

내가 들을 때 성령이 하나님의 말씀을 심으신다

우리는 어떤 자세로 말씀을 들어야 하는가? 제자로서, 학생이자 주인을 따르는 자로서, 예수님을 열정적으로 사랑하며 전심을 다해 따르기로 헌신한 자로서 들어야 한다. 우리가 이런 자세로 나아간다면 하나님이 우리에게 말씀하지 않으시겠는가? 그분은 우리와 친밀히 교제하며 대화하기 원하신다. 또한 아침마다 우리를 깨우셔서 우리에게 말씀하기 원하신다.

우리가 들을 때 성령은 무엇을 하고 계시는가? 도로시 세이어즈는「창조주의 마음」에 삼위일체뿐 아니라 성령에 대해 잘 정리해 놓았다. 그녀는 삼위일체를 책을 쓰는 일에 비유하면서, 모든 창조적인 일에는 창조적인 비전, 비전의 실현, 비전이 사람들에게 미치는 영향 세 가지가 필요하다고 했다. 이것은 삼위일체를 약간 상징화한 것이다. 성부 하나님은 창조적인 비전을, 성자 예수님은 아버지의 비전의 실현 또는 현현(예수님은 하나님의 유일한 말씀이다)을, 성령은 비전이 사람들에게 영향을 미치게 하시는 분임을 나타낸다.[2]

성령은 말씀의 신비를 펼쳐 보이시며 그 말씀을 전달하여 우리를 변화시키시는 분이다. 오직 성령만이 하나님 아버지가 우리 귀에 이야기하시는 말씀이 실제로 우리의 존재 안으로 들어오게 하실 수 있다. 하나님의 말씀은 영에서 영으로, 즉 하나님의 영에서 우리의 영으로 전해진다. 성령이 우리의 영 안에 실제로 말씀을 심으시는 것이다.

그러나 이것이 저절로 일어나지는 않는다. 땅에 심긴 씨가 자라는 데에는 토양의 상태, 최적의 시기, 성장 시간, 물, 얻으려는 열매 등 많은 요인들이 고려되어야 한다. 이와 마찬가지로 묵상하는 자는 고백하지 않은 죄가 없어야 하며 마음의 토양을 준비하여 말씀의 씨앗을 받아들이고 그 씨앗이 잘 자라날 수 있도록 양분을 제공해야 한다. 묵상하는 자가 신랑이 하시는 말씀을 전심으로 듣고, 기쁨으로 맞아들이며, 그 말씀이 자신 안에 거하기를 간절히 소원할 때에라야 하나님의 말씀이 그 안에 심겨진다. 묵상하는 그리스도인은 성령에 좀더 열려 있고 좀더 민감하며 그분과 더 깊은 교제 안으로 들어가도록 힘써 노력해야 한다. 말씀의 이식은 앞에서 언급했듯이 객관적이고 학문적인 훈련을 통해서가 아니라 지극히 개인적이면서도 친밀한 성령과의 만남으로 이루어지기 때문이다.

심긴 말씀은 지친 자를 격려하게 한다

하나님은 내 귀를 깨우쳐 "가르침을 받는 자같이 알아듣게" 하시고 또한 내게 "가르치는 자의 혀"(사 50:4, NRSV)를 주신다. "피곤한 자를 격려하고 (말로) 도와줄 수 있게"(사 50:4, 현대인의 성경) 나를 준비시키려는 것이다. 그러면 오늘날 세상에서 지친 자들은 누구인가? 신체적 노동으로 피곤하고 지친 이들, 감정적 고통과 정신적 괴로움에 지친 이들이 포함될 것이다. 분명 주님은 이런 자들도 격려하기를 원하신다. 그러나 이사야가 말하는 '피곤한' 자들이란 자신들의 죄로 인해, 비참한 상황 속에서 하나님을 찾지 못하거나 찾기를 거부한 것으로 인해 괴로움과 죄책감에 시달린

자들일 것이다. 주님은 지친 자들을 위로하라고 직접 말씀하셨다. "너희 하나님이 가라사대 너희는 위로하라 내 백성을 위로하라 너희는 정다이 예루살렘에 말하며 그것에게 외쳐 고하라 그 복역의 때가 끝났고"(사 40:1-2).

수백 년이 지나 예수님은 목자 없는 양처럼 시달려 지치고 무력한 사람들, 즉 영적인 짐에서 벗어나지 못하고 오히려 속 빈 종교적 형식과 지배 아래 무거운 짐을 져 온 무리들을 초대하셨다. "수고하고 무거운 짐진 자들아 다 내게로 오라 내가 너희를 쉬게 하리라"(마 11:28). 그의 단순한 초청 속에 얼마나 큰 능력이 있는지! 이 안식의 약속은 만물의 창조주 안에서만 찾을 수 있다. 오늘날 세계 인구의 반 이상이 인간이 만든 거짓과 파괴로 가득찬 세상에서 하나님을 찾지만 발견하지 못하고 지쳐 간다. 이들은 지구의 저쪽 귀퉁이에 살고 있을지도 모르고, 어쩌면 길 건너에 있는 내 이웃일지도 모른다.

"주 여호와께서 학자의 혀를 내게 주사 나로 곤핍한 자를 말로 어떻게 도와줄 줄을 알게 하시고." 하나님은 아침마다 나를 깨우시고 귀를 깨우쳐 그 날 내게 주시는 말씀을 듣게 하신다. 그분이 주시는 안식의 메시지를 안식 없는 세상에 전할 준비가 되게 하기 위해서다. 하지만 우리는 너무나 자주 사람들에게 안식을 주기보다는 이미 피곤한 그들을 더욱 피곤하게 한다. 오늘날 교회를 향한 가장 혹독한 비판은 지친 죄인이 교회 안에서 쉼을 얻을 수 없다는 것이다. 어떻게 이럴 수 있는가?

하나님의 말씀이 우리 영혼 깊숙한 곳에 거하지 않고 우리 또한 말씀 안에 진정으로 거하지 않으면서 단지 그 말씀에 지적인 충성만 하고 있는 것은 아닌가? 주님 발 앞에 앉아 그분께 배우기보다는 주님을 위해 큰일을 행하고 행사를 후원하는 데 더 관심이 있지는 않은가? 하나님의 말씀을 외면한 채, 안식을 주기는커녕 지친 사람을 더욱 지치게 하는 인간의 지혜와 지식만을 뿜어내는 것은 아닌가? 살아계신 하나님의 교회로서 하나님에 대해 알고자 애쓰지만 정작 그분을 아는 데는 실패하고 있는 것이 아닌가?

지치고 죄로 병든 세상에 안식과 생명을 주는 하나님의 음성이 되려면, 먼저 아침마다 영혼의 성소에서 주님을 만나고 그분이 일반적인 세상이 아닌 나 개인에게 말씀하시는 것을 듣기 위해 열심히 기다려야 한다. 그러면 성령이 우리의 생각을 새롭게 하신다. 또한 우리는 세상을 위해 생명을 주시는 하나님의 사랑을 전하는 대사가 된다.

성령이 심으신 말씀에 순종해야 한다

말씀을 듣는 것이 중요한 만큼이나 말씀에 순종하는 것도 중요하다. 우리가 순종할 때 말씀이 우리 안에서 일하신다. 고난당하는 참된 종이었던 예수님은 아버지가 말씀하신 모든 것에 기쁨으로 순종하셨다. 이사야 50장에 나오는 말씀은 우리의 고백이기도 하다. "주 여호와께서 나의 귀를 열으셨으므로 내가 거역지도 아니하며 뒤로 물러가지도 아니하며"(사 50:5).

우리는 하나님의 종이 되는 복을 받았다. 우리의 기도는 언제나 어린 사무엘의 기도와 같아야 한다. "여호와여 말씀하옵소서 주의 종이 듣겠나이다." 나의 귀는 듣는 귀며, 나의 가장 큰 기쁨은 주님이 내게 말씀하시는 것을 실제 행하는 것이다.

고난당하는 종의 노래 뒷부분은, 듣고 순종하는 묵상자를 향한 하나님의 돌봄과 변호를 약속한다(사 50:7-9). 여호와가 직접 우리의 변호자가 되시는 것이다. 그분은 우리에게 "부싯돌 같은 얼굴"을 주셔서 수치를 당하지 않게 하신다(7절). 그러므로 어떠한 반대나 핍박을 겪는다 해도 오직 한결같은 마음으로 그분의 뜻을 행하기로 결심해야 한다.

듣고 순종하기: 영성을 이루어가는 열쇠

그리스도가 우리를 새롭게 빚으심으로 우리의 성품이 그의 성품을 닮아가고 아버지를 향한 우리의 사랑과 헌신이 그리스도의 사랑과 헌신을 닮아가는 것, 이것이 우리의 소원이다. 사실 이것은 성령이 믿는 자의 삶에 행하시는 제일 중요한 일이다. 성령은 하나님의 말씀을 사용하여 우리가 그리스도의 형상을 닮아가게 하신다. 그러므로 우리는 말씀을 듣고 순종해야 한다.

순종의 축복

야고보는 그의 서신에서 하나님의 말씀을 듣는 것뿐 아니라 그 말씀에 순종하는 것이 중요함을 거듭 강조한다. 그는 말씀을 듣기만 하면 곧 잊고 말지만 실행하면 그 행하는 일에 복을 받는다고 말한다(약 1:25). 듣고 순종할 때에 해방과 기쁨과 풍성한 결실이 있다.

1979년은 엘렌과 나의 삶과 사역에 있어 중요한 시점이었다. 우리는 선교사로서 향후 사역 전략에 관해 중요한 결정을 내려야 할 상황에 직면해 있었다. 사실, 그 결정은 하나님이 기도 시간과 말씀을 통해 이미 말씀하신 것에 순종하느냐 하지 않느냐는 것이었다.

그것은 현재의 자리에서 다른 자리로 옮기는 것에 관한 것이었다. 그 때까지 우리는 18년 이상을 어느 선교단체의 선교사로 있었다. 우리는 그 단체 그리고 함께 일했던 친구들과 동료들을 사랑했다. 재정적인 필요 역시 사례비, 보험, 의료비, 연금으로 충분히 공급되었다. 그 당시 고등학생, 중학생, 초등학생이었던 세 아이들도 교육을 충분히 받을 수 있었다. 우리는 그 단체와 사역이 어느 정도 성공하고 있다고 느꼈다.

그런데 우리의 사역이 한국의 젊은 그리스도인들을 훈련시켜 선교사로 파송하는 것이라는 데 문제가 있었다. 우리의 사역 대상은 젊은이, 특히 대학생이었다. 우리는 재정적 지원을 받고 있었기에 상대적으로 재정적 염려가 거의 없었다. 반면, 우리의 사역 대상인 젊은이들은 혜택도, 자원도 거의 없었다. 우리는 이런 모순과 갈등에 부딪쳤다. 결국, 영적으로만이 아니라 경제적으로도 그들과 더 공감대를 형성하고 관계할 수 있다면 좀더 효과적으로 그들을 훈련하고 파송할 수 있으리라는 결론에 도달했다. 몇 달에 걸쳐 주님은 이 목표들을 좀더 효과적으로 수행할 수 있는 타 선교단체에 소속되라고 말씀하셨고, 우리를 그렇게 인도하고 계셨다. 그러나 그렇게 하면 재정적 혜택 또는 아이들의 교육이나 건강을 위한 도움을 전혀 받지 못하게 될 터였다.

결정을 내리려면 묵상 시간에 주님의 음성을 듣고 그분이 뭐라 하시든 순종해야 함을 엘렌과 나는 알고 있었다. 먼저는 각자가, 그리고 나서 함께 하나님께 나아가기로 했다. 기도에 대한 응답을 받으려고 묵상한 것은 아니었다. 응답에 초점을 맞춘다면 그것은 기도지 묵상이 아니다. 우리는 매일 단지 하나님을 만나기 위해, 그분의 놀라운 얼굴을 바라보고 그 날 우리에게 말씀하시는 것을 듣기 위해 묵상했다. 그분은 정말로 우리를 만나 주셨다. 그리고 처음에는 각자에게, 나중에는 우리 둘 다에게 우리가 이 중요한 변화를 겪어야 함을 분명히 보여 주셨다.

나는 주님이 우리에게 믿음의 걸음을 내딛어 그를 따르라고, 즉 다른 선교단체로 옮기라고 말씀하신 날을 명확히 기억한다. 1979년 9월 24일이었다. 내가 이 날을 기억하는 것은 하나님이 우리에게 말씀하신 방법 때문이다.

하나님께 순종하려면 어떤 대가를 지불하든 순종해야 한다고 결정하고 헌신의 기도를 하나님께 드린 바로 그 날, 하나님은 학개 2장 18-19절 말씀을 생각나게 하셨다. 나는 학개의 예언 내용은 잘 알고 있었지만 그 구절의 내용이 무엇인지는 즉시 떠오르지 않았다. 우리는 성경을 펴서 읽었다.

> 너희는 오늘부터 이전을 추억하여 보라 구월 이십사일 곧 여호와의 전 지대를 쌓던 날부터 추억하여 보라 곡식 종자가 오히려 창고에 있느냐 포도나무, 무화과나무, 석류나무, 감람나무에 열매가 맺지 못하였었느니라 그러나 오늘부터는 내가 너희에게 복을 주리라

"구월 이십사일!" 우리가 주님께 완전히 순종하기로 결정한 바로 그 날

이었다! 물론 고대 히브리 달력은 우리 현대인들이 쓰는 달력과 다르다. 하지만 하나님이 이 말씀을 우리에게 주신 날은 우리의 달력으로 9월 24일이었다. 어떤 때에는 이처럼 극적으로 말씀을 확인시켜 주시는 주님이 얼마나 신실하신지! 이 같은 기적적인 인도가 일반적인 것은 아니지만, 이 때는 우리가 삶의 궤도를 바꾸는 결정을 내려야 하는 중요한 때였다. 그리고 이것은 주님이 응답하기로 선택하신 방법이었다.

1979년 9월 24일, 그 이후로 주님은 그분의 말씀을 정말 신실하게 이행하셨다. 물론 그분은 그보다 훨씬 이전에도 언제나 신실하셨다. 하지만 전적으로 그분께 순종하기로 결정한 그 날부터 주님이 얼마나 기름부어 주시는지, 얼마나 기대 이상으로 공급하시는지, 얼마나 사역에서 풍성한 열매를 맺게 하시는지를 더욱 온전히 깨달았다. 하지만 이것이 우리 때문이 아니라는 것, 심지어 우리의 순종 때문도 아니라는 것을 깨닫고 있다. 이것은 오직 하나님의 신실하심 때문이다. 모든 열매는 그로 인해 맺혀지는 것이다. 신실하신 하나님은 모든 종들을 사용하셔서 그분께 영광 돌리고 그의 나라를 위해 풍성한 열매를 맺게 하신다.

하나님은 단지 우리의 완전한 순종을 원하신다. 하나님의 말씀을 묵상하는 자는 듣고 순종하는 사람이다. 이런 사람은 삶에서 그리스도를 드러내고 하나님의 종으로 쓰임받을 수 있다. 때로 우리는 골짜기를 지나기도 하고 어디로 가고 있는지 분명하게 볼 수 없는 상황들을 거친다. 실수를 저지르며, 처음부터 다시 시작해야 하는 것처럼 느껴질 때도 있다. 예수님만이 듣고 순종하는 데 완전하시다. 우리 그리스도인들은 날마다 그분의 형상으로 빚어지며, 그분을 닮아가는 것이다.

우리의 가장 간절한 소원은, 날마다 기회가 있을 때마다 아버지께 가까이 다가가 그분의 말씀을 들으며 그분의 뜻을 행하려 하셨던, 우리의 주 예수 그리스도께 계속해서 배우는 것이 아닌가! 우리의 소원은 그분의 곁에서 아주 가까이 걸어감으로써 세미한 속삭임마저 알아 듣게 되는 것이다. 또한 온전히 헌신된 자세로 함께 걸으며 그분이 무슨 말씀을 하시든 순종할 준비가 되는 것이다. 이것이 초대교회 성도들의 삶의 방식이었다. 그리고 그들은 세계를 전복시켰다! 성령이 말씀의 씨를 심으셔서 세상을 변화시키시는 데 사용하시는 그런 묵상자가 되겠다고 응답하지 않겠는가?

The Meditating Christian

잔칫상으로의 초대_시편 139편

묵상의 네 단계를 복습합니다.

시편 139편을 읽습니다.
하나님이 말씀하시도록 자신을 열어 놓고
시편 기자가 표현하려던 것을 이해해 봅시다.

시편 139편 6절을 묵상합니다.
당신에 대한 하나님의 지식이 얼마나 깊은지
그 경이로움을 깨달을 때 당신의 믿음은 더욱 강해질 것입니다.
주님이 개인적으로 들려주시는 말씀에 귀 기울이십시오.

주께서 주신 말씀을 노트에 적습니다.
기도를 적어도 좋고 성령이 이끄시는 대로 다른 무언가를 적어도 좋습니다.

감사의 기도를 드리고 그분께 순종하기로 결정하십시오.

제7장

믿음을 일깨우는 말씀

The Faith-Awakening Word

"나는 나의 하나님 여호와를 온전히 좇았으므로"

수 14:8

갈렙은 하나님을 신뢰하고 재난과 같은 상황에서도 기꺼이 하나님을 온전히 따랐던 위대한 믿음의 선구자였다. 여호수아 14장과 민수기 13-14장을 보면 갈렙은 확고한 믿음의 사람이었고 여든다섯의 나이에도 주님을 위해 개척하는 것을 멈추지 않았다. 본문은 갈렙이 이룩한 정복을 이해하기 전에 반드시 알아야 할 사실을 전하고 있다. 그는 믿음의 사람이자 개척자에 앞서 묵상하는 사람이었다!

갈렙의 일화는 이스라엘이 가나안 땅을 처음으로 정복한 후에 등장한다 (수 14:5-15). 이스라엘 백성은 약속의 땅에 거주하고 있었고, 여호수아는 여러 지파들에게 아직도 정복해야 하는 땅을 분배하여 위임하고 있었다. 그 때 갈렙이 외쳤다.

"이 산지를 내게 주소서 당신도 그 날에 들으셨거니와 그 곳에는 아낙

사람이 있고 그 성읍들은 크고 견고할지라도 여호와께서 혹시 나와 함께 하시면 내가 필경 여호와의 말씀하신 대로 그들을 쫓아내리이다."

선교의 외침

"이 산지를, 이 땅을, 이 나라를 내게 주소서." 이것은 선교의 외침이 아닌가? 그런데 갈렙은 선교여행을 하고 있던 것이 아니라 전투에 임하고 있었잖은가. 그의 유일한 목적은 헤브론의 거주자들과 싸워 이겨 그들을 내쫓고 그 땅에 사는 것이 아니던가. 하지만 하나님이 세상 모든 나라가 아브라함 안에서 축복을 받으리라고 하신 약속을 이행하시기 위해서도 이 땅을 이스라엘에게 약속하셨음을 기억해야 한다(창 12:1-3). 이스라엘의 역사가 형성되던 이 시기에, 군사적 정복은 이스라엘이 열방을 축복할 수 있는 자리에 서게 되는 방법이었다.

오늘날에는 세계 복음화를 진척시키기 위해 군사적 전쟁을 하지는 않는다. 오히려 종의 정신이 세계 선교의 진정한 특징이라 할 수 있다. 보다 큰 의미에서 우리가 "주님! 이 땅을, 이 산지를, 이 나라를 주소서. 제가 가서 그들을 섬기며 그들이 하나님의 나라에 들어가도록 하겠습니다"라고 고백한다면, 갈렙의 외침을 '선교의 외침'으로 사용하는 것이다. 이것은 아버지가 "내게 구하라 내가 열방을 유업으로 주리니 네 소유가 땅끝까지 이르리로다"(시 2:8)라는 엄청난 초대와 함께 그 아들 예수의 입에 주신 외침이었다. 아버지는 이 외침을 외아들 그리스도와 함께 상속자가 된 모든 아들 딸들에게도 외치게 하신다.

하나님은 우리를 그분의 아들과 함께 세계 복음화를 위한 동역자로 초대하셨다. 우리는 열방, 특히 미전도 국가들의 구원을 위해 계속해서 중보해야 한다. 중보해 본 적이 없다면, 한 나라 또는 한 민족을 마음에 주셔서 그들을 위해 계속 부르짖을 수 있게 해 달라고 지금 구하지 않겠는가?

갈렙이 추구한 땅

갈렙이 추구한 땅은 어떤 땅이었는가? 그 곳은 아낙이라는 거인 전사들이 살고, 크고 견고한 성읍이 있는 헤브론이라는 땅이었다. 그들은 패배를 모를 것 같은 족속, 다른 나라들은 감히 침략할 생각조차 할 수 없는 그런 족속이었다. 그러나 하나님이 갈렙의 마음에 두신 백성이었다. 갈렙은 상황 때문에 의지를 꺾지 않았고 목표에 전적으로 헌신되어 있었다.

"여호와께서 혹시 나와 함께하시면 내가… 그들을 쫓아내리이다." 하나님이라면 불가능한 일을 하신다는 것을 신뢰하는 믿음의 사람 갈렙의 모습이다. 그 전에 사라가 그렇게 했듯이, 갈렙은 여호와의 신실하심을 알았기 때문에 약속하신 그분을 믿었다. 갈렙에게 필요했던 것은 여호와의 함께하심, 그뿐이었다! 다른 어떤 것도 충분하지 않았다. 선임자 모세 역시 시내산을 지나 광야로 하나님의 백성을 인도하기 전에 다음의 한 가지를 고집했었다. "주께서 친히 가지 아니하시려거든 우리를 이 곳에서 올려 보내지 마옵소서… 주께서 우리와 함께 행하심으로 나와 주의 백성을 천하 만민 중에 구별하심이 아니니이까"(출 33:15-16).

주님이 함께하심, 이것이야말로 모든 축복의 샘이며 하나님께로부터 오는 모든 좋은 것의 원천이다! 예수님도 그의 제자들에게 지상명령을 주신 후에 다음의 말씀으로 축복하셨다. "볼지어다 내가 세상 끝날까지 너희와 항상 함께 있으리라"(마 28:20). 이것이 바로 갈렙의 믿음의 근간이었다.

여호와께서 말씀하신 그 산지

갈렙의 갈망이 된 이 땅에 대해 좀더 알 필요가 있다. 이 소원은 어디서 비롯되었는가? 갈렙 자신이었는가, 아니면 하나님이었는가? 갈렙은 여호수아에게 이 땅이 "그 날에 여호와께서 말씀하신" 땅임을 상기시켰다. 그러므로 이 땅을 정복하고자 하는 갈렙의 갈망은 인간의 소원 이상인 것이다. 그러면 주님은 언제 이 땅에 대해 말씀하셨는가? 45년 전, 가나안 땅을 정복하기 전에 열두 명의 정탐꾼이 처음 그 땅을 탐지했을 때였다! 주님이 처음 그에게 헤브론에 대해 말씀하셨을 때 갈렙은 마흔 살에 불과했다.

이것이 선교의 마음 아닌가? 하나님은 우리에게 지구상의 한 족속, 한 나라 또는 한 지역에 대해 말씀하신다. 말씀을 들은 우리는 하나님의 말씀을 품고 그들을 위해 기도한다. 그리고 우리가 기도하는 동안 하나님은 그들을 우리 마음속 더 깊은 곳에 심으신다. 우리는 그들에 대해 연구하고 조사하며 방문할 수도 있다. 결코 그들을 잊을 수가 없다. 하나님이 직접 그들을 우리 마음에 두셨으므로 그들은 절대로 기억에서 사라지지 않을 것이다. 우리는 하나님의 말씀을 믿고, 신뢰하며, 순종의 자세로 그 말씀을 붙든다. 주님이 심으신 말씀은 선교의 씨가 되어 그 나라를 위해 중보하는 평생 헌신의 첫 발을 내딛게 한다. 또는 선교사로 파송되거나 선교사들을 재정적으로 후원하는 시초가 된다. 하나님께 순종하고자 애쓸 때, 갈렙의 마음 안에 역사하신 성령이 진정 우리에게도 동일하게 임하심을 깨닫게 된다.

마음에 있던 말로 보고하였고

갈렙은 이전의 정탐 여행을 떠올리면서 이스라엘 백성에게 "내 마음에 성실한 대로 그(모세)에게 보고하였고"(수 14:7)라고 말한다.

어떤 번역에는 "내가 성실한 말로 그에게 보고하였고"로, 또 어떤 번역에는 "내가 내 마음에 있던 대로 그에게 보고하였고"로 기록되어 있다. 성실하다는 것은 무슨 뜻인가? 예레미야는 자신의 꿈을 가졌을 뿐 주님께 전혀 말씀을 받지 못한 거짓 선지자들에게 "몽사를 얻은 선지자는 몽사를 말할 것이요 내 말을 받은 자는 성실함으로 내 말을 말할 것이라"(렘 23:28)고 말한다. 주께 성실하려면 먼저 주께서 주시는 말씀이 있어야 한다. 이 구절이 어떻게 번역되었건 간에, 분명 갈렙은 주님이 주신 말씀을 받았다. 그의 마음에 말씀이 있었던 것이다. 그렇다면 갈렙은 자신의 마음에 있던 말씀, 모세에게 성실하게 보고하는 근원이 된 그 말씀을 언제, 어떻게 받았는가?

열두 정탐꾼이 어떻게 그 땅에 들어갔는가

열두 정탐꾼은 각각 강한 리더이자 이스라엘 각 지파의 족장이었다. 그들 중 믿음이나 용기가 부족한 사람은 아무도 없었다. 그들은 모두 하나님이 이미 가나안 땅을 이스라엘에게 주시기로 약속하셨음을 알고 있었고, 전쟁 경험이 많다. 그런데도 열두 명 중 열 명이나 용기를 잃고 두려움과 불신으로 반응했다. 왜 이렇게 되었는가?

당신이 기자가 되어 열두 명의 용맹한 정탐꾼들이 약속의 땅에 들어가는 모습을 지켜보고 있다고 하자. 그 중 열 명은 조금도 주저함 없이 경계를 넘어 새 땅으로 들어갔다. 자신들이 무슨 일을 하는지 알고 있었고 자기들의 힘과 능력을 자신했다. 그 땅이 얼마나 귀하고 열매가 풍성한지 아는 데는 그리 오랜 시간이 걸리지 않았다. 그런데 알게 된 것이 또 하나 있다. 성읍들은 생각보다 훨씬 더 컸으며 사람들도 예상했던 것보다 훨씬 더 강하다는 사실! 게다가 아낙이라 불리는 거인들도 있었다! 그들은 두려움으로 가득 찬 나머지 그 땅을 차지하기란 불가능하다는 것 외에는 아무것도 생각할 수 없었다.

그런데 열 정탐꾼과 같지 않은 두 명의 정탐꾼이 눈에 띈다. 둘은 믿음의 눈과 기도하는 마음으로 그 땅에 들어간다. 접경에 다가서면서는 하나님이 그 땅에 관해 말씀하기 원하시는 모든 것을 주의 깊게 듣는다. 그들은 하나님이 보시는 것과 하나님이 그들에게 보여 주기 원하시는 것을 보려 한다.

무심한 관찰자라면 쉽게 놓쳤을 근소한 차이지만, 이것은 결국 정탐꾼들이 그 땅 안에서 보인 반응의 차이를 만들어 냈다. 모두 같은 것을 보았고, 모두 충격과 두려움을 경험했다. 인간으로서는 그 땅을 정복할 승산이 없다는 것도 모두가 알았다. 그런데 열 명은 부정적인 보고를, 두 명은 긍정적인 보고를 했다. 다수의 뜻대로 했더라면 역사는 달라졌을 것이다. 그러나 그 땅에 들어가기 전에 주님의 말씀을 들은 갈렙과 여호수아 덕에 새 역사가 창조되었다! 나중에 갈렙이 "내가 내 마음에 있던 말로 모세에게 보고하였고"라고 말할 수 있었던 이유도 여기에 있다. 하나님이 갈렙에게 말씀하시고 성령이 그 말씀을 갈렙의 속사람에 깊이 심으셨기에, 말씀이 뿌리를 내리고 순종의 열매를 냈던 것이다.

하나님의 말씀은 결코 과거에 머무르지 않는다

하나님의 말씀은 결코 과거시제로 끝나지 않는다. 옛날에 하나님의 말씀을 들은 사람도 결코 모든 말씀을 완전히 품을 수는 없으며 그것이 자신만을 위한 말씀이라 주장할 수도 없다. 말씀은 동적이다. 말씀은 모든 시대 및 모든 사람들을 위해 예정되었고, 그들을 채우기에 족하다. 하나님이 성경에서 말씀하신 모든 말씀은 어디에서나 누구에게나 "똑같이 직접" 전해지며, "아무도 시간이나 공간의 거리로 인해 불이익을 당하지 않는다"고 폰 발타자르는 말한다.[1]

말씀을 묵상하는 사람들은 하나님의 말씀이 역사적 자료로서 조사하고 연구하는 명화(名畵)와 분명히 다름을 금세 깨닫는다. 말씀은 매순간마다 새롭다. 동일한 구절을 묵상하더라도 지난 번과는 완전히 다르다. 때마다 하나님이 진리의 다른 면을 강조하시며 다른 방법으로 말씀하시기 때문이다. 예를 들어, 나는 요한복음을 묵상할 때마다 어찌나 새로운지 마치 이전에 한 번도 그 말씀을 읽어본 적이 없는 것 같은 느낌을 받는다!

그래서 성 어거스틴은 영감을 받았다거나 하나님의 말씀을 단지 아는 것으로는 충분하지 않다고 했다. 우리는 "영원한 빛을 계속하여 쬐고 그에 도취되어야" 한다![2] 그렇게 하지 않은 것이 열 정탐꾼의 죄였는지도 모른다. 그들은 과거에 주의 말씀을 들었고 주가 그 땅을 그들에게 유산으로 주기로 약속하신 것도 알았다. 그렇지만 매순간 실존하시는 하나님을 만나지 못하고 저장된 하나님의 말씀에 대한 지식에 기초하여 행동했다. 그들은 하나님이 행하신 일들을 알고 있었지만, 하나님에 대한 경외감과 놀라움을 계속 간직한 채 살아가기를 거부했다. 그분은 단지 이스라엘 역사에서 홍해를 한번 가르신 분이 아니라 그분께 믿음으로 순종하는 백성들 앞에 놓인 바다를 가르시고 모든 장애물을 제거하신 분인데도 열 정탐꾼은 하나님의 말씀을 믿음으로 화합하지 못했다. 진리와 증언의 말씀으로 받아들이기는 했지만, 삶까지 변화되지는 못했다. 그렇다면 그들이 그 땅에 들어갈 때에 믿을 것은 자신뿐이다.

묵상하는 자로서 듣기

갈렙은 묵상하는 자로서 말씀을 들었다. 그가 주님께 새 말씀을 받으려고 초조해했는가? 아니다. 그는 이미 여호수아와 여행을 시작하기 훨씬 전, 하나님이 바란 광야에서 주신 말씀을 가지고 있었다. 오늘날 사람들이 묵상할 때 늘 새 말씀만을 구하지 않는 것과 마찬가지로, 그도 새 말씀이 필요치 않았다. 옛 말씀으로도 충분하다. 다만 주의 말씀을 새롭게 직접 들을 필요가 있다. 그러면 이 말씀은 내 삶과 생각을 뚫고 들어와 감정을 회복하고 의지를 확고하게 함으로써 말씀에 따라 행할 수 있게 한다.

갈렙은 그 날, 가나안 땅에 관해 하나님께 새 말씀을 구하지 않았다. 그는 단지 이렇게 구했을 것이다. "주님, 저는 당신께서 말씀하시는 것을 들었고 당신과 당신의 약속을 믿습니다. 제가 이 땅을 정탐하려고 하는데 제게 더 하실 말씀이 있으십니까? 제게 하라고 명하신 일을 수행하는 데 제가 알아야 할 것이 있습니까?" 이것은 오늘날 묵상하는 사람이 '그 땅에' 들어가거나 새 날을 시작할 때 또는 주님을 위한 선교나 사역에 과감히 뛰어들 때 구하는 것이기도 하다.

갈렙이 그 날 주님과 나눈 대화를 성경이 좀더 상세하게 기록하고 있다면 얼마나 좋겠는가. 하지만 그것은 갈렙에게 개인적으로 주어진 말씀이므로 우리가 알 필요는 없다. 분명 주님은 갈렙이 그분을 신뢰하고 말씀에 충실하기로 헌신한 것을 고마워하셨을 것이다. 약속한 내용을 다시 확인시켜 주시고, 어쩌면 예기되는 위험을 경고하셨을지도 모른다. 그러나 무엇보다도 갈렙을 위로하시고 믿음으로 나아가라고 격려하셨을 것이다. 이사야 선지자의 말은 주님이 그 날 갈렙에게 하신 말씀의 핵심을 포착하고 있는지도 모른다. 이사야 역시 듣는 자요 묵상하는 자였기 때문이다. "두려워 말라 내가 너와 함께함이니라 놀라지 말라 나는 네 하나님이 됨이니라 내가 너를 굳세게 하리라 참으로 너를 도와 주리라 참으로 나의 의로운 오른손으로 너를 붙들리라"(사 41:10).

갈렙은 돌아와 모세에게 정직하고 성실한 보고를 했다. 그는 단지 자신의 마음에 있던 말을 모세에게 했다. "나는 나의 하나님 여호와를 온전히 좇았으므로." 모세는 그의 말을 인정하며 그를 축복한다. "네가 나의 하나님 여호와를 온전히 좇았은즉 네 발로 밟는 땅은 영영히 너와 네 자손의 기업이 되리라"(수 14:7-9).

믿음의 개척자가 된다는 것

믿음의 개척자들은 타고나는 것이 아니다. 믿음은 믿음에 따라 살고 싶어한다고 생기는 것이 아니다. 믿음을 따라 살겠다는 결심으로 생기는 것도 아니다. 믿음은 하나님의 말씀을 들음에서 난다! 매일 예수님을 새롭게 만나고 그분의 놀라운 영광을 응시하며 제자의 귀로 주의 깊게 듣는 자만이 믿음의 사람이 될 수 있다. 이 새 천년에 젊은 믿음의 개척자들이 정말로 절실히 필요하다! 그러나 개척자가 되기 이전에 먼저 묵상하는 사람이 되어야 한다.

갈렙은 진정 이런 사람이었다. 그가 어떻게 해서 하나님의 위대한 개척자가 되었는지 되새겨보는 것은 매우 중요하다. 언제나 하나님의 말씀을 들을 준비가 되어 있던 그는 단순한 격려의 말씀일지라도 계속해서 들었다. 과정을 정리해 보면, 갈렙은 주님의 말씀을 들었고, 주님은 갈렙에게 말씀하셨다. 그리고 하나님의 영은 그 말씀을 갈렙의 마음속에 심으셔서 그 말씀이 결코 그를 떠나지 않고 많은 열매를 맺게 하셨다. 그 심긴 말씀은 갈렙을 믿음의 개척자로 변화시켰다. 갈렙은 주님께 전심을 다한 헌신을 드렸다. 듣고 순종하는 것이야말로 승리의 삶을 위해 없어서는 안 될 두 가지 열쇠다. 나머지는 하나님의 영이 행하실 것이다.

말씀 안에 거하지 않는 리더의 위험

그러면 하나님의 말씀을 계속 듣지 않고, 하나님이 계속해서 주시는 말씀 안에 거하기보다는 자기 자신들을 의지하기로 선택한 열 명의 정탐꾼은 어떠한가? 성경의 기록을 보면 그들의 부정적인 보고로 이스라엘 백성들은 분노와 반항을 일으켰고, 열 정탐꾼은 결국 주님이 직접 보내신 재앙으로 모두 죽었다(민 14:37-38). 이집트를 떠났던 '전투 가능한 나이의 사람들' 중 갈렙과 여호수아만 유일하게 약속의 땅에 들어갔다.

오늘날에도 교회가 직면한 심각한 위험은, 리더들이 하나님의 말씀 안에 거하지 않고 자기 자신의 지혜와 지식으로 교회를 이끌어간다는 것이다. 오늘 우리가 직면한 위험은 갈렙의 시대에 이스라엘이 직면했던 위험과 같다.

사람에 대한 두려움

첫째 위험은 사람에 대한 두려움이다. 사람으로부터는 지나치게 영향을 받으면서도 정작 하나님께로는 별 영향을 받지 않는 자, 즉 '하나님이 나를 어떻게 생각하시는가'보다 '사람들이 나를 어떻게 생각하는가'에 더 관심이 있는 자를 말한다. 오직 하나님의 말씀만이 우리를 사람에 대한 두려움에서 건져내신다. 그것만이 하나님이 원하시는 유일한 두려움인 주를 경외하는 마음으로 이끄신다!

낮은 자아상

사람에 대한 두려움이 있으면 자신의 진정한 가치를 느끼지 못한다. 열

명의 정탐꾼들은 스스로의 가치를 지나치게 무시한 나머지 자신의 존엄성을 보지 못했다. "거기서 또 네피림 후손…을 보았나니 우리는 스스로 보기에도 메뚜기 같으니 그들의 보기에도 그와 같았을 것이니라"(민 13:33). 내가 나를 어떻게 보느냐에 따라 남들도 나를 어떻게 볼지 결정한다는 원리를 정탐꾼들은 이해하지 못했다. 우리가 우리 자신을 무가치하게 여기면, 다른 이들도 우리를 그렇게 볼 것이다. 그러나 말씀 안에 거하고 묵상하는 사람은 자신을 존귀하게 여긴다. 내가 하나님 안에서 누구인지, 얼마나 존귀한지를 이해하고 인정하기 때문이다.

주관적인 생각에 치우침

열 정탐꾼은 누구의 말을 선포하고 있었는가? 분명 하나님의 복음은 아니다! 그들은 하나님의 말씀을 한 번도 듣지 않았다! 그들이 선포한 것은 이성의 가르침이었을 것이다. 상대를 이긴다는 것이 너무나 불가능해 보였기 때문이다. 이처럼 하나님의 말씀 안에 거하지 않는 리더는 주관적인 생각을 전한다! 그러나 세상은 그런 생각, 즉 특정 교파나 특정 선교 단체 또는 어느 개인의 생각을 듣고 싶어하지 않는다. 하나님이 지속적으로 내게 말씀하지 않으시고 또 내가 듣지 않는다면, 내게는 세상에 전할 메시지가 없는 것이다.

하나님의 뜻에서 이탈

하나님의 말씀 안에 거하지 않는 리더는 쉽게 주의가 분산되며 덜 중요한 일들에 빠져든다. 그런 리더는 사람들을 주님의 임재가 아닌 잘못된 길로 이끄는 인간의 비전을 갖기 쉽다. 하나님의 생각은 무시하면서 자신의 생각에 대단한 자부심을 느낄 수 있다는 것이 정말 이상하지 않은가!

사역이 제한됨

결국 그가 이끄는 사역은 심히 제한될 것이다. 하나님과 그분의 말씀 안에 거하지 않으면 비전도 없기 때문이다. 하나님과 하나님의 뜻에 대한 지식이 없으므로 리더는 한계에 부딪치고, 그를 따르는 사람들도 권태와 단조로움을 느끼게 된다.

불평을 야기함

이스라엘 백성은 대다수 정탐꾼의 보고를 듣고 환멸을 느꼈다. 소망도 모두 사라졌을 것이다. 기대했던 것이 무너져 소망을 잃었다면, 특히 리더로 인해 그렇게 되었다면 사람들은 불평하고 부정적으로 말하게 된다. 이스라엘 백성 사이에 팽배했던 불평과 험담만이 남게 될 뿐이다.

반역을 선동함

하나님의 말씀 안에 거하지 않는 리더로 인한 가장 큰 위험은, 그가 섬기는 사람들 사이에서 반드시 거역과 반역이 일어난다는 사실이다. 이스라엘의 민중 선동가들은 실제로 쿠데타를 시도했다. 그들은 모세를 대신하여 자기들을 이집트로 다시 데려갈 새로운 리더를 선택하려 했다! 그러나 모세는 중보자였다. 말씀의 사람, 기도의 사람이었다!(민 14장)

묵상하는 사람들은 예수님과 말씀에 집중하고, 말씀으로 생각과 마음을 채우며, 듣고 순종함으로 주의 임재 속에 걸어간다. 이들은 언제나 듣고 언제나 순종할 준비가 되어 있다. 하나님은 이런 사람을 기뻐하시고 그의 영광을 위해 사용하신다.

전심으로 여호와를 좇은 사람

"당신이 나의 하나님 여호와를 온전히 좇았습니다!" 갈렙은 여호수아로부터 최고의 찬사를 들었다. 하나님은 이 믿음의 개척자에게 아무것도 요구하지 않으셨지만, 갈렙은 여든다섯의 나이에도 여전히 주님을 위해 개척하고 있다!

갈렙은 하나님이 45년 동안 생존케 하신 것에 감사한 후에 탁월한 고백을 한다. "모세가 나를 보내던 날과 같이 오늘날 오히려 강건하니 나의 힘이 그 때나 이제나 일반이라 싸움에나 출입에 감당할 수 있사온즉"(수 14:11). 육체의 힘이 젊었을 때와 똑같지 않았음은 명백한데, 갈렙의 배짱은 어디서 나온 것일까? 그 답은 수백 년 후, 바울의 말에서 찾을 수 있다. "우리가 낙심하지 아니하노니 겉사람은 후패하나 우리의 속은 날로 새롭도다"(고후 4:16).

바울과 갈렙, 우리보다 믿음의 길을 먼저 걸어간 이 위대한 믿음의 개척자들은 하나님을 아는 흥분으로 가득 찬 삶을 살아가는 방법을 제시한다. 건강에 대한 하나님의 관점은 늙어서도 젊었을 때의 육체적 힘을 보유하는 것이 아니라고 그들은 말할 것이다.

하나님은 물론 우리를 보살피시며 우리가 육체적으로 건강하기를 바라신다. 그래서 우리가 건강을 유지할 방편을 주시는데 운동과 함께 묵상하는 것도 그 한 방법이다. 그러나 육체의 힘보다 더 큰 힘이 있다. 오랜 세월의 시련과 역경, 핍박을 견디어내도록 우리를 이끌어 주는 힘이다. 그것은 영의 힘이며 정신의 힘이다. 영적, 정신적, 감정적 힘이자 의지의 힘이다. 물론 갈렙이 하나님의 용사요 용맹한 전사였음은 의심할 여지가 없다. 동년배보다 훨씬 힘이 셌을지도 모른다. 하지만 그의 진짜 힘은 날마다 주님과 동행한 데 있었다. 갈렙은 말씀이 성령에 의해 자기 속에 심긴 후 '여호와를 온전히 좇은' 것이 건강과 장수의 비결이었다고 했다.

나는 젊은이들에게 묵상을 가르칠 때, 21세기 중반이나 후반쯤 자신의 삶이 어떨지 마음속에 그려보라고 한다. 그러고는 여든다섯 살에 어디에서 어떤 삶을 살고 있을지, 주님을 위해 무엇을 하고 있을지 생각해 보라고 제안한다. 최근에 노스캐롤라이나 주(州) 샬럿(Charlotte)의 예수제자훈련학교(DTS)에서 한 젊은이로부터 이에 대한 훌륭한 답을 들었다. "저는 일본 홋카이도에 있을 겁니다. 거기서 제 인생의 대부분을 살았을 거구요. 아마 허리는 좀 굽었겠지만 주님 안에서 똑바로 서 있을 겁니다. 주님이 제가 하는 선교 사역을 이끄시고, 저는 그분의 말씀을 계속 듣고 있습니다. 그리고 일본 젊은이들이 팀을 만들어 세계 각처에 나아가 무술을 가르치면서 예수 그리스도의 복음을 전하도록 동료 사역자들과 함께 그들을 훈련하며 주께 영광 돌리는 삶을 살고 있을 겁니다."

하나님이 나이든 사람들을 격려하기 위해 성경에 갈렙의 이야기를 넣은 것이 아니다. 오히려 이것은 젊은이를 위한 말씀이다. 나이가 몇 살이든 우리는 주님과 함께 걸어야 한다. 또 주를 위해 평생토록 풍성한 결실을 맺는 비결을 갈렙에게 배워야 한다. 하나님은 묵상하는 자의 장래를 보장하신다! 당신은 그저 하나님의 말씀을 듣고 순종하면서 계속 그분과 함께 걷기만 하면 된다. 그러면 당신은 열매 맺는 자가 될 것이다!

갈렙의 믿음은 단지 과거의 믿음이 아니라 살아 있는 믿음이었다. 그가 하나님이 과거에 행하신 일을 기억하고 계속하여 현재의 임무에 재헌신하는 동안, 하나님은 계속해서 갈렙의 믿음을 일깨우시고 세계를 변화시키는 자로서의 부르심을 확인시켜 주셨다. 믿음은 날마다 일깨우는 것이지 편리할 때 꺼내 사용하도록 저장할 수 있는 것이 아니다. 우리는 날마다 모든 경우에 하나님을 신뢰해야 하며 한 단계 한 단계 나아갈 때마다 그분의 말씀을 들어야 한다. 믿음의 개척자는 하나님께 의지하고 모든 상황에서 그분의 말씀을 들으며 하나님과 특별한 관계를 즐긴다. 갈렙이 새 땅에 들어갈 때와 같이 결정적인 시기에는 더욱 그렇다. 우리 또한 갈렙과 같은 부르심을 받지 않았는가?

오늘날에도 갈렙의 길을 걷는 사람들이 많다. 다음 장에서는 세상을 변화시킬 한 소녀의 삶과, 열방을 변화시키고 복음 전파를 위해 새로운 지역을 개척하도록 쓰임 받아온 현대의 개척자들의 삶에 성령이 어떻게 하나님의 말씀을 심으셨는지 살펴볼 것이다.

The Meditating Christian

잔칫상으로의 초대_시편 139편

묵상의 네 단계를 복습합니다.

시편 139편을 읽습니다.
하나님이 말씀하시도록 자신을 열어 놓고
시편 기자가 표현하려던 것을 이해해 봅시다.

시편 139편 7-8절을 묵상합니다.
당신이 하나님의 사랑에 온전히 사로잡힐 때까지
그분은 당신을 계속 따라다니십니다.
그분이 개인적으로 들려주시는 말씀에 귀 기울이십시오.

주께서 주신 말씀을 노트에 적습니다.
기도를 적어도 좋고 성령이 이끄시는 대로 다른 무언가를 적어도 좋습니다.

감사의 기도를 드리고 그분께 순종하기로 결정하십시오.

제8장

하나님의 씨를 받기

Receiving the Seed of God

"마음에 심긴 도를… 받으라"
약 1:21

"여호와의 눈은 온 땅을 두루 감찰하사 전심으로 자기에게 향하는 자를 위하여 능력을 베푸시나니"(대하 16:9). 성령은 하나님이 주시려는 모든 것을 받을 준비가 되어 있는 사람들을 계속해서 찾으신다. 그들에게 힘을 주셔서 하나님이 세상에 이루려 하시는 목적을 성취하시기 위해서다. 하나님은 다음에 소개되는 남다른 묵상자들을 찾으셨고, 그들은 세상을 변화시켰다.

예수의 어머니 마리아

마리아는 천사 가브리엘의 방문으로 인생이 완전히 뒤바뀐 평범한 시골 소녀였다. 모든 유대 소녀의 꿈이 다가올 메시아의 어머니가 되는 것이었지만, 마리아는 그 일이 이런 식으로 자기에게 일어나리라고는 상상조차 못했을 것이다. 마리아가 예수의 어머니가 될 것이라는 말을 들었을 때는 열세 살 정도(분명히 열다섯 미만)였을 거라고 학자들은 추정한다. 그녀는 세상적 경험이 없었고 자신에게 주어진 말씀이 얼마나 강력한지 아직 다 이해할 수 없었다. 그런데도 말씀에 대한 그녀의 응답에서 내적 성숙의 깊이와 나이를 훨씬 웃도는 감정적 안정감이 느껴진다.[1]

"성령이 네게 임하시고 지극히 높으신 이의 능력이 너를 덮으시리니 이러므로 나실 바 거룩한 자는 하나님의 아들이라 일컬으리라"(눅 1:35). 천사는 성령이 예수, 즉 메시아의 씨를 그녀의 몸 안에 심으실 것이며 그녀가 인간의 개입 없이 아이를 갖게 되리라는 사실을 전하였다. 하나님께는 불가능한 것이 없음을 확인시켜 주었다.

하나님께 대한 마리아의 순종

당신이 왜 마리아가 도망가지 않았는지, 왜 어머니에게 조언을 구하지 않았는지 궁금해할지도 모르겠다. 그러나 마리아는 성경 어디에서도 찾아보기 힘든 아름다운 믿음의 고백을 드렸다. "주의 계집종이오니 말씀대로 내게 이루어지이다"(눅 1:38). 이 온전한 믿음의 대답 외에는 마리아에 대해 전혀 아는 것이 없다 해도, 마리아가 하나님을 전적으로 믿고 따르며 주님께 모든 것을 내어드리는 본을 보였음을 인정할 수밖에 없다.

어떻게 하나님이 주신 초자연적 계시 앞에서 그토록 평온하고 안정될 수 있었을까? 하나님이 그녀에게 하나님을 향한 갈망, 즉 하나님이 나타내시는 신비로운 일들 가운데 깊이 잠기고픈 소원을 주셨음이 분명하다. 그러하기에 그렇게 어린 나이에 세상을 구원하기 위한 하나님의 도구로 준비될 수 있었다.

동정녀 마리아에 대해 중요한 연구를 발표한 이그나치오 라라냐가의 책에는 다음과 같은 내용이 담겨 있다. "마리아가 '이루어지이다'라고 말했을 때 사실상 그녀는 집도 없고 요람도 없고 산파도 없는 베들레헴 밤에 '아멘'한 것이다. 적대적인 미지의 땅 이집트로 도주하는 것에 '아멘'했으며, 산헤드린의 적대심에도, 예수를 체포했던 정치적·종교적·군사적 힘에도, 십자가 형벌에도, 그리고 아버지가 계획하셨거나 허락하셔서 그녀로서는 바꿀 수 없는 그 모든 것에 '아멘'이라 말하고 있었다."[2] 하나님의 뜻에 동의함으로써 사랑의 아버지의 '전능하고 사랑으로 가득 찬' 손에 자신을 내어드린 것이다.

거룩한 씨

마리아는 가장 큰 사랑의 선물을 받았다. 하나님의 말씀이신 예수를 잉태하고 출산하는 태로 선택받았고 그 이후로 모든 세대에게 복 받은 자라 불려왔다.

예수 그리스도가 동정녀에게서 탄생하신 사건은 하나님이 몸을 입고 세상에 오신, 최초의 기적이다. 이 기적을 통해 하나님은 우리 주 예수 그리스도의 아버지는 하나님 자신뿐임을 명확하게 설정하셨다. 우리의 조상 아담의 원죄로 얼룩진 생물학적인 탄생은 더 이상 최종 결과가 될 수 없다. 하나님이 마리아를 통해 행하신 중재는 십자가와 부활의 더 큰 기적을 예고하는 것이며 회복을 의미한다. 즉, 죄 많은 인간이 죄의 속박에서 벗어나 하나님의 영으로 새롭게 태어난다. 마리아는 죄로부터 자유케 된 순결한 교회의 상징이다. 호세아 선지자는 이스라엘이 앗수르에 무너지기 전(약 B.C. 722)에 활동한 마지막 예언자였다. 하나님께 반역한 죄로 거의 파괴된 이스라엘에게 호세아는 다가올 새 날에 대해 예언한다. 이 예언은 궁극적으로 교회에서 완성될 것이다. 그 날에 하나님은 의와 신실함으로 백성들을 신부로 맞겠다고 말씀하신다. 하나님의 씨를 기꺼이 품겠다는 마리아의 태도는 신부된 교회가 나타날 길을 예비하고 계시는 하나님을 기쁘게 했다.

말씀의 태

예수님이 태어나신 후, 목자들은 마리아와 요셉과 아기 예수를 찾아와 그 부모에게 천사들의 신비한 메시지를 전해 주었다. 동방박사들도 경배하러 왔으며, 늙은 예언자 시므온과 안나도 아기에 관해 예언했다. 목자들의 말을 들은 주위 사람들은 놀라워하고 기이히 여겼다. 마리아와 요셉은 이 사건의 의미를 온전히 헤아릴 수 없었으나 마리아는 "이 모든 말을 마음에 지키어 생각"했다(눅 2:19).

12년이 지나 어린 소년 예수가 성전에서 선생들과 율법을 토론하였을 때였다. 예수님은 집에 돌아와 계속하여 부모에게 순종했지만, 마리아는 성전에서 들은 모든 말을 마음에 두었다(눅 2:51).

마리아는 묵상하는 자였다. 어쩌면 성경에 나오는 모든 사람 중 가장 훌륭한 묵상자였는지도 모른다. 마리아는 어린 나이에 성령이 자신의 몸 안에 거룩한 씨, 즉 말씀이신 예수를 심으시도록 자신을 내어드린 것과 같이 성령이 마음속에 말씀의 씨도 심으시게 하였다. 마리아는 자신의 태를 주님께 드려 '하나님의 씨'(말씀이신 예수)를 받았으며, 또한 예수님에 관한 '말씀의 태'가 되도록 자신을 주님께 드렸다. 그녀는 그 말씀을 품고 고민하고 숙고하며 자신의 전 존재를 거기에 집중시켰다. 무엇보다 중요한 것은 그녀가 말씀에 순종했다는 것이다.

마리아가 묵상하는 사람이었다는 또 다른 증거가 있다. 누가복음 1장에는 '마리아 찬가(The Magnificat)'라 불리는 노래가 나온다. 이 노래는 거의가 구약성경을 그대로 인용하거나 간접적으로 언급한 것인데, 주로 사무엘상 2:1-10에 나오는 한나의 기도와 시편 말씀을 인용하였다. 어린 나이에 마리아는 모세 및 예언자들의 말씀을 읽고 묵상하는 데 많은 시간을 보냈음에 틀림없다.

외로움의 시기

예수님이 자라 성인이 됨에 따라 마리아가 겪었을 외로움의 시간들을 상상해 보라. 어떤 학자들은 요셉에 대한 언급이 더 이상 없는 것으로 보아, 예수님이 사역하기 얼마 전쯤 요셉이 죽었을 수도 있다고 생각한다. 마리아는 이해하기 어려운 일들로 인한 의심과 싸웠을 것이다. 오해를 받거나 하나님이 하시는 일을 이해하지 못하는 주위 사람들에게 욕설마저 들었을지도 모른다. 그러나 마리아는 언제나 목자들과 동방박사들의 말과, 성전에서 가르치던 아들의 말씀을 마음에 두고 있었다. 그 말들은 마리아의 마음 깊이 심겨 있었고, 그녀에게 힘이 되었다.

십자가에서의 마리아

성경은 마리아에게서 예수님을 아는 지식이 어떻게 발전하고 자라갔는지 자세히 말해 주지 않는다. 하지만 30년이 지나 마리아가 다른 여인들과 함께 십자가에서 흐느낄 때, 비로소 예수를 단지 한 아이가 아닌 메시아로서 알게 되지 않았을까 생각한다. 그 때 성령이 마리아에게 나타나 그 옛날 예수님이 아기였을 때 그녀가 마음에 보물처럼 간직했던 그 말로 그녀를 위로했을 수도 있다.

예수님은 제자들에게 성령이 모든 진리로 그들을 인도하실 것이며, 예수님이 그들에게 가르치신 모든 것을 기억나게 하실 것이라고 말씀하셨다.

그렇다면 마리아가 십자가 앞에 무릎 꿇고 있을 때 성령이 마리아의 괴로운 심령을 위로하시며 아들 예수에 대해 이전에는 결코 깨닫지 못했던 새로운 진리를 계시해 주셨을 수도 있는 것이다.

묵상하는 자의 보상

위에서 언급한 것이 묵상하는 자가 받는 보상이다. 십자가 앞에서 성령이 마리아가 오래 전에 묵상했던 말로 그녀를 위로하셨을 때, 마리아는 처음 묵상했을 때보다 더 큰 위로와 지혜를 받았을 것이다. 이것이 믿는 자에게 얼마나 큰 격려와 힘이 되는지! 묵상하며 성령이 내 안에 심으시도록 한 성경말씀은 들을 때마다 위안이 된다. 그러나 그보다도 더 큰 축복이 묵상하는 자를 위해 예비되어 있다! 오늘 말씀을 심으시는 성령이 그 말씀을 사용하셔서 수개월, 수년 동안 내 삶을 풍성케 하시고 나를 통해 다른 이들을 풍성케 하신다는 것이다!

최초의 기독교 공동체

예수님은 십자가에서 돌아가시면서 첫 번째 기독교 공동체를 형성하셨다. 사랑하는 제자 요한에게는 영적 어머니로 마리아를, 마리아에게는 영적 아들로 요한을 각각 맡기셨다. '위대한 묵상자' 마리아와 '크게 사랑하는 자' 요한으로 구성된 최초의 공동체는 세상을 향한 하나님의 축복의 근원이 되었다.

이 새로운 공동체가 식탁에 둘러앉아 식사하는 모습을 상상해 보라. 요한은 마리아에게 소년기와 청년기의 예수님에 대해 이야기해 달라고 부탁했을 것이다. 마리아도 아들 예수가 많은 무리에게 보여준 큰 사랑과 긍휼을 통해서 요한이 얻은 통찰을 말해 달라고 했을 것이다. 이런 대화는 매일 식사 때마다 또는 쉴 때마다 계속되었을 것이다. 요한은 분명히 마리아에게 영감을 받았을 것이며, 이 영감은 나중에 요한복음과 요한일·이·삼서와 요한계시록을 쓸 때 자원이 되었을 것이다. 요한이 쓴 글은 우리를 하나님의 사랑과 신비 속으로 깊이 이끌어간다. 위대한 묵상자 마리아를 기억하고 그런 하나님의 여인을 인해 감사하는 것이 마땅하지 않겠는가?

전적인 위탁

헨리 나우웬은 마리아가 온전한 '예!'로 하나님께 응답했다고 말한다. 마리아는 천사 가브리엘 앞에서 단지 한 번만 응답한 것이 아니다. 그 응답은 "구속의 하나님에 대한 평생의 순종"이었다.³ 마리아의 삶은 하나님의 거룩한 뜻에 자신을 전적으로 내맡긴 삶, 하나님의 사랑의 임재로 채움 받기 위해 자신을 완전히 비운 삶이었다고 나우웬은 덧붙인다. 이것은 하나님의 말씀을 묵상하는 모든 자들의 목표이기도 하다.

마리아는 묵상자로서뿐 아니라 그리스도인의 모범으로서 하나님이 우리가 어떤 자세로 응답하기를 원하시는지 가르쳐 준다. 그녀의 온전한 순종과 철저한 겸손 및 "흔들리지 않는 신실함"[4]은 세상을 변화시킬 묵상자의 삶의 방식을 보여 준다.

조지 뮬러 – 심긴 말씀은 기적을 낳는다

이제 하나님의 말씀을 듣고 그분이 말씀하신 모든 것에 순종함으로써 역사의 흐름을 바꾼 각 세대의 묵상자들을 모두 뛰어넘어, 19세기로 가 보자. 그 사이의 수많은 묵상자들을 살펴보는 것은 아마도 훗날 또 다른 연구 주제가 될 것이다.

교회사를 통해 묵상하는 사람들의 삶을 살펴보면, 주님을 위해 열매를 맺고 기적을 행하며 승리하는 사람들은 힘 있고 강한 이들이 아니라는 사실을 알 수 있다. 오히려 하나님이 그분의 영광을 나타내기 위해 사용하시는 사람은 강한 하나님을 믿는 평범한 믿음의 사람들이다. 마리아는 이 진리의 훌륭한 본이었고 조지 뮬러 또한 그러하다.

조지 뮬러는 영적으로 약할지라도 묵상할 수 있다고 말하곤 했다. 사실 영적으로 약하기에, 자신에게는 아무 힘도 없기에 묵상하는 것이다. 우리는 기적을 행하거나 치유의 능력을 가진 사람들이 아니다. 단지 아침마다 겸손과 온유로 하나님의 말씀 앞에 우리 자신을 내어드리며, 하나님이 그 말씀대로 우리 삶에서 일하시기를 구하는 하나님의 백성이다.

오늘의 그리스도인들에게 '고아의 아버지'로 알려져 있는 뮬러를 동료들은 진정한 온유와 겸손의 사람으로 평가한다. 하나님께 기꺼이 자신을 내어드렸기에 그는 하나님이 자신에게 맡기신 수백, 수천의 고아들을 위해 헌신할 수 있었다. 하나님은 진정한 온유와 겸손이라 할 수 있는 그의 순종과 헌신을 함께 사용하셔서 오늘까지도 사람들이 기억하는 기적들을 행하셨다. 하루하루, 매주, 매해, 하나님은 19세기 초 영국 브리스톨에 있던 고아들을 위해 음식과 생필품을 기적적으로 공급해 주셨다.

많은 이들이 조지 뮬러에게 그 비결을 물었다. 그는 어떻게 든든한 후원자로부터 재정적 뒷받침을 받지 않고도 고아들을 먹이고 돌보는 기적들을 정기적으로 체험할 수 있었는가? 그 답은 조지 뮬러 자신에게 들어야 할 것이다. 그러기 위해서는 「영혼의 양식」이라는 그의 자서전에서 좀 많은 부분을 인용할 필요가 있다.

> 주님은 내게 한 진리를 가르치기를 기뻐하셨는데, 나는 지금까지 14년간 거르지 않고 그 진리의 덕을 누려왔다. 나는 내가 매일 주의를 기울여야 할 첫 번째 일이 내 영혼을 주님 안에서 행복하게 하는 것임을 여느 때보다 더 확실히 깨달았다. 첫 번째로 염려해야 할 것은 내가 얼마나 많이 주님을 섬길 수 있느냐가 아니라 내가 어떻게 내 영혼을 행복하게 할 수 있느냐, 또 내 속 사람이 어떻게 양분을 공급받을 수 있느냐였던 것이다.
> 나는 주께 돌아오지 않은 자들에게 제시하기 위해 진리를 추구할 수도 있고, 믿는 자들을 돕고자 애쓸 수도 있으며, 고통받는 자들의 고통을 덜어 주려 노력할 수도 있고, 다른 방법으로 이 세상에서 하나님의 자녀로

행동하려고 노력할 수도 있다. 그렇지만 주님 안에서 행복하지 않고, 내 속사람이 날마다 새 힘을 얻지 못한다면, 이 모든 일을 바른 마음으로 할 수가 없다.

그 전까지는 아침에 옷을 입은 후 기도에 전념하는 것이 나의 습관이었다. 그런데 하나님의 말씀을 읽고 그를 묵상하는 데 전념하는 것이 내가 해야 할 가장 중요한 일임을 알았다. 그 시간은 위로와 격려, 경고와 책망 및 가르침을 받고, 하나님의 말씀을 통해 주님과 교제를 경험하는 시간이다.

그래서 나는 아침 일찍 일어나 신약성경을 처음부터 묵상하기 시작했다. 말씀 위에 주님의 축복이 임하기를 몇 마디 기도한 후 말씀을 묵상하는 것이 하루 중 제일 먼저 할 일이 된 것이다. 각 구절에서 복을 누리기 위해 자세히 살피되… 대중 사역이나 설교를 위해서가 아니라 내 영혼을 위한 양식을 얻기 위해서였다.

내가 얻은 결과는 한결같다. 몇 분 후면 내 영혼은 고백이나 감사나 중보나 탄원을 하게 되었고… 그것은 거의 즉시 기도로 변했다. 그래서 한동안 고백이나 중보, 탄원 또는 감사를 드리고 나서 그 구절의 다음 말로 넘어갔다. 말씀이 이끄시는 대로 그 말씀들을 나 자신이나 다른 이들을 위한 기도로 올려드렸다. 하지만 내 영혼의 양식을 얻는 것이 묵상의 목적임을 늘 기억한다.

현재 습관과 이전 습관의 차이는 이것이다. 이전에 나는 일어나면 가능한 한 바로 기도했고, 대개 아침식사 전까지 그리고 거의 모든 시간을 기도로 보냈다. 내 영혼이 메말라 있을 때는 성경을 읽었지만 그렇지 않은 때는 모든 행사를 거의 변함없이 기도로 시작했다. 그런데 그 결과가 무엇이었는가? 나는 종종 15분이나 30분, 때로 한 시간까지 무릎을 꿇은 후에야 위로나 격려를 받거나 영혼이 겸허하게 되었다는 것을 스스로 의식할 수 있었다. 30분 정도 머릿속의 혼란으로 많이 괴로워한 후에야 진짜 기도할 때가 많았다.

이제 나는 이런 식으로 괴로워하는 일이 거의 없다. 하나님과 실제적인 교제에 들어가게 되면 하나님이 귀중한 말씀 중에 알려 주신 내용들에 대해 하나님 아버지와 대화하기 때문이다.

내가 이것을 더 빨리 알지 못했다는 것에 종종 놀라곤 한다. 그렇지만 하나님이 이것을 내게 가르쳐 주셨기에, 지금은 하나님의 자녀가 아침마다 해야 할 첫 번째 일이 속사람을 위한 양식을 얻는 것이라는 점을 분명히 안다.

그러면 속사람을 위한 양식이란 무엇인가? 기도가 아니라 하나님의 말씀이다. 하나님의 말씀을 단순히 읽기만 하여 물이 파이프를 흐르듯 말씀이 우리 마음을 그냥 통과하게 하는 것이 아니다. 읽은 말씀에 주의를 기울이며 곰곰이 생각하여 적용하는 것이다.

비록 우리는 영적으로 너무나 약하지만 하나님의 축복 아래 묵상할 수 있다. 아니, 우리가 약할수록 우리의 속사람을 강건케 하기 위해 묵상이 더욱 필요하다.

영적인 준비가 없는 상태에서 헌신하거나 시련과 유혹을 겪을 때와, 이른 아침 영혼이 새롭게 되고 행복해질 때가 얼마나 다른지![5]

조지 뮬러의 간증은 묵상의 힘에 대해 증언한다. 묵상할 때에 하나님의 말씀은 성령에 의해 뮬러의 영 안에 심겨졌다. 오늘날까지도 그의 생애는 말씀을 겸손과 온유로 받을 때 삶이 변화된다는 것을 증언한다. 묵상하는 사람들은 자신을 말씀 안에서 하나님께 연다. 그리고 눈앞의 구절에 주의를 집중하며 하나님이 자신에게 심어 주신 말씀의 산 증인으로 살아가게 해 달라고 구한다.

레나 벨에게 심긴 말씀

하나님은 매 세기마다 열방을 축복하기 위한 말씀의 통로로 묵상하는 자들을 사용해 오셨다. 레나 벨도 그 중 한 사람이다. 레나 벨 로빈슨(Lenna Belle Robinson)은 현대판 갈렙이다. 사람들은 그녀에게 너무 나이가 많다고 했지만 그녀는 언제나 자신을 선교사로 여겼다. 미국이 경제 대공황을 겪고 있던 당시, 그녀는 젊은 의사였다. 레나 벨은 자신의 소박하고 단순한 생활방식을 언제 어떤 상황에서든지 하나님의 일을 하기 위한 훈련으로 받아들였다.

레나 벨은 예순하나라는 '새로운 시작'의 나이에 루이지애나에서의 의사 생활을 접고는 선교 활동을 위해 한국으로 떠났다. 큰 기독병원에서 몇 년 동안 선교 사역을 했을 때 사람들은 그녀에게 나이가 너무 많다고 했다. 다른 선교사들도 병원의 동료들도 이제 고향에 돌아가 모든 수고에서 벗어나 쉬는 것이 좋겠다고 했다.

한편, 레나 벨은 환자들을 치료하다가 간질병에 대한 치료가 전혀 이루어지고 있지 않음을 알게 되었다. 서구에서는 이미 병이 진행되는 것을 막고 정상적인 생활을 할 수 있도록 돕는 치료 방법과 약품이 사용되고 있었다. 재정적·정신적 후원도 없이 그녀는 불가능한 시도에 도전했다. 한국에서 이 병을 완전히 뿌리뽑겠다고 나선 것이다.

아내와 나는 레나 벨에게서 얼마나 많은 것을 배웠는지 모른다. 그녀를 격려하러 인천에 있는 그의 집을 방문할 때마다 '하나님은 진정 무슨 일이든 하실 수 있다'는 믿음을 새롭게 다지게 되었다. 우리는 완전히 재충전되고 새로운 도전을 받아 돌아오곤 했다. 격려하러 갔다가 도리어 격려를 받은 것이다. 레나 벨은 매일 아침 4시에 일어나 성경을 읽고 묵상했다! 나이가 들어서 잠이 없는 것이 아니라, 하나님이 자기를 일찍 깨우셔서 제자로서 듣도록 자기 귀를 깨우치신다고 고백했다(사 50:4).

레나 벨은 반복해서 우리에게 말해 주었다. "난 이렇게 묵상해요. 먼저 성경 본문을 죽 읽지요. 물론 말씀은 항상 읽어요. 하나님 말씀은 아무리 읽어도 충분치가 않아 그저 읽고 또 읽고 싶어요. 하지만 묵상할 때는 한 구절만 묵상합니다. 연결되어 있다면 두 구절도 가능하고요. 본문이 길면 생각을 하게 되니, 한 구절만 놓고 앉았을 때 가장 잘 할 수 있어요. 난 주님께 이 성경 구절을 통해 내게 개인적으로 하시고 싶은 말씀이 있는지만 묻습니다. 듣고, 그 다음에는 순종하지요." 이것이 레나 벨이 묵상하는 방법이다. 너무 간단하다고 생각하는가? 정말 간단하다. 그러나 이런 묵상은 삶을 변화시킨다!

묵상과 기도를 하고 성경을 읽은 후에는 일주일에 닷새 동안 하루 종일 한국 전역을 다니며 간질 환자들을 돌보았다. 70대, 80대가 되어서도 멈출

줄을 몰랐다. 그리고 "장미 클럽(Rose Clubs)"을 한국 전역에 세웠다. 장미 클럽은 두렵지만 막을 수 있는 간질병을 앓는 환자들을 상담하고 치료하는 작은 공동체다. 한국에서 시민으로서 받을 수 있는 최고의 영예인 대통령 훈장을 받았을 때, 레나 벨은 얼마나 겸손했던지! 그녀는 모든 영광을 하나님께 드렸다.

그러나 레나 벨은 이것으로 만족하지 않았다. 고령의 나이에 그녀는 문제로 그늘진 한국과 미국의 청소년들에 대한 열정을 불태웠다. 그는 자신이 좀더 젊었더라면 청소년들에게 직접 다가가서 사랑을 전하고 하나님의 돌보심과 각자를 향한 계획을 보여줄 수 있을 것이라고 말했다. 그는 청소년에 대한 부담으로 가슴 아파했고, 청소년들을 그리스도께로 돌이키는 비전을 품는 이들이 많이 일어나도록 힘껏 노력했다. 80대 후반까지도!

이제 백 살인 레나 벨은 90세에 한국에서의 선교 활동을 중지하기로 마지못해 동의했다! 누가 그녀나 갈렙에게 너무 늙었다고 말하겠는가? 최근에 레나 벨을 격려차 방문했을 때도 우리는 그녀의 선교적 열심과 주님 및 말씀에 대한 열정에 완전히 압도당했!

그녀에게 어떻게 지내는지 물어볼 기회조차 얻지 못했다. 그녀는 날마다 성경을 묵상하는 동안 하나님이 자신에게 말씀하신 것을 나누느라 바빴고, 7~8cm 두께의 기도노트 스물다섯 권을 보여 주었다. 그녀의 기도 목록에 있는 선교사 700명을 위해 기도한 내용을 기록하는 노트였다! 레나 벨은 아침 식사 전이 가장 효율적이어서 여전히 아침 4시에 일어난다고 한다. 4시간 동안 묵상하고 기도한 후에야 하루 일과를 시작하고 있었다.

만일 레나 벨을 방문한다면 노인처럼 취급하지 마라. 그녀는 갈렙과 마

하나님의 씨를 받기 163

찬가지로 젊다. 어쩌면 당신보다 더 젊을지도 모른다! 그녀는 주님이 다음 임무를 주시기를 기다리고 있다. 하나님의 말씀이 영혼 깊숙이 심겨져, 조이 도우슨의 말과 같이 '더 이상 평범으로 돌아설 수 없게' 되었으므로.

이번 장에서 우리는 세 명의 묵상하는 사람들을 만났다. 그들은 하나같이 연약했고 자신의 힘으로는 아무것도 할 수 없었다. 그렇지만 그들의 공통분모는 불가능을 모르시는 주님께 자신을 전적으로 기꺼이 내어드리는 자세를 가졌다는 것이다. 그들은 따로 떼어놓은 시간에는 물론이요 하루 종일 끊임없이 하나님의 말씀을 들었다. 또한 말씀을 듣는 데서 머물지 않고 말씀대로 살았다. 하나님은 세상을 변화시키는 데 그들을 사용하셨다.

하나님의 초대는 지금도 계속된다. 당신은 날마다 성령이 말씀의 씨를 속사람 안에 심으시도록 자신을 열어 놓으라는 초대를 받았다. 그 씨는 자라서 당신의 삶에 열매를 맺을 것이다. 당신 역시 나라를 변화시키는 사람이 되는 것이다!

잔칫상으로의 초대_시편 139편

묵상의 네 단계를 복습합니다.

시편 139편을 읽습니다.
하나님이 말씀하시도록 자신을 열어 놓고
시편 기자가 표현하려던 것을 이해해 봅시다.

시편 139편 9-10절을 묵상합니다.
당신이 어디에 있든 하나님은 당신을 인도하십니다.
그분이 늘 강한 오른손으로 당신을 들어올리신다는 것을 기억하면서
그분이 들려주시는 말씀에 귀 기울이십시오.

주께서 주신 말씀을 노트에 적습니다.
기도를 적어도 좋고 성령이 이끄시는 대로 다른 무언가를 적어도 좋습니다.

감사의 기도를 드리고 그분께 순종하기로 결정하십시오.

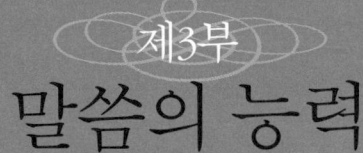

제3부
말씀의 능력

하나님의 말씀은 능력이 있어
믿는 우리를 온전하게 하고
세상에서 하게 될 사역을 위해
우리를 준비시킨다.

하나님은 많은 목적을 위해
말씀을 보내신다.
우리를 치유하시기 위해
우리를 회복하시기 위해
우리를 깨뜨리고 새로 빚으시기 위해
우리를 먹이시기 위해
우리를 준비시키기 위해.

3부에서는
어떻게 말씀 묵상을 통해
이런 목적들이
우리 삶에 실현되는지
보게 될 것이다.

제9장

치유하는 말씀

The Healing Word

"저가 그 말씀을 보내어 저희를 고치사"
시 107:20

　　　　한 소녀가 있었다. 18세의 그 소녀는 미국의 큰 도시에서 고등학교를 졸업했다. 대학 입학을 준비해야 하는 나이였지만 그녀는 오랜 약물 중독과 알코올 중독으로 주립 정신병원에 입원해야 했다. 처음에는 희망적으로 이야기한 의사도 치료가 길어지자 그녀의 병이 생각보다 심각하다는 결론을 내릴 수밖에 없었다.
　"당분간은 이 작은 병실이 당신의 집이 될 것 같소."
　몇 주 후, 그 도시의 한 장로교회 여전도회원들이 병원에 위문을 왔다. 큰 성경을 들고 있던 한 집사가 수간호사에게 물었다. "병실마다 다니면서 환자들에게 성경을 읽어 주고 싶은데, 괜찮겠지요?" "그건 안 됩니다." 간호사는 단호하게 거절했으나 집사는 끈질기게 부탁했다. 그 대화를 들은 소녀의 담당 의사가 자기의 어린 환자에게 성경을 읽어 줘도 좋다고 허락

했다. "하지만 절대로 전도를 하거나 개종시키려 해서는 안 됩니다. 성경만 읽으셔야 해요. 기도도 안 됩니다." 의사는 몇 번씩 다짐을 두었다.

집사는 두 달 동안 매일 한 시간씩 소녀에게 성경을 읽어 주었으나, 소녀의 상태는 악화되기만 했다. 병실 한구석에 아무런 반응도 보이지 않고 쭈그리고 앉은 모습은 식물과 다름없었다. 그래도 집사는 매일 한 시간씩 다음과 같은 말씀을 골라 들려 주었다.

> "주께서 내 장부를 지으시며 나의 모태에서 나를 조직하셨나이다 내가 주께 감사하옴은 나를 지으심이 신묘막측하심이라 주의 행사가 기이함을 내 영혼이 잘 아나이다"(시 139:13-14).

집사는 잠시 멈추어 말씀이 소녀의 마음속에 새겨질 시간을 주었다. 그러고는 "내가 너를 복중에 짓기 전에 너를 알았고 네가 태에서 나오기 전에 너를 구별하였고"(렘 1:5)와 같은 구절을 계속해서 읽어 주었다.

호전의 기미도 없이 또 두 달이 지나갔다. 그런데 몇 달이 더 지나고 나서 소녀가 기적적으로 반응을 보였다. 듣기도 하고 가끔 질문도 했다. 마침내 6개월이 지났을 때에는 완전히 회복되었다. 소녀는 정신적으로, 영적으로 모두 치유되어 퇴원했다. 현재 그녀는 역동적이고 견고한 믿음을 가진 성령 충만한 그리스도인이다.

그녀는 자신에게 일어난 일, 즉 속사람이 해방되고 힘을 얻고 치유된 것이 성령의 역사였음을 추호도 의심하지 않는다. 그 때까지 소녀는 한 번도 교회에 가 본 적이 없었고, 이제는 자신의 주가 되신 예수가 베푸신 구원의 은혜에 대해서도 알지 못했다. 가족 중에도 그리스도인은 없었다. 그러나 하나님의 말씀은 그 말씀의 저자이신 성령을 통해 이제 그녀의 마음속에 깊이 심겨졌다. 하나님은 말씀으로 그 소녀를 내면에서부터 완전히 치유하셨으며 아름다운 하나님의 여성으로 변화시키셨다.

말씀을 보내어 그녀를 고치시다

하나님을 전혀 모르고 약물과 알코올의 노예가 되어 병실 밖에서는 아무런 미래가 없던 사람이, 주님을 위해 열매맺는 아름답고 온전하고 건강한 하나님의 여성으로 완전히 변화되기까지. 그 내면에 무슨 일이 일어난 것일까?

그 답을 찾으려면 시편으로 가야 한다. 그녀는 "흑암과 사망의 그늘에 앉으며 곤고와 쇠사슬에"(시 107:10) 매였었다. 하지만 시편 기자는 하나님이 "흑암과 사망의 그늘에서 인도하여 내시고 그 얽은 줄을" 끊으시며 "그 말씀을 보내어 저희를 고치사 위경에서" 건지신 것을 찬양한다(시 107:14, 20).

"마음이 상한 자에게 가까이 하시고 중심에 통회하는 자를 구원하시는"(시 34:18) 바로 그 주님이 말씀을 보내어 그녀를 고치셨다! 하나님의 영원한 말씀이신 예수 그리스도는 긍휼의 마음으로 그녀를 찾아오셨다. 그 지역의 충성스런 성도가 소녀에게 읽어준 말씀을 통해서 그녀의 상한 마음을 고치신 것이다! 하나님의 말씀이 소녀가 스스로 할 수 없었던 일을 그 소녀를 위해 하셨다. 6개월 동안 날마다 성경을 읽어준 그 집사는 '씨를 뿌리러 나간 자'였다. 성령은 그의 순종과 긍휼의 마음을 사용하셔서 말씀의 씨를 소녀의 마음속에 심으셨고, 그 씨가 뿌리를 내리고 자라게 하셨으며, 이제 그녀를 아는 모든 이들이 분명히 볼 수 있는 열매를 맺게 하셨다.

하나님의 말씀을 새로 묵상하게 된 소녀, 이제는 '말씀의 여인'이 된 그녀는 집사가 자신에게 성경을 읽어 주는 동안 자신이 무의식적으로 묵상하고 있었음을 깨달았다. 능동적으로나 의식적으로 말씀을 받지는 않았지만, 성령이 말씀을 심으시는 것을 막지는 못했다!

그 말씀은 히브리서 저자가 살았고 운동력이 있어 좌우에 날선 어떤 검보다도 예리하다고 묘사한 바로 그 말씀이다(히 4:12). 말씀은 하나님의 마음, 그리고 성령의 능력에서 나온 것이다. 절망의 무거운 짐을 진 모든 자에게 온전함과 건강을 주시는 말씀이 소녀 안에 거하게 된 것이었다!

말씀의 능력을 사도 바울보다 더 잘 알고 있는 사람도 없었다. 그래서 그는 에베소 교회 장로들과 작별할 때에 교회 안팎으로 그들이 직면한 위험에 대해 경고한 후 놀라운 말로 작별인사를 한다(행 20:32).

> 지금 내가 너희를 주와 및 그 은혜의 말씀께 부탁하노니 그 말씀이 너희를 능히 든든히 세우사 거룩하게 하심을 입은 모든 자 가운데 기업이 있게 하시리라

그는 말씀을 그들에게 맡기지 않고 그들을 말씀에 맡겼다. 그들은 무력하지만, 하나님의 말씀은 능력이 있고 결코 실패하지 않기 때문이다. 그것은 만물을 붙드시는 그리스도의 말씀이다!(히 1:3)

하나님의 말씀은 언제나 성공한다

하나님의 말씀은 결코 실패하지 않는다. 하나님이 어느 사람에게나 어떤 상황 속에 주신 말씀은 언제나 의도하신 결과를 이루어 낸다. 이사야는 말씀에 대한 절대적인 확신을 다음과 같이 고백한다. "비와 눈이 하늘에서 내려서는 다시 그리로 가지 않고 토지를 적시어서 싹이 나게 하며 열매가 맺게 하여 파종하는 자에게 종자를 주며 먹는 자에게 양식을 줌과 같이 내 입에서 나가는 말도 헛되이 내게로 돌아오지 아니하고 나의 뜻을 이루며 나의 명하여 보낸 일에 형통하리라"(사 55:10-11).

뉴저지 럿거즈 주립대학 학생들은, 로드아일랜드 주의 프로비던스에 위치한 브라운대학과 로드아일랜드 디자인 스쿨에 다니는 미주한인 학생들을 위한 지속적인 전도와 양육이 없는 것을 안타까워했다. 기독 학생들은 있었지만 다른 학생들에게 복음을 전하고, 양육하며, 성경적인 기독교 세계관을 심어 줄 만큼 역량 있는 교회나 그룹은 없었다.

럿거즈 대학 학생들은 기도하는 가운데 이사야의 이 말씀을 보게 되었고, '하나님의 말씀은 그가 명하여 보낸 일을 이루지 않고는 헛되이 그에게로 돌아가지 않으리라'는 약속에 큰 은혜를 받았다. 그들은 이 두 구절을 묵상하면서 깨달음과 인도를 구했다. 하나님은 이것이 브라운 대학을 향한 하나님의 약속의 말씀임을 가르쳐 주셨다. 그들은 이 말씀을 꼭 붙들고 브라운 대학에서 부흥 집회를 열기로 했다.

그들은 비웃음을 당했고 지지도 별로 받지 못했다. 두 학교의 기독 학생들까지도 명성 높은 아이비리그 캠퍼스에서 진짜 성령의 움직임이 일어날 수 있을지 의심하며 조소했다. 게다가 풋볼팀 홈커밍 주간인데, 도대체 누가 참석한다는 말인가?

그러나 하나님의 말씀은 헛되이 그에게로 돌아가지 않는다. 첫째 날인 금요일 밤에 경기와 홈커밍 전야제가 있었는데도 70명 이상이 부흥 집회에 참석했다. 경기 당일인 토요일 오후에도 열두 개의 소수 민족을 포함한 많은 사람들이 참석했다. 하나님은 성령을 통해 강하게 움직이셨다.

현재 브라운대학교에는 견고하고 역동적이며 활기찬 교회가 있고, 전세계를 향한 비전을 품은 훌륭한 리더 그룹도 있다. 그 곳에 교회가 존재할 수 있었던 이유 중 하나는, 기도하고 말씀을 묵상하면서 하나님의 말씀은 실제 이루어진다고 믿었던 럿거즈대학의 기독 학생들이 있었기에 가능했다.

그들은 묵상하면서 하나님이 말씀하시는 것을 들었고 그분의 뜻을 알게 되었으며 말씀을 기초로 전략을 세웠다. 또한 하나님의 말씀을 듣고 순종하여 하나님이 브라운대학에서 강하게 역사하시는 발판이 되었다.

치유를 받고 정신병원을 떠난 소녀의 경우에도 이것은 마찬가지였다. 하나님이 보내신 말씀이 헛되이 돌아가지 않았기 때문에 그녀는 고침을 받을 수 있었다.

교회에 다니고 있던 소녀의 담당 의사는 무슨 일이 일어났는지 이해했다. 그 역시 그녀와 기쁨을 함께했으며 하나님이 직접 치유하셨음을 확신했다. 정말로 하나님이 말씀을 보내 그녀를 고치신 것이다.

소녀의 이야기는 아직 끝나지 않았다. 그녀는 대학에 들어가서도 견고하고 확실한 믿음 생활을 했다. 거듭난 그리스도인으로서 성령으로 충만하며 다른 사람들에게 하나님의 신실하심과 예수 그리스도의 능력에 대해

치유하는 말씀 173

계속 전하고 있다. 그녀는 젊은이들이 많이 모여 있는 대학 광장을 찾기도 한다. 그리고 과거에 자신이 처했던 것과 아주 비슷한 상황에 있는 젊은이들에게 큰 성경을 들고 가서 묻는다. "성경을 읽어줘도 될까요?"

하나님의 말씀이 행하실 세 가지

예레미야는 성령이 말씀을 우리 안에 심으실 때 그 말씀이 우리를 위해 특별한 일 세 가지를 행하실 것이라고 말한다. 그는 하나님의 말씀을 방망이와 불과 밀에 비유했다(렘 23:28-29).

말씀은 마음을 하나님이 만지시도록 우리에게 있는 저항과 반항과 불신의 겉껍데기를 깨는 방망이다.

마음이 일단 열리면 말씀은 하나님의 불이 되어 모든 쭉정이, 즉 우리 삶을 파괴하는 불필요하고 헛되며 때론 해롭기까지 한 태도와 방해물들을 모조리 태운다.

그러고 나면 말씀은 우리의 영혼을 먹이고 영양을 공급하는 밀로 다가온다. 주 안에서 계속하여 성숙해 가는 그리스도인들은 날마다 하나님의 말씀을 묵상하고 먹으면서 그 말씀 속에서 하나님을 찾는 자들이다. 고난받는 교회, 즉 교회를 탄압하는 정권 아래 살고 있는 그리스도인들은 성경을 구하기 어려울 때가 많다. 그런 경우에 성령은 핍박 전에 배웠던 성경 구절을 기억나게 하시거나 초자연적인 방법으로 말씀을 주신다. 또는 더 많은 표적과 기사를 통해 직접 역사하신다. 그러나 종교적 자유 속에 사는 그리스도인들에게는 성경을 대체할 만한 것이 없음을 기억해야 한다. 영성은 결코 하나님의 말씀을 넘어설 수 없다.

아기 새들은 엄마가 음식을 물어오기를 애타게 기다렸다가 음식을 주면 재빨리 받아먹는다. 성장하는 그리스도인도 이와 같아서 하나님의 말씀을 갈망한다. 하나님이 그들을 먹이시고 양분을 공급하시며 성장하게 하실 때, 그 말씀을 담대함과 확신으로 받아들인다.

하나님의 말씀은 앞서 나온 소녀를 위한 하나님의 목적을 수행했다. 그녀는 완전히 변화되었다. 여섯 달 동안 날마다 신실한 하나님의 종이 말씀을 읽어주는 것을 들음으로써, 성령이 자신의 영 깊은 곳에 말씀의 씨를 뿌리시게 하였다.

변화는 하룻밤 사이에 일어나지 않았다. 천천히 그러나 꾸준히 떨어지는 물이 시간이 흐르면 바위의 모양을 완전히 바꾸어 놓듯이, 하나님의 말씀도 시간이 되면 우리의 영, 의지, 감정 그리고 생각까지도 재형성하신다. 물은 부드럽고 바위는 단단하다. 하나님의 말씀도 조용하고 부드럽게 다가오지만 굳어진 마음에 서서히 영향을 미친다. 묵상은 날마다 말씀을 받아들이는 행위다. 하나님의 뜻이 우리에게 큰 기쁨이 될 때까지 말씀이 우리의 굳어진 마음을 새로 빚으시게 하는 행위다.

소녀의 이야기를 기억하면서 당신의 삶에 무슨 일이 일어날지 상상해 보라. 이 소녀는 하나님을 몰랐으며 가족들도 교회를 다녀본 적이 없었다. 그녀는 주립병원 정신병동의 환자였다. 담당 의사조차 그녀를 포기했다. 그렇지만 하나님께 불가능이란 없다. 해결할 수 없는 문제도 없고, 고칠 수 없는 병도 없으며, 새롭게 할 수 없는 관계도 없다.

그녀가 단지 하나님의 말씀을 하루 한 시간씩 6개월 동안 들음으로써 그렇게 급진적으로 변화했다면, 당신은 어떻겠는가? 당신은 이미 하나님을 사랑하고 성령으로 가득 차기를 추구하며 그분과 교제하기를 갈망한다. 상상해 보라! 날마다 하나님의 말씀을 듣고, 그 말씀 안에 거하며, 하나님이 말씀을 통해 자신을 나타내실 때 그분을 만나려고 애쓰는 동안 당신에게 일어날 놀라운 변화를!

묵상은 하나님과 더 친밀해지고 더 깊이 교제하는 길로 나아가는 첫걸음이다. 묵상하는 사람들은 하나님의 말씀이 살았고 능동적이며 우리보다 더 활력 있어, 제한 받지 않고 우리 안에서 하나님의 뜻을 행하실 수 있다는 것을 깨닫는다.

묵상은 일종의 치료제로도 사용된다

심장 전문의이자 하버드 의대 교수인 허버트 벤슨(Herbert Benson) 박사는 〈하버드 비즈니스 리뷰〉[1]라는 간행물에 기사를 발표했다. 묵상이 현대 생활에서 스트레스를 해소하는 주요 요소라는 내용이었다. 나중에 그가 어느 강의에서 보고한 바에 따르면, 하버드 정신과 의사들은 성경을 한 문장 또는 한 문단씩 묵상했던 그리스도인 환자들에게 분명한 심리적·신체적 반응이 일어나는 것을 발견했다. 그는 환자들에게 아침에 일어나서 한 번, 저녁에 잠들기 전에 한 번 묵상하라고 열심히 권고했었다. 물론 이것은 '복 있는 자는 하나님의 말씀을 밤낮으로 묵상한다'는 시편 1편의 말씀을 그대로 적용한 것이다!

많은 그리스도인 의사들은 정신적·감정적 질환을 앓고 있는 환자들, 심각한 질병을 앓고 나서 심리적인 상처나 흔적이 남은 환자들, 또는 약물이나 알코올 중독에서 벗어나고 있는 환자들에게 회복 기간 동안 하나님의 말씀을 묵상하라고 권한다.

미시간대학 심리학 교수인 스티븐 카플란 박사와 그가 속한 연구팀은 현대 사회에서 많은 정신병을 유발하는 정신적 피로에 대해 연구했다. 그들은 환자가 주의를 완전히 집중할 수 있도록 집중력을 키우는 것이 회복의 필수 요소라고 결론지었다.[2] 묵상하면 그렇게 된다. 우리는 묵상할 때 하나님과 그분의 말씀에 집중한다. 좀더 완전하게 하나님께 초점을 맞추는 동안 우리는 온전해지고 치유된다. 하나님과 동행했던 에녹, 하나님의 임재를 사모하여 걸음걸음 그분을 닮아갔던 그 위대한 묵상자의 발자취를 따라 가는 것이다.

성경 묵상을 통해 하나님의 백성들이 치유와 회복을 경험했다는 소식이 세계 곳곳에서 들려온다. 약물 및 알코올 중독에서 벗어난 젊은이들이 허탈감을 극복하고, 심한 우울증과 걱정과 절망에 빠졌던 사람들이 해방되며, 만성 고혈압 증세로 고생하는 사람들이 하나님이 말씀하시는 '고요'를 발견했다. 하나님은 오늘도 그의 백성을 치유하시기 위해 계속하여 말씀을 보내신다.

하나님은 계속하여 치유하는 말씀을 보내신다

20세기가 저물기 전 몇 십년 동안 하나님은 그의 백성들을 각별히 치유하셨다. 인간이 인간에게 행한 잔학 행위의 비극적인 결과와는 대조적으로, 성령은 전세계적으로 강하게 움직이셨다. 치유와 초자연적인 해방의 역사가 고난받는 교회들을 통해 속속 전달되었다.

70년대에 프란시스 맥너트(Francis MacNutt) 목사는 한국을 자주 방문해 교회에 치유 사역을 소개하며 치유 사역이 회복되는 데 힘썼다. 수백 명의 개신교 목사들과 가톨릭 신부들이 아침마다 서강대학교에 모여 치유 세미나를 가졌고, 저녁에는 실내 체육관이나 경기장에 모여 수천 명의 그리스도인들과 함께 치유 집회를 열었다. 나도 여러 번 참석했었다. 어느 날 저녁 부산에서 열린 모임에서 사람들은 신약성경에 기록된 거의 모든 종류의 치유를 경험했다. 치유 받은 사람들의 이전 모습을 알고 있던 가톨릭 신부나 개신교 목사가 그들의 치유 사실을 증명해 주었다. 백성들의 연합에 대한 응답으로 성령이 얼마나 강하게 운행하시던지! 하나님의 백성이 교파의 장벽을 넘어 그분을 존귀케 할 때 하나님의 마음이 어떠했을지 가히 상상이 갔다. "형제가 연합하여 동거함이 어찌 그리 선하고 아름다운고… 거기서 여호와께서 복을 명하셨나니 곧 영생이로다"(시 133:1, 3).

이 굉장한 모임을 가진 다음날 아침, 나는 서울로 가는 장시간의 운전을 시작하기 전에 시편 108편을 읽었다. 그리고 1절을 묵상했다. "하나님이여 내 마음을 정하였사오니 내가 노래하며 내 심령으로 찬양하리로다." 이 말씀을 묵상하자 하나님은 교회를 향한 그분의 마음을 보여 주셨다. 하나님은 가톨릭 교인들과 개신교인들이 그들 사이에 오랫동안 존재해 왔던 편견을 기꺼이 버리고 화합하는 것을 기뻐하셨다. 교회가 견고해짐으로 그분이 영광을 받으셨다. 우리 역시 크게 기뻐하고 교회가 치유된 것을 노래하고 축하해야 할 일이었다.

나는 서울로 가는 고속도로에 들어서면서 계속해서 묵상했다. 내 영혼은 큰 기쁨과 흔들리지 않는 견고함을 경험했다. 몇 글자 안 되는 이 구절이 내 영혼을 하나님의 임재 안으로 이끌고 있었으며, 나는 영으로 찬양하며 노래하고 기뻐했다.

그런데 갑자기 하나님이 내게 안경을 벗으라고, 내 눈을 고치고 계시다고 말씀하셨다! 나는 수년 동안 시력의 회복을 위해 기도해 왔다. 한번은 독실한 그리스도인인 나의 안과 담당의에게 하나님이 눈을 고쳐 주셨으면 좋겠다고 했더니 그가 대답했다. "당신같이 난시가 심한 눈에도 맞는 안경이 있다는 것이 기적인걸요!"

시력의 회복을 위해 기도해 온 그 수년 동안, 하나님은 눈의 치유는 많은 영적, 감정적 치유를 포함한다는 것을 알게 하셨다. 그런 치유는 항상 우리 앞에 계신 예수님을 바라보고 다른 이들을 그리스도의 눈을 통해 보게 한다. 하나님은 교회의 치유와 나의 영적·감정적·육체적 눈의 치유는 한반도와 나를 향한 놀라운 치유의 일부에 불과함을 가르치셨다.

나는 안경을 벗었다. 그리고 서울에 올라오는 여섯 시간 동안 운전하는데 아무런 장애도 느끼지 않았다. 그리고 그 후 7년 동안 안경을 쓰지 않았다! 7년 후, 나는 다시 안경을 쓰기 시작했고 지금도 여전히 쓰고 있지만 난시 때문은 아니다! 난시는 고침받았다. 하지만 주님만이 아시는 이유로 근시는 7년이라는 시간 동안만 일시적으로 치유되었다.

기적이라 할 수 있는 것은 하나님이 내가 치유를 위해 간절히 기도해 온 오랜 세월 동안에는 고쳐 주지 않으셨지만, 성경 한 구절을 묵상하던 그 30분 동안 놀라운 치유를 허락하셨다는 사실이다! 정말로 하나님은 말씀을 보내어 그의 백성을 치유하신다!

하나님은 오늘도 그의 교회를 치유하기 위해 일하고 계시다. 그분은 계속해서 말씀을 보내어 그의 백성을 치유하고 회복시키신다. 물론 모든 치유가 신체적 회복의 형태로 나타나는 것은 아니다. 믿음으로 극심한 고난, 심지어 순교까지 견디어내는 수많은 사람들이 있다. 기도하고 묵상하며 금식하고 주께 헌신하지만 여전히 신체적 질병을 지니고 사는 신실한 그리스도인도 많다. 하나님이 이들 영혼에 위로의 영으로 임재하셔서 내면 깊은 곳까지 만지시리라 믿는다. 하나님은 때로 사랑하는 자들을 본향에 데려가 당신과 함께 영원히 거하게 하심으로써 완전한 치유를 이루시기도 한다.

그러나 우리는 알고 있다. 우리 주님은 그의 백성을 치유하시고 그의 교회를 치유하시며 세상 열방을 치유하기 원하시는 주님이라는 사실을. 묵상을 통해 우리는 하나님의 치유를 받아들이고 우리 자신을 하나님께 내어 드림으로써 고통 받는 세상을 치유하는 하나님의 공동체를 회복한다.

잔칫상으로의 초대_시편 139편

묵상의 네 단계를 복습합니다.

시편 139편을 읽습니다.
하나님이 말씀하시도록 자신을 열어 놓고
시편 기자가 표현하려던 것을 이해해 봅시다.

시편 139편 11-12절을 묵상합니다.
당신이 어둠 속에 처했을 때에도 하나님은 그 곳에 계십니다.
그의 빛은 당신이 가장 어두운 시간을 지날 때에도 당신을 비추십니다.
그런 주님이 개인적으로 들려주시는 말씀에 귀 기울이십시오.

주께서 주신 말씀을 노트에 적습니다.
기도를 적어도 좋고 성령이 이끄시는 대로 다른 무언가를 적어도 좋습니다.

감사의 기도를 드리고 그분께 순종하기로 결정하십시오.

제10장

회복시키는 말씀

The Restoring Word

> "내 영혼을 소생시키시고"
> 시편 23:3

　　내가 탄 비행기가 인천국제공항으로 천천히 하강하기 시작하면서 극도의 피로가 나를 덮쳐 왔다. 보스톤을 떠나 북극을 넘어 한국으로 오는 긴 여정을 시작한 지 벌써 스물두 시간이 지나 있었다. 나는 한 시간에 500마일 이상을 비행하는 점보제트기 안에 있으면서도 망망대해와 얼음 덮인 광활한 땅을 천천히 기어가는 달팽이가 된 듯한 느낌이었다. 서울에 도착해 마침내 침대에 들었다. 다음 주에는 하루에 여덟 시간을 가르치고 한국에 잠깐 방문하는 동안 만나기 원했고 만날 필요가 있는 모든 사람들을 만나야 했다. 그 모든 스케줄을 감당할 힘을 어디서 얻는단 말인가. 막막하기만 했다. 게다가 일정은 바로 다음날 아침부터 시작해야 했다!

　　그런데 다음날 아침, 놀랍게도 피곤과 무력감은 사라지고 상쾌함과 새 힘으로 원기가 회복된 느낌이 들었다. 묵상의 결과였다.

그 무렵, 나는 고린도후서를 묵상하고 있었다. 그 날의 묵상 구절은 고린도후서 1장 20절이었다. "하나님의 약속은 얼마든지 그리스도 안에서 예가 되니 그런즉 그로 말미암아 우리가 아멘 하여 하나님께 영광을 돌리게 되느니라."

내가 이 구절을 두고 주님을 기다렸을 때 주님은 많은 약속을 주셨다. 그분을 기다리는 자는 새 힘을 얻을 것이며, 그분의 임재 안에서 정신적·영적·신체적으로 충만한 기쁨을 누리게 된다는 약속을 상기시켜 주셨다. 나는 이 모든 약속들이 예수 그리스도 안에서 완전히 이루어졌음을 감사드렸고, 내 한 가지 소원은 주의 얼굴을 뵙고 온종일 주와 함께 동행하는 것이라고 말씀드렸다. 기다리는 동안 그분이 내게 임재하셔서 나의 영혼뿐 아니라 내 몸을 위해서도 새로운 단계의 안식으로 나를 이끄시는 것을 감지할 수 있었다. 내가 회복되었으며 그 날과 그 주간에 그분이 계획하신 모든 것을 할 준비가 되었음도 알았다. 나는 묵상 시간을 마무리하면서, 말씀을 묵상하는 몇 분 동안에 나를 회복시키신 데 대해 "아멘!"을 외쳐 하나님께 영광을 돌렸다.

하나님은 참으로 말씀을 보내어 그의 백성을 치유하고 회복시키신다! 그 말씀은 큰 도시의 정신병동에 누워 있는 그 소녀에게도 찾아갔다. 실제 이름은 아니지만 그녀를 론다라고 부르기로 하자.

론다는 자신을 찾아온 말씀을 들었고, 영의 깊숙한 곳에서부터 응답했다. 모두의 예상을 깨고 치유되었으며 누구도 상상치 못할 만큼 온전히 회복되었다.

회복시키는 말씀

말씀은 우리를 회복시킨다

하나님의 말씀이 어떻게 론다를 회복시켰는가? 론다가 하나님의 말씀을 받아들였을 때 내면 안에서 어떤 일이 일어났는가? 또 당신이 묵상할 때에 삶에서 어떤 치유와 회복이 일어날 것인가?

시편 19편은 자신의 백성을 향한 하나님의 회복을 노래한다. 시편 기자는 하나님의 모든 창조물이 그분을 증언한다고 한다. 산과 바다, 꽃과 나무, 구름과 해 등 그분의 손으로 지으신 모든 것이 그분의 보이지 않는 속성과 영원한 능력과 신성을 매우 분명히 확증하므로 그 누구도 하나님 앞에 변명할 수 없다(시 19:1-5, 롬 1:20).

장엄한 석양을 바라보면 경외감 속에서 창조주의 손길을 볼 수 있지 않은가? 거대한 바다 앞에 서 있으면, 끊임없이 해안으로 밀려오는 파도처럼 우리 삶 속에 계속 찾아오시는 영원한 하나님 아버지를 느낄 수 있지 않은가? 장미 한 송이조차도 그 섬세하고 아름다운 생김새를 통해 창조주를 이야기하며, 자신을 바라보는 모든 사람들에게 마음을 열어 장미나 석양보다 훨씬 더 아름답게 하실 하나님을 받아들이라고 속삭인다.

하나님은 모든 사람 안에 그분이 계심을 알 만한 의식, 즉 '하나님에 대한 자각'을 주셨다. 성령은 이를 통해 각 사람이 예수 그리스도의 복음을 받아들이도록 준비시키신다. 론다가 하나님의 치유의 말씀을 받을 수 있도록 이미 준비시켜 놓으셨던 것이다.

시편 기자는 한걸음 더 나아가 모든 창조물이 하나님의 존재를 증언하지만, 회복과 구원을 위해 예수 그리스도 안에서 성취해 놓으신 하나님의 역사를 증거하는 것은 하나님의 말씀뿐이라고 선언한다. 시편 19편 후반부(7-14절)는 하나님의 말씀이 우리 삶 안에서 행하시는 회복을 묘사한다. '하나님의 말씀'의 동의어 여섯 개와 그 특징을 소개한 다음, 말씀을 묵상하고 그 말씀대로 살려는 자들의 삶에 나타나는 여섯 가지 결과를 서술한다. 시편 기자는 하나님의 말씀을 지키는 데에는 큰 상이 약속되어 있음을 공언함으로써 말을 맺는다(시 19:7-11).

묵상할 때 회복되는 여섯 가지

앞에서 우리는 론다가 약물과 알코올에서 해방된 후 말씀의 능력을 통해 극적으로 회복되었음을 보았다. 묵상하면 우리도 말씀에 의해 극적으로 회복될 것이다. 성령이 말씀을 론다 안에 심으셨을 때 그녀에게 일어났던 변화들을 좀더 자세히 검토해 보자. 각 구절마다 '말씀' 대신 그 동의어가 사용되었음을 주의해 보라.

소생과 회복

"여호와의 율법은 완전하여 영혼을 소성케 하고"(시 19:7).

치유의 과정은 론다를 죄와 죽음의 법에서 성령 안에 있는 생명의 법으로 옮겨 놓았다. 우리의 유익을 위하여 우리를 구원하시고, 그분의 약속과 명령으로 인도하시는 하나님의 완전한 법이 론다의 속사람 안에 드러났다.

하나님이 모세에게 주신 율법은 완벽한 인생 지침서였다. 하나님의 법은 우리에게 최고의 유익이 되고 다른 사람들에게도 유익이 되도록 만들어진 사랑의 법이다. 그분의 완전한 사랑의 법은 완전한 조화와 기쁨을 누리는 관계로 우리를 인도한다. 우리의 삶은 이른 아침 떠오르는 해처럼 확실하고 분명하게 된다.

야고보는 이 율법을 어떻게 표현하고 있는가? "자유하게 하는 온전한 율법을 들여다보고 있는 자는 듣고 잊어버리는 자가 아니요 실행하는 자니 이 사람이 그 행하는 일에 복을 받으리라"(약 1:25).

자유하게 하는 율법을 들여다보는 것, 그 법을 뚫어져라 응시하는 것이 그 법을 묵상하는 것이다. 야고보는 그 법을 묵상하는 것을 거울 앞에서 자신을 보는 것에 비유한다. 하나님의 완전한 법을 바라보고, 생각하며, 깊이 숙고함으로써 자신의 생각과 마음을 그것으로 채우는 것이다.

그렇게 하는 사람은 소생하게 된다! 하나님은 새 생명을 론다 안에 넣으셔서 그 영혼을 회복시키셨다. 론다의 속사람 안에 거하기 시작한 하나님의 말씀은 그녀의 병을 고쳤을 뿐 아니라 마음과 몸과 영도 회복시키셨다.

묵상하면 우리 역시 회복되고 온전해진다. 하나님의 말씀을 무시하고 우리 삶을 향한 그분의 목적에 반항하는 동안 생긴 상처와 흉터는 모두 제거되고 하나님의 온전하심과 평안을 덧입게 된다.

지혜 안에 걷게 됨

"여호와의 증거는 확실하여 우둔한 자로 지혜롭게 하며"(시 19:7).

성경은 하나님에 관한 증거요, 예수 그리스도에 대한 증언이다. 예수님은 하나님의 참된 말씀이자 충성된 증인이시다(계 1:5). 그리고 구약과 신약의 모든 말씀은 예수 그리스도가 모든 나라들의 유일한 구원자요 주이심을 증언한다. "예수의 증거는 대언(代言)의 영이라"(계 19:10). 모든 예언, 아니 성경 전체는 진실로 우리 주 예수 그리스도 안에 있는 하나님의 구원의 은혜를 증언한다.

하나님의 말씀은 이천 년에 걸쳐 입증되고 또 입증되어 왔으므로 새 천년에도 변함 없이 믿을 만하고 확실하다. 예수에 대한 이 증거는 참으로 신뢰할 만하다. 마치 야생염소가 바위틈새 위를 실수 없이 당당하게 걷는 것처럼 우리도 삶의 기초를 이 증거 위에 두면 확신 있게 걸을 수 있다.

"주님의 증거"는 지혜로 인도한다. "그리스도의 말씀이 너희 속에 풍성히 거하여 모든 지혜로 피차 가르치며 권면하고 시와 찬미와 신령한 노래를 부르며 마음에 감사함으로 하나님을 찬양하고"(골 3:16).

지혜의 은사를 통해 치유 받은 후 론다는 자신의 삶을 훈련하고 학교에 돌아가서 그리스도 안에서 새롭게 성장해 나갔다. 그녀의 삶이 "위로부터 난 지혜… 첫째 성결하고 다음에 화평하고 관용하고 양순하며 긍휼과 선한 열매가 가득하고 편벽과 거짓이" 없는(약 3:17) 지혜로 가득 차기 시작했다. 그녀는 하나님의 지혜, 곧 십자가의 지혜를 계속 깨달아 알게 되었고, 그리스도의 희생으로 받은 구원의 풍성함을 좀더 온전히 이해하게 되었으며, 예수 그리스도에 대해 새로 알게 된 것들을 당면한 상황에 적용시킬 능력을 얻게 되었다.

하나님의 지혜는 우리가 말씀 안에 거할 때 주어진다. 묵상은 그리스도의 말씀이 우리 안에 풍성히 거하게 하는 비결이다.[1]

얼마 전, 나는 내 아내 엘렌의 지혜가 깊어졌다는 것을 감지했다. 엘렌의 말은 점점 더 지혜로워졌고, 사람들과 관계가 더욱 깊어졌으며, 상담 사역도 더욱 효과가 있었다. 지혜가 자라가는 이유를 찾는 데 오랜 시간이 걸리지 않았다. 오랫동안 묵상을 해 온 아내는 바울이 빌립보에 보낸 서신을 막 끝냈다. 엘렌은 석 달이 넘는 동안 하루에 한 절씩 한 줄 한 줄 묵상했었다. 시편 기자가 약속했듯이 하나님의 확실한 말씀은 우둔한 자를 지혜롭게 한다. '우둔한'이란 단어가 혼란을 주는가? 그것은 헬라어로 마음이 열린 자, 기꺼이 배우려는 자를 말한다.

묵상할 때 우리는 기도하는 자세로 하나님의 말씀에 마음을 연다. 묵상은 성경 공부와는 다르다. 성경을 공부하고 해석하는 이유는 하나님 말씀으로서의 성경을 지각(이해)하고 파악하여,[2] 그 말씀을 삶에 적용하고 따르며 (때로) 누군가를 가르치기 위한 것이다. 그러나 묵상은 그 구절을 개인의 것으로 삼고 하나님이 그 구절을 통해 직접 하시는 말씀 속에서 그분을 만나기 위한 것이다. 묵상은 자신을 위해 하는 것이지, 남들을 위한 것이 아니다. 누군가를 가르치거나 권고할 말을 급히 얻기 위해서가 아니라 우리 자신의 영혼을 풍성하게 하기 위해 성령께 배우는 것이다. 다른 이들을 가르치고 권고하는 것도 물론 장기적으로 보면 묵상의 열매겠지만, 묵상은 매일매일 하나님이 우리에게 개인적으로 말씀하시게 하는 것이다. 또한 매일매일 그분의 임재 안에서 새로워지기 위해 말씀 안에서 그분을 만나고자 애쓰는 것이다.

묵상 없는 성경 공부는 완전하지 않다. 바람 부는 사막과도 같이 무미건조하다. 그러나 경건한 성경 공부가 없는 묵상은 그보다도 더 위험해서, 사람들을 감성주의나 심지어 신비주의의 깊은 구덩이에 빠뜨리기도 한다.

부지런하고 깊이 있게 성경을 공부하지 않으면 묵상은 열매를 맺지 못한다. 성경 공부와 묵상은 병행되어야 한다. 묵상은 말씀을 통해 하나님을 알기로 헌신한 삶에 열매를 맺게 한다.

기쁨으로 충만해짐

"여호와의 교훈(정해진 경계)은 정직하여 마음을 기쁘게 하고"(시 19:8).

사울 왕의 친척인 시므이는 압살롬의 반란으로 다윗 왕이 도망가고 있을 때 다윗을 저주하고 그에게 돌을 던졌다(삼하 16:5-8). 다윗 왕은 시므이에게 직접 보복하지 않고 자신이 죽게 되었을 때 솔로몬에게 그 문제를 현명히 다루라고 유언했다.

솔로몬은 나중에 시므이를 불러 예루살렘에 집을 짓고 살되, 절대로 예루살렘 경계 밖으로 나가서는 안 된다고 말했다. 만약 경계를 넘어가면 죽을 것이라고 엄명했다. 경계 내에 사는 것이 답답했겠지만 삼 년 동안 시므이의 삶은 순탄했다. 그러던 어느 날, 시므이는 도망간 종을 찾으러 예루살렘 성문, 즉 솔로몬이 정한 경계를 넘었다. 그는 경고에 대하여 잊었을지 몰라도 왕은 잊지 않았다. 결국 시므이는 죽을 수밖에 없었다.

하나님의 말씀은 그리스도인의 생활을 위해 하나님이 정하신 경계다. 그 안에는 돈과 권력의 사용이라든가 성을 누리는 것 등 모든 것을 위한 적절한 경계가 있다. 경계 안에서 사는 삶은 관계를 성장시키며, 성장은 큰 기쁨을 준다.

론다는 하나님의 말씀으로 치유되고 하나님의 완전한 법에 의해 회복되어 지혜가 자라갔다. 그리고 하나님이 자신을 위해 정해 주신 경계 안에서 사는 법을 말씀을 통해 깨달았다. 이전에 그녀는 말씀의 경계 밖에서 살았고 그 값을 치렀다. 그러나 이제는 새로운 방식으로 살고 있는데, 이전에 자유를 제한하는 것처럼 보였던 경계가 사실은 성장할 자유를 주는 올바르고 좋은 기초였다는 것을 이해하게 되었다. 현재 그녀는 기쁨으로 충만한 삶을 살고 있다.

자신을 향한 하나님의 뜻을 이해하게 됨

"여호와의 계명은 순결하여 눈을 밝게 하도다"(시 19:8).

하나님은 제안이 아니라 계명을 주신다. 우리에게 가장 좋은 것을 주시기 위해서다. 그분만이 우리에게 완벽하게 좋은 것을 아신다. 그분의 계명에 순종하면 우리는 우리 삶을 향한 그분의 선하시고 기뻐하시고 온전하신 뜻을 알게 될 것이다!(롬 12:2)

우리는 성경말씀에 있는 하나님의 모든 계명에 순종해야 한다. 조이 도우슨이 YWAM에서 훈련중인 학생들에게 늘 이야기했던 대로 '즉시, 온전히, 기쁘게' 순종해야 한다. 하나님은 백성들이 그분의 약속과 함께 그분의 계명도 묵상하기 원하신다. "내가 주의 법을 어찌 그리 사랑하는지요 내가 그것을 종일 묵상하나이다 주의 계명이 항상 나와 함께하므로 그것이 나로 원수보다 지혜롭게 하나이다"(시 119:97-98).

하나님의 약속뿐 아니라 계명에 초점을 두어 묵상할 때 가장 열매를 많이 맺게 된다. 그분의 계명은 우리의 삶을 향한 그분의 놀라운 섭리 가운데로 우리를 이끌기 때문이다.

주님의 계명은 순결하다. 다윗 왕은 고백한다. "여호와의 말씀은 순결함이여 흙 도가니에 일곱 번 단련한 은 같도다"(시 12:6). 하나님의 말씀은 깨끗하고 순결하며 능력이 있다.

하나님의 말씀이 론다의 딱딱한 겉껍질을 깨고 들어가 영 안에 거하자, 그녀는 점차 주님의 계명을 인식하게 되었다. 그리고 계명에 순종하면서부터는 눈이 열리고 마음이 밝아졌다. 마치 꽃이 태양빛을 받아 봉우리를 점차 여는 것처럼, 자신의 삶을 향한 하나님의 온전하신 뜻을 점차 이해하게 되었다. 우리가 묵상할 때마다 하나님의 말씀은 마치 태양빛처럼 성경을 환히 비추며 내려와 우리 마음속에 스며든다. 그리고는 우리로 하여금 하나님의 치유하고 깨닫게 하는 빛에 잠기게 한다.

영원한 삶을 살게 됨

"여호와를 경외하는 도는 정결하여 영원까지 이르고"(시 19:9).

시편 기자는 하나님의 말씀을 "여호와를 경외하는 도"라고 부른다. 또 성경은 주님을 경외함 가운데 걸으라고 권고한다. 그렇다면 삶 속에서 주님을 경외한다는 것은 무슨 뜻인가?

첫째, 하나님의 객관적인 진리의 말씀을 삶의 유일한 기준이자 권위로 받아들이고, 말씀이 우리 안에 풍성히 거하도록 애쓰는 것이다. 둘째, 우리 삶의 전 영역을 말씀에 복종시킴으로써 말씀이 우리를 깨뜨리고 순결케 하게 하는 것이다. 그럴 때 우리는 죄와 악을 떠나 하나님께 나아가며 예수님의 형상으로 다시 빚어진다. 마지막으로 하나님이 행하신 놀라운 일들을 기대하면서 하나님의 위엄 앞에 경외하는 마음으로 서 있는 것이다. 그리고 하나님이 우리를 통해 큰일 행하기를 원하신다는 사실에 겸손하고

감격스러운 마음을 갖는 것이다.³

  초대교회 교인들은 주님을 경외하였다. 오순절 때 성령은 강한 바람처럼 능력으로 그들에게 임하셨으며, 불의 혀같이 임하여 그들의 죄를 태워 깨끗하게 하셨다. 그들은 성령이 거룩한 영임을 잊지 않고 성령의 능력 가운데 살았다. "사람마다 두려워하는데 사도들로 인하여 기사와 표적이 많이 나타나니"(행 2:43). 주를 경외하면 모든 악에서 멀어져 정결케 되고, 자유롭게 그분의 뜻을 행할 준비를 갖추게 된다.

  주님을 경외하는 것은 영원하다. 성경은 주님을 경외하는 사람은 장수하고 더 균형 있으며 열매 맺는 삶을 살게 된다고 약속한다. 하나님은 완벽한 시기에 론다의 삶에 개입하셔서 그녀를 약물과 알코올의 덫, 즉 영의 대적이 씌운 올무로부터 그녀를 건지셨다. 짧고 비극적인 삶이 이제 영원한 빛 가운데 살면서 다른 이들을 축복하는 영원한 특권을 지닌 삶으로 변화된 것이다.

의로운 삶을 살고 하나님의 정의를 이해하게 됨

  "여호와의 규례는 확실하여 다 의로우니"(시 19:9).

  하나님의 말씀은 확실하고 진실하다. 성경 외에 어느 책도 하나님의 진리 전체를 담고 있지 않다. 유일한 하나님의 말씀인 성경만이 진리다. 성경에는 개인과 나라에 모두 적용되는 '인간관계를 위한 하나님의 규칙'이 담겨 있다. 그 규칙들은 가난하고 억압당하며 궁핍하고 버림받은 모든 사람들을 위한 하나님의 정의를 나타낸다. 성경은 또 인간의 잔인함과 잔악 행위에 대한 하나님의 심판을 예고한다.

하나님의 말씀으로 사람들의 사고 방식과 생활 방식이 새로워지면 사회도 공정해질 것이다. 고아와 과부가 보살핌을 받고, 집 없는 자들이 사라지며, 괴로워하고 소외당하는 자들이 하나님의 정의의 빛 안에서 양질의 삶을 살게 될 것이다.

성경을 묵상하면 사회도 변화된다. 날마다 말씀의 임재 안으로 들어가서 개인의 삶과 사역을 위해 그리고 세상을 위해 주시는 말씀, 계획, 안건들을 들으라. 그러면 자기파멸의 길을 걷고 있는 세상에 생명을 가져다 줄 수 있다. 묵상은 우리를 세상과 분리하지 않는다. 오히려 온 인류에 아버지의 정의를 가져오기 위해 세상의 모든 나라와 민족들 사이에 걷고 계시는 주님과의 교제 안으로 우리를 이끈다.

말씀은 전적인 회복과 개선을 가져온다

약물과 알코올이라는 사탄의 요새에 사로잡혔던 론다에게 말씀을 통해 일하셨던 하나님은 우리 모두를 위해서도 일하실 준비가 되어 계시다. 꾸준히 묵상하여 말씀이 우리 안에 거하도록 하면 그분은 우리의 삶에도 소생과 회복을 주신다. 말씀에는 다음과 같은 유익이 있다.

생각이 새로워진다 - 부정적이고 파멸적인 사고방식에서 하나님이 생각하시는 것처럼 긍정적이고 생명력 있는 방식으로 전환된다.

감정이 회복된다 - 내면의 상처나 왜곡된 감정에서 완전히 자유로운 사람은 없다. 하지만 하나님의 말씀은 감정의 치유와 회복을 약속한다.

상상의 기능이 회복된다 – 상상력을 하나님의 영광만을 위해 사용할 때, 비현실적인 기대와 파괴적인 행동을 수반하는 공상은 하나님이 주시는 참된 비전으로 대치된다.

의지의 방향이 바뀐다 – 자기중심적인 삶에서 벗어나 하나님의 뜻을 찾는 삶, 하나님께 전적으로 복종하는 삶으로 인도된다.

새로운 영양을 공급받는다 – 매일 하나님이 직접 우리를 먹이시므로 삶이 건강하고 균형잡힌다. 모든 상황에서 열매를 맺게 된다.

죄가 억제된다 – 하나님의 말씀을 날마다 묵상하면 속박이 풀어지고 그리스도 안에 있는 순종과 자유로 인도된다.

영이 즐거워진다 – 우울, 절망, 의욕 상실, 무관심에서부터 외부 상황에 영향 받지 않는 내면의 기쁨과 자유한 상태로 바뀐다.

몸에 새로운 활력이 생긴다 – 주님의 임재 안에 날마다 거하면 영혼뿐 아니라 몸에도 새 생명과 활력이 공급된다. 묵상을 통해 신성한 의사이신 예수 그리스도의 임재 안에 계속 거하면 피곤한 근육과 연약한 팔다리가 회복되고 병이 낫기도 한다. 의학에서도 영적 묵상과 신체 운동을 함께하는 훈련의 가치를 인정한다.

삶이 회복된다 – 말씀은 우리를 모든 억압 및 사탄과 그의 졸개들의 속박에서 구원하고 하나님의 의로우심 안에 굳게 세워, 우리가 하나님이 원하시는 성숙한 사람으로 자랄 수 있게 한다.

시편 기자가 하나님의 말씀을 칭송하는 것으로 끝맺는 것은 참으로 당연하다! "금 곧 많은 정금보다 더 사모할 것이며 꿀과 송이꿀보다 더 달도다… 이를 지킴으로 상이 크니이다"(시 19:10-11).

THE MEDITATING CHRISTIAN

잔칫상으로의 초대_시편 139편

묵상의 네 단계를 복습합니다.

시편 139편을 읽습니다.
하나님이 말씀하시도록 자신을 열어 놓고
시편 기자가 표현하려던 것을 이해해 봅시다.

시편 139편 13절을 묵상합니다.
이 구절을 통해 하나님이 당신을 당신 삶의 깊은 신비로
이끌어 가시도록 하십시오.
당신을 모태에서 조직하시는 그분을 상상해 보면서
그분이 개인적으로 들려주시는 말씀에 귀 기울이십시오.

주께서 주신 말씀을 노트에 적습니다.
기도를 적어도 좋고 성령이 이끄시는 대로 다른 무언가를 적어도 좋습니다.

감사의 기도를 드리고 그분께 순종하기로 결정하십시오.

제11장

죄를 소멸하는 말씀

The Sin-Destroying Word

"내가 주께 범죄치 아니하려 하여
주의 말씀을 내 마음에 두었나이다"
시 119:11

우리를 향한 하나님의 계획은 불완전하거나 조각난 것이 아니라 온전하다. 우리 안에 있는 그분의 생명은 파괴가 아닌 평안과 소망으로 풍성하다(렘 29:11). 그러나 사탄은 하나님의 계획에 대항하여 우리를 파괴하려 애쓴다. 사탄이 이용하는 가장 큰 무기는 핍박도 병도 재정적 어려움도 아니다. 그리스도인을 공격하는 사탄의 가장 효과적인 도구는 바로 사람의 생각이다!

당신은 하나님의 말씀을 하루 한 시간씩 6개월간 들음으로써 정신적 병에서부터 해방되고 치유된 소녀 론다를 기억할 것이다(9장 참고). 그녀 역시 사탄에게 속아 하마터면 죽을 뻔하지 않았던가! 죄와 상처를 발판삼아 대적은 론다를 공격했다.

그런데 론다가 진리로 받아들인 모든 것들을 우리도 받아들이고 있다. 우리의 죄는 악하고 죄 된 생각에 뿌리 내리고 있으며, 그 생각은 점검하지 않으면 우리를 파멸로 이끌 것이 틀림없다. 우리의 상처 입은 영혼은 무가치한 생각에 기반하고 있는데 그런 생각은 분노를 일으키고 자존감을 떨어뜨린다. 그 결과 사회에서 생산적인 삶을 살 수 없게 된다.

그리스도인의 사고방식을 새롭게 하는 것, 이것은 바울 서신에서 반복되는 주제다. 그는 옛 생활의 옷을 벗어버리고 복음의 새옷을 입어 마음과 생각과 의지를 새롭게 하라고 말한다. 누가는 새로워지지 않은 사고(mind)의 위험을 가장 예리하게 지적한다.

누가복음 22장은 예수님을 죽이려는 유대 종교 지도자들의 음모에 대한 이야기로 시작된다. 이 중요한 순간에 예수님은 제자들과 마지막 만찬을 나누신다. 그들이 함께해 온 시간 중 가장 친밀한 시간인지도 모른다. 그런데 너무나 아이러니하게도 주님과 마지막으로 함께하는 식사 시간, 제자들은 자기들 중 누가 가장 큰 자로 여겨질지 논쟁하고 있다! 상상할 수 없는 일이다. 진정한 리더이신 그분 앞에서 누가 가장 큰 리더가 될지를 놓고 다투고 있다니!

모든 이들을 섬기는 자만이 모든 이들의 리더가 될 수 있다고 예수님은 그들에게 가르치신다. 그들의 길은 세속적인 세상의 길이 아니며, 그들의 권위는 권력이나 나이나 지위에 따른 것이 아님을 상기시키셨다. "나는 섬기는 자로 너희 중에 있노라"(눅 22:27).

예수님은 다가올 하나님나라에서 우리에게 그의 나라 전체를 주겠다고 약속하신다! 그럼에도 그들은 세상적 권위를 놓고 경쟁함으로써 세상의 위치를 얻는 데 만족하려 한다. 그러면 하나님이 주시고자 하는 영적 권위의 온전한 축복을 받을 수 없는 것이다.

"시몬아, 시몬아, 보라 사단이 밀 까부르듯 하려고 너희를 청구하였으나." 예수님은 사탄이 시몬 베드로를 공격하는 것, 심지어 "밀 까부르듯" 하는 것을 허락하셨다. 사탄의 '청구'는 사실상 '부탁'이었다. 사탄은 예수님에게 요구할 만한 권위가 없기 때문이다. 그러나 예수님은 사탄의 청구를 허락하셨다. 그것이 시몬 베드로에게 주실 리더의 자리에 걸맞도록 그를 준비시키는 유일한 길이기 때문이다.

당신 삶의 주인이시며 당신 영혼의 연인 되시는 분의 허락 없이는 마귀가 결코 당신을 공격할 수 없다는 사실에 위로를 얻으라. 그분이 허락하셨다면 우리가 더 잘 되게 하기 위한 것이므로 더 풍성한 열매를 맺게 되리라는 확신을 가지라. 하나님이 대적으로 하여금 자신의 백성을 공격하게 허락하시는 데는 이유가 있다. 우리를 그분 안에서 더 강하게 하시려는 것이다.

사탄의 공격

그리스도인들이 새로운 사역을 계획하고 기초를 닦을 때 사탄의 공격은 흔히 있는 일이다. 사도행전은 새로 일어나는 교회를 향해 발사된 사탄의 갖가지 공격을 기록하고 있다. 먼저는 신체적 공격인 핍박을 가했다. 하지만 적의 공격으로 초대교회 그리스도인들은 더 담대해졌고 세계 복음화를 위한 결심을 더욱 굳혔다. 교회는 순결하게 되었으며 능력을 입었다! 오늘의 그리스도인들도 이와 비슷한 핍박을 계속 경험하지만, 예수 그리스도의 교회는 여전히 견고하다!

아나니아와 삽비라의 죄는 명목상의 죄였다. 그들은 온전히 헌신했다는 인정을 받기 원하면서도 사실은 이기적인 삶을 살았다. 역사 속에서 믿는 자들은 도덕적 영역 특히 돈, 성, 권력 등의 영역에서 공격을 받아 왔다. 그러나 하나님의 계획은 사탄의 공격마저도 사용하셔서 백성들이 거룩하고 능력 있는 사역을 할 수 있도록 더 깊이 이끄시는 것이다. 이 죄를 다루었을 때 초대교회는 새로운 차원의 거룩함으로 들어갔다(행 5장).

핍박과 도덕적 공격으로 하나님의 백성을 파멸시키지 못하자, 사탄은 그의 가장 효과적인 무기 하나를 꺼내 들었다. 믿는 자들로 하여금 자신의 최우선 사명을 소홀히 여기게 하는 것이다. 헬라파 유대인들은 자기의 과부들이 매일 구제에 빠진 것 때문에 히브리파 사람들을 원망하기 시작했다(행 6장).

사탄의 목적은 사도들이 새 교회의 실질적이고 세부적인 사항에 마음을 빼앗겨 기도와 말씀을 전하는 첫째 사명에서 주의를 돌리게 하는 것이었다. 그러나 사도들은 집사들을 임명하여 자신들뿐 아니라 모든 교인들이 한마음으로 주님을 섬기게 함으로써 사탄의 공격을 물리쳤다! 이 공격은 지금도 계속된다. 오늘날의 교회는 주님께 한마음으로 헌신할 때 나타나는 놀라운 능력을 계속해서 경험해야 한다. "뱀이 그 간계로 이와를 미혹게 한 것같이 너희 마음이 그리스도를 향하는 진실함과 깨끗함에서 떠나 부패할까 두려워하노라"(고후 11:3). 고린도 교인들을 향한 바울의 호소는 현대의 성도들에게도 여전히 메아리친다.

그리스도인의 쭉정이 본성

예수님은 시몬 베드로에게 사탄이 그를 밀 까부르듯 할 것이라고 경고하셨다. 그러면 밀을 까부르는 목적이 무엇인가? 밀로 음식을 만들 수 있게 쓸모없는 쭉정이를 제거하는 것이다. 사탄이 하나님께 사용되어 우리를 밀 까부르듯 하였는지는 몰라도 그 과정을 거치는 동안 우리는 '쭉정이 본성'에서 벗어나 자유와 능력으로 하나님을 섬길 힘을 얻게 될 것이다.[1]

그리스도인의 '쭉정이 본성'이란 무엇인가? 십자가에 못박지 않은 생각들, 해결하지 않은 죄와 같이 우리가 어둠 속에 숨기고 있는 부분들을 말한다. 시몬 베드로에게 있는 쭉정이 본성은 아마도 자만심과 권력욕이었을 것이다. 그러나 정작 베드로는 자신의 의식 저 밑에 깊이 숨겨진 이 어둠의 영역을 깨닫지 못하고 있었다. 다윗 왕에게는 성적 탐욕이라는 쭉정이 본성이 있었다. 그의 탐욕은 인생 초기에는 잠자고 있다가 결국은 표면으로 드러나 그의 왕국에 파멸을 일으켰다. 제자들의 쭉정이 본성은 핍박이나 헌신에 대한 두려움이었던 것 같다. '쭉정이 본성'은 사탄이 공격할 만한 취약점이 있는 영역이다.

"너는 사탄이 쉽게 공격할 수 있는 네 삶의 취약지를 알고 있느냐?" 시몬 베드로에게 이 물음을 던지신 예수님은 오늘 우리에게도 똑같이 질문하신다. "너는 네 삶에서 사탄이 너를 넘어뜨릴 만한 부분을 알고 있느냐?" 베드로는 그것을 몰랐다. 그 이유로 하나님은 사탄이 그를 공격하게 허락하셔서 그의 쭉정이 본성이 드러나고 제거될 수 있게 하셨다.

예수님은 시몬 베드로가 넘어지리라는 것을 알고 계셨다. 그러나 그가 일어서서 더 강해지고 그의 형제들을 굳게 세울 수 있으리라고 확신하셨다. 하지만 베드로는 먼저 엄격한 믿음의 시험을 거쳐야 했다. 그는 실패했다. 예수님의 경고를 받아들이지 않았고 자신이 약하며 사탄의 공격을 받기 쉽다는 사실을 인정하지 않았다. 자신을 몰랐던 그 자체가 깊이 숨은 자만의 증거였다.

위기나 과도한 스트레스를 겪을 때면 이런 숨겨진 부분들이 필연적으로 드러난다. 예수님이 잡히시자 실망에 빠진 베드로는 '쭉정이 본성'을 드러내고 예수님을 부인하고 말았다. 다윗이 자신의 성공과 명성, 그리고 왕이라는 지위가 주는 중압감에 눌렸을 때 그의 '쭉정이 본성'인 성적 탐욕은 표면화되었고 그는 결국 간음과 살인을 저지르고 말았다.

이는 모든 하나님의 종들에게 주어지는 경고다. 사람들에게는 저마다 숨겨진 어둠의 영역이 있는데 이것이 표면화되면 주의 마음을 아프게 하고 그의 나라에 해를 끼치게 된다. 자신에게 있는 숨겨진 어둠의 영역에 대해 무지하면 안 된다. 예수님은 베드로를 치유하시기 위해 이 진리를 베드로에게 보여 주셨다. 그분은 또한 우리가 자신에게 있는 쭉정이 본성을 인정하고 회개하여 더 크게 쓰임 받게 하시려고 우리의 숨겨진 영역을 드러내신다.

쭉정이 본성 다루기

정말 좋은 소식은 예수님이 직접 우리를 위해 기도하고 계시다는 것이다. 사랑하는 제자가 자신을 부인하리라는 사실에 직면해서도 예수님은 그의 믿음이 떨어지지 않기를 기도하셨다! 나아가 베드로가 돌이켜 자신과 똑같은 시련을 겪을 형제들을 굳게 세울 것이라고 확신하셨다(눅 22:32).

사도요한은 예수님의 약속을 이렇게 확언한다. "나의 자녀들아… 만일 누가 죄를 범하면 아버지 앞에서 우리에게 대언자가 있으니 곧 의로우신 예수 그리스도시라"(요일 2:1).

정말 좋은 소식이다! 하지만 그러려면 예수님과 성령님께 협조하여 우리 삶에서 사탄의 요새들을 완전히 멸해야 한다. 우리 생각 속에 있는 이 어둠의 영역들을 어떻게 다루어야 하는가? 우리가 해야 할 네 가지 일이 있다.

첫째, 누가 어두운 생각을 심었는지 안다

어두운 생각을 마음속에 심은 자는 사탄임을 알아야 한다. 부정적인 생각들은 하나님의 말씀을 대신하려고 사탄이 내뱉은 '거짓말'이다! 우리는 사탄과 타협하기 일쑤지만, 결국 사탄은 우리를 파멸하기 위해 거짓 생각을 심는다. 우리에게 풍성한 생명을 주시기 위해 하나님의 생각을 말씀을 통해 심으시는 성령님과는 완전히 반대다! 정말로 우리가 큰 전쟁에 참전하고 있다는 것, 그리고 그 전쟁터는 우리 마음이라는 사실을 알아야 한다!

둘째, 자신에게 정직해야 한다

우리는 자신에게 아주 정직해야 한다. 우리는 주님을 위해서는 사랑과 열정의 마음을, 남을 위해서는 긍휼의 마음을 가져야 하지만, 자신에게는 냉정해야 한다. 쭉정이 본성이 있음을 인정해야 하며, 약점을 덮기 위해 자신을 변호해서는 안 된다. 다윗이 자신의 죄를 인정하고 하나님께 정결한 마음을 달라고 구했던 기도보다 더 정직한 기도가 있을까!(시 51편) 성령이 우리 내면의 생각들과 내가 알지 못하는 나에 관해 드러내려 하실 때 우리는 협조해야 한다.

셋째, 모든 생각을 그리스도께 복종시킨다

모든 생각을 주 예수 그리스도께 복종시켜야 한다. 복종은 사탄을 이기는 승리의 열쇠다. "그런즉 너희는 하나님께 순복할지어다 마귀를 대적하라 그리하면 너희를 피하리라"(약 4:7). 영적 전쟁을 위해 우리가 사용하는 무기들은 육적인 것이 아니라 적의 요새들을 파괴하라고 하나님이 주신 강한 도구라는 것을 바울은 상기시킨다. 그리고 먼저 우리의 생각을 사로잡아 그리스도께 복종시켜야 한다고 주장한다. 그래야 사탄을 대적하고 세상적인 생각, 특히 이 세대의 생각에 대한 사탄의 공격에 맞설 수 있다(고후 10:3-6).

그러면 우리가 사로잡아 예수 그리스도께 복종시켜야 하는 생각들은 무엇인가? 그것은 수년 동안 길러온, 부정적인 사고방식을 형성하는 생각들이다. 우리는 오랫동안 부정적인 생각들을 묵상해 왔으며, 우리의 모습은 그 생각 그대로 형성되고 말았다! 이 생각은 죄의 생각과 무가치한 생각으로 나눌 수 있다.

죄의 생각. 다음에서 나열된 것을 살펴보고 당신 삶에 있는 것을 찾아보라.

탐욕–하나님이 기뻐하지 않는 방법으로 욕구 충족을 추구하는 것.
판단–사람들을 분류하고 비난하며 그들의 아픔이나 고통에 참여하기를 거부하는 것.
시기 및 시샘–자신이 받아야 한다고 생각하는 것을 받은 사람들을 원망하는 것.
경쟁–자신을 남들과 비교하고 하나님과 사람들에게 자신이 더 나음을 증명하려는 것.
조작–위치를 확고히 하거나 보상을 받으려고 내 이익을 위해 다른 이들을 이용하는 것.
비평–다른 이들의 관점을 보지 않으려는 것.
자만–자신을 모든 것의 중심으로 여기는 것.
증오–분노를 다루지 않고 키우고 간직하는 것.

사로잡아 그리스도께 복종시켜야 할 생각이 무엇인지 알았는가?

무가치한 생각. 자신을 자기기만 및 자기증오로 이끄는 무가치한 생각들을 살펴보라.

나는 실패작이다–되는 일이 없고 일을 수행할 수 없다.
나는 죄인에 불과하다–죄를 짓는 가장 큰 구실이 된다.
나는 무가치하다–자신에게서는 아무 가치도 찾지 못하고 하는 일이나 섬기는 방법에서 가치를 발견하는 것.
두렵다–자신을 직면하고 하나님을 신뢰하기가 두렵다.

내가 밉다–자기 거부

　　더 이상 상관하지 않는다–실망스러운 상황이나 거절에 대한 쓴 마음, 분노.

　　포기하겠다–자신이나 남들에게 더 이상 기대하지 않는 것.

　　말하고 싶지 않다–남들에게 자신을 보여 주기를 거부하는 것.

이것들은 사탄이 심고 우리가 키워온 부정적인 생각들이다. 그리고 비록 의식적으로 깨닫지 못한다 하더라도 이런 생각이 전혀 없는 사람은 없다. 그러므로 우리 모두 각각의 생각을 회개하고 용서받아 예수 그리스도의 피로 정결케 되어야 한다. 하나님이 이런 생각들을 제거하실 것이다.

그러면 회개하고 정결케 된 후에는 어떻게 되는가? 어느 사람에게서 나가 쉴 곳을 얻지 못한 더러운 귀신에 관해 예수님이 하신 이야기를 기억해 보라. 귀신은 자기가 나왔던 집으로 돌아가 그 집이 비었고 소제되고 정리되었음을 발견하고는 가서 저보다 더 악한 귀신 일곱을 데려온다(마 12:43-45). 사탄이 심은 악한 생각을 회개하고 정결케 되었다 해도 생각을 비워 두면 마찬가지 상황을 겪는다.

자연은 진공 상태를 싫어한다. 영적 세계도 그러하다. 우리를 파멸시킬 악한 생각들로부터 완전히 자유로워지려면, 쭉정이 본성을 다루는 네 번째 단계를 거쳐야 한다.

넷째, 묵상을 통해 새 생각을 심는다

성경 묵상을 통해 새 생각을 심으면, 우리의 생각이나 세계관을 부정적으로 만든 사탄의 옛 생각들이 처리될 것이다. 새로운 생각을 어떻게 심는가? 우리가 묵상할 때마다 성령이 말씀의 씨를 심으신다. 그러므로 묵상할 때 이 큰 일을 우리 안에 이루기 원하시는 성령을 맞아들여야 한다. 본문 말씀에 주의를 집중하고 성령이 우리 안에 말씀을 심으시도록 마음을 열어야 한다. 그러면 말씀이 우리 안에 살아 움직여 우리를 오염시키고 하나님나라를 확장하는 데 쓰임 받지 못하게 하는 죄의 찌꺼기를 도말한다. "내가 주께 범죄치 아니하려 하여 주의 말씀을 내 마음에 두었나이다"(시 119:11).

시편 기자는 또한 의로운 사람에 대해 다음과 같이 선언한다. "그 마음에는 하나님의 법이 있으니 그 걸음에 실족함이 없으리로다"(시 37:31). 시편 기자들은 사탄의 공격을 이기는 데 있어 하나님의 말씀의 능력을 잘 알고 있었다.

하나님의 말씀을 묵상함으로써 우리 안에 있는 죄와 상처를 제거하고자 한다면, 성경말씀을 계속해서 읽고 암송해야 한다. 성경을 읽을 때 하나님의 온전한 진리를 깨닫게 되며, 그 진리를 통해 속박에서 해방되어 자유하게 된다. 또한 성경 구절을 외우면 마음이 진리의 말씀으로 가득 채워진다. 묵상하면서 지식이나 생각으로만 알고 있던 진리가 이제 마음으로 경험되며 이해되는 것이다. 나는 묵상할 때마다 진흙이 도공에 의해 빚어지듯 내가 하나님의 말씀에 의해 새롭게 빚어져서 죄를 싫어하고 의로움을 사랑하는 그리스도의 형상으로 변화하게 해 달라고 기도한다.

성령은 우리의 마음과 생각 속에 있는 모든 것을 아신다. 그러므로 특정 구절만을 골라 우리의 생각을 채우려 할 필요가 없다. 예를 들면 자신이 무가치하고 약하다는 생각 때문에 힘겨워하는 사람이라고 해서, 그리스도인에게 주어진 능력에 관한 구절만을 고를 필요는 없다. 물론 이런 구절이 도움이 되는 것은 사실이다. 그러나 성령이 우리에게 필요한 것을 우리보다 더 잘 아시므로 단지 우리 자신을 그분께 복종하면 된다.

우리의 필요를 채워 줄 것 같은 성경 구절을 임의로 택하기보다는 성경의 한 권 또는 한 장을 정기적으로 묵상하는 것이 좋다. 묵상은 하루 한 구절을 한 단어씩 깊이 숙고할 때 가장 효과적이라는 점을 늘 기억하라. 성경의 한 권이나 한 장을 정해 놓고 한 절씩 묵상하는 사람은 그 날의 묵상이 날마다의 생활과 필요에 얼마나 적절한지 감탄하게 될 것이다. 성령이 매일의 묵상을 우리 마음속 가장 깊은 필요와 갈망에 적용시키시기 때문이다!

묵상을 우리 마음의 소원에 바로 적용할 수 있는 예라고 하면 빌립보서 4장을 들 수 있다. "내게 능력 주시는 자 안에서 내가 모든 것을 할 수 있느니라"(빌 4:13). 바울은 이 말씀으로 우리를 위로한다. 이것은 자신의 연약함에 힘들어하는 그리스도인에게 힘을 준다. 그러나 이 한 구절만 떼어 놓고 묵상하기보다는 장 전체를 묵상하는 것이 훨씬 좋다! 그렇게 하면 특정 구절을 장 전체의 맥락과 상관없이 이해할 위험이 적다. 더구나 빌립보서 4장 전체의 메시지는 연약한 그리스도인들에게 주 안에서 강하고 담대하라고 권면한다. 빌립보서 전체를 하루에 한 절씩 묵상해 보라. 그러면 성령이 능력 있는 말씀을 당신 안에 심으시고, 당신이 죄와 연약함을 극복하고 그의 능력 안에 살아가고 있음을 발견할 수 있다.

묵상은 영적 전쟁에 매우 강력한 도구다. 그런데도 우리는 얼마나 자주

이 기본적인 도구를 무시하고 형식은 그럴 듯해 보이지만 내용과 능력이 부족한 새롭고 색다른 시도들이나 우리 자신의 이해 및 상상으로 적을 대면하려 하는지! 그러면서도 우리는 왜 적을 이길 힘이 없는지 궁금해한다.

말로써 적을 효과적으로 대항할 수 있기 전에 먼저 우리 안에 그리스도의 형상이 있어야 한다. 묵상은 성령이 우리를 그리스도의 형상으로 다시 빚으시도록 문을 여는 것이다. 영적 전쟁의 깊은 진리가 무엇인지 아는가? 그리스도의 형상으로 새로 빚어진 그 자신이 바로 적을 무너뜨리는 하나님의 가장 큰 도구라는 사실이다! 예수 그리스도는 승리자시다. 우리 안에 계신 그리스도는 갈보리에서 적을 패배시키셨으며, 땅이나 지옥의 모든 권세보다 더 크시다(요일 4:4).

하나님의 말씀을 날마다 계속해서 묵상하라. 그러면 우울한 상태에서 벗어나 주의 기쁨을 입게 될 것이다. 당신이 구원의 우물에서 물을 길을 때(사 12:3) 그리스도는 그분 자신이 당신 안에 살아계심을 보이신다. 묵상하면 불신앙 대신 믿음이 솟아나며 죄를 사랑하는 마음이 하나님을 사랑하는 마음으로 바뀐다. 또한 모든 두려움이 사람을 변화시키는 하나님의 사랑에 의해 사라진다!

The Meditating Christian

잔칫상으로의 초대_시편 139편

묵상의 네 단계를 복습합니다.

시편 139편을 읽습니다.
하나님이 말씀하시도록 자신을 열어 놓고
시편 기자가 표현하려던 것을 이해해 봅시다.

시편 139편 14절을 묵상합니다.
이 놀라운 구절을 통해 하나님이 당신 개인에게
무엇을 말씀하려 하시는지 귀 기울여 보십시오.
시간을 내어 경외함으로 말씀을 대하십시오.

주께서 주신 말씀을 노트에 적습니다.
기도를 적어도 좋고 성령이 이끄시는 대로 다른 무언가를 적어도 좋습니다.

감사의 기도를 드리고 그분께 순종하기로 결정하십시오.

제12장

정복하는 말씀

The Conquering Word

"너희가 강하고 하나님의 말씀이 너희 속에 거하시고
너희가 흉악한 자를 이기었음이라"

요일 2:14

   정기적·지속적 묵상을 통해 성령이 우리 안에 말씀을 심으실 때, 우리는 그 말씀에 힘입어 하나님이 원하시는 모습으로 하나님이 원하시는 모든 것을 할 수 있게 된다. 이것이 우리의 속사람 안에 깊이 거하시는 하나님 말씀의 능력이다.
 그리스도인의 힘은 심긴 하나님의 말씀에 있다고 요한은 주장한다. "청년들아 내가 너희에게 쓴 것은 너희가 강하고 하나님의 말씀이 너희 속에 거하시고 너희가 흉악한 자를 이기었음이라"(요일 2:14).
 성장하는 그리스도인은 강하다. 말씀, 즉 예수님이 전 우주를 떠받치기 위해 하신 말씀이자 하나님의 능력에서 흘러나온 말씀 안에 거하기 때문이다.

사도 바울은 데살로니가 성도들에 관해 하나님께 감사했다. "너희가…하나님의 말씀을 받을 때에 사람의 말로 아니하고 하나님의 말씀으로 받음이니 진실로 그러하다 이 말씀이 또한 너희 믿는 자 속에서 역사하느니라"(살전 2:13). 우리가 날마다 묵상하는 하나님의 말씀에는 삶을 변화시키고, 억압에서 자유롭게 하며, 속박에서 해방시키고, 예수 그리스도의 형상으로 우리를 다시 빚어가시는 하나님의 능력이 있다.

성령은 우리를 세워 하나님의 자녀에게 예비된 유업을 온전히 받게 하시려고 말씀을 통해 역사하신다. 그 말씀의 능력이 얼마나 큰지 바울은 에베소 교회의 장로들과 작별할 때 다음의 말로 인사한다. "지금 내가 너희를 주와 및 그 은혜의 말씀께 부탁하노니 그 말씀이 너희를 능히 든든히 세우사 거룩하게 하심을 입은 모든 자 가운데 기업이 있게 하시리라"(행 20:32). 앞에서도 말했지만, 말씀을 그들에게 맡긴 것이 아니라 그들을 하나님의 능력과 은혜의 말씀에 부탁했다. 그리고 우리는 그 말씀을 '밤낮으로' 묵상하라는 계명을 받았다. 묵상은 우리를 하나님의 도구이자 세상을 정복하는 사람으로 준비시킨다. 이제 자신의 삶을 하나님의 말씀에 뿌리내려 그 말씀으로 열방을 정복한 이들을 만나보자.

하나님을 추구하는 자 여호수아

청년 여호수아는 평범한 전사가 아니었다. 모세가 주님과 함께 보낸 가장 친밀한 시간들을 그에게는 이야기해 줄 정도로 그는 모세의 신뢰를 받았다. 이스라엘 백성 중 오직 모세만이 "여호와께 가까이", 즉 하나님의 실제적인 임재 안으로 들어오도록 초대되었을 때다. 모세는 40일간 하나님께로부터 장막에 들어갈 비품과 제사장 의복을 포함한 모든 양식을 전달받으러 산으로 올라갔으며, 대제사장 아론을 비롯한 모든 장로들은 산기슭에서 기다리라는 지시를 받았다.

그 때 모세는 그의 젊은 종자 여호수아를 데리고 가면서, 장로들에게 "우리가 너희에게로 돌아오기까지 기다리라"고 말했다(출 24:14). 이스라엘 백성 중 오직 여호수아만이 모세와 하나님이 친밀함을 나눌 때에 함께 할 수 있었다. 나중에 모세는 하나님을 만나러 정기적으로 회막 안에 들어갔다. 거기서 주님은 모세에게 "사람이 그 친구와 이야기함같이 대면하여" 말씀하셨다. 이 때 이미 여호와의 임재를 경험했던 여호수아는 이후에도 모세를 따라 회막 안에 들어가 모세가 하나님과 친밀하게 이야기하는 동안 함께 있었다.

모세가 회막을 나와 진으로 돌아올 때 여호수아가 회막을 떠나지 않으려 한 것은, 조금도 놀라운 것이 아니다(출 33:7-11). 그는 뒤에 남아 모세에게 말씀하셨던 여호와를 기다렸다. 모세에게 들려 주신 동일한 음성이 자신의 이름을 불러 주시기를 기다렸고, 그분의 말씀 듣기를 열망했다. 하나님이 그를 찾고 그의 이름을 경외하며 사슴이 시냇물을 찾듯이 그를 갈망하는 자들을 위해 예비하신 친밀함을 자신에게도 나누어 주시기를 간절히 바랐다.

여호수아의 마음은 하나님을 대면하여 만나기를 소원하고 자신이 "알지 못하는 크고 비밀한 일"(렘 33:3)을 듣기를 열망하는 모든 자녀들의 마음이다. 여호수아가 만일 예수님 시대에 살았더라면 예수님이 제자들과 오늘날 그를 따르는 모든 자들에게 주시는, "이제부터는 너희를 종이라 하지 아니하리니 종은 주인의 하는 것을 알지 못함이라 너희를 친구라 하였노니 내가 내 아버지께 들은 것을 다 너희에게 알게 하였음이니라"(요 15:15)는 초청에 크게 기뻐했을 것이다.

하나님은 여호수아를 탁월하게 준비시키고 계셨다. 언젠가 때가 되면 여호수아를 사용하셔서 백성들을 노예 생활에서 건져내시고, 약속의 땅에서 하나님의 약속들을 마음껏 누리게 하실 것이었다. 그는 개개인이 아니라 하나님의 백성 전체를 온전한 기업으로 이끌기 위해 하나님의 손에 준비되고 있었다. 모세는 청년 여호수아를 위한 하나님의 훈련 과정을 알고 있었다. 그래서 그에게 여호와를 변함없이 추구하고 하나님의 말씀을 들으며 주님과의 친밀함을 인생의 목표로 삼으라고 격려했다. 여호수아는 모세의 말을 따랐다. 하나님이 그를 인생의 다음 단계로 이끄셨을 때, 그는 준비되어 있었다.

묵상하는 자 여호수아

"내 종 모세가 죽었으니." 이스라엘 백성에게 "너희 하나님 여호와를 순종하며 그를 경외하며 그 명령을 지키며 그 목소리를 청종하며 그를 섬기며 그에게 부종"하라고(신 13:4) 명하고 간청했던 모세는 더 이상 그들의 리더가 아니었다. 하나님은 여호수아에게 "이제 너는 이 모든 백성으로 더불어 일어나 이 요단을 건너 내가 그들 곧 이스라엘 자손에게 주는 땅으로 가라"(수 1:1-2)고 말씀하셨다.

여호수아 1장에는 하나님이 여호수아에게 주신 많은 약속들이 상세히 기록되어 있다. 하나님이 아브라함과 모세에게 하신 약속대로 이제 여호수아가 이스라엘보다 더 크고 강한 나라들을 정복하고 광대한 땅을 소유하게 되리라는 약속, 힘과 리더십을 주시겠다는 약속, 결코 여호수아를 실망시키거나 버리지 않으시고 주어진 사명을 성취하게 하리라는 약속…. 그리고 성경말씀 중 가장 큰 약속인, 하나님 자신이 그와 함께하시며 결코 그를 떠나지 않으시겠다는 약속을 주셨다.

하지만 이 모든 약속은 하나님이 여호수아에게 주신 명령에 달려 있었다. 1장 전체에 걸쳐 하나님은 여호수아에게 "마음을 강하게 하고 담대히 하라 두려워 말며 놀라지 말라… 모세가 네게 명한 율법을 다 지켜 행하라"고 명하신다. 이 모든 명령은 8절 말씀에 요약되어 있다. "이 율법책을 네 입에서 떠나지 말게 하며 주야로 그것을 묵상하여 그 가운데 기록한 대로 다 지켜 행하라 그리하면 네 길이 평탄하게 될 것이라 네가 형통하리라"(수 1:8).

"이 율법책을 주야로 묵상할지니라." 여호수아가 2~3백만이나 되는 불순종하고 반항하며 불평하는 이스라엘 자손, 그 감당할 수 없는 큰 무리를 약속의 땅으로 인도할 길을 여시는 명령이었다. 모세 오경을 죽 읽고 여호수아서를 읽으면 백성들의 반항적인 본성과 그들이 순종하는 백성으로 변화되는 것을 모두 볼 수 있다.

다른 명령은 아무것도 없다. 여호수아는 단지 그 율법책을 주야로 묵상하기만 하면 되었다. 대부분의 현대인들에게는 단순하고 심지어 비현실적인 것으로 인식될지도 모른다. 오늘날 그런 엄청난 임무를 맡게 될 때, 사람들은 즉시 막대한 재정을 뒷받침해 줄 후원자를 찾고, 유수 대학에서 적어도 MBA 정도는 취득할 것이며, 자문을 구해 목표의 윤곽을 잡고 목표를 달성하기 위한 전략들을 짜려고 할 것이다. 상황에 따라 이런 방법들은 필요할 수도 있고 불필요할 수도 있다. 그러나 하나님이 여호수아에게 주신 명령은 오직 "묵상하라"는 것뿐이다.

정복하려면 먼저 묵상하는 자가 되어야 한다는 말씀을 들었을 때 여호수아는 당황하지 않았다. 그는 어려서부터 하나님의 법을 묵상해 왔고, 하나님의 임재를 기다리며 그분께 가까이 다가갔다. 밤에 잠에서 깰 때와 하루가 시작하기 전 고요함 속에서 그분의 음성 듣기를 갈망해왔다. 성경 속에서든 그 이후의 역사 속에서든 하나님이 크게 쓰신 모든 사람들이 알고 있던 비밀을 그도 알고 있었다. 하나님은 묵상하는 자들을 통해 일하신다. 하나님이 축복하시고 기름 부으시는 모든 사역은 묵상에서부터 시작된다. 여호수아는 매일 말씀 묵상을 통해, 성령이 그의 사명을 위해 부으시는 더 큰 능력을 받을 준비가 되어 있었다.

율법책을 묵상하라

하나님은 여호수아에게 율법책을 날마다 묵상하라고 명하셨다. 하나님이 그에게 약속하신 것만이 아니라 율법 전체를 묵상하라고 명령하신 것이다.

그리스도인(법이 아니라 그 아들 예수 그리스도를 희생하신 하나님의 은혜로 다시 태어나 산 소망이자 영원한 생명 안으로 들어서게 된 자)에게 이것은 기쁜 소식이다. 생각과 마음을 하나님의 완전한 법으로 채우고, 그분을 기쁘시게 하며 그분의 뜻 가운데서 순종하며 살기 원하는 것이야말로 우리가 주야로 해야 하는 것이다. 바울은 이것을 간결하고 명확하게 표현했다. "저가 모든 사람을 대신하여 죽으심은 산 자들로 하여금 다시는 저희 자신을 위하여 살지 않고 오직 저희를 대신하여 죽었다가 다시 사신 자를 위하여 살게 하려 함이니라"(고후 5:15).

진정한 그리스도인은 구원을 위한 법의 요구에서 자유하다. 이제는 법을 사랑하고 법 안에서 기뻐하며 성령의 능력 안에서 하나님의 법에 순종할 마음을 갖게 되었다. 이 모든 것은 아버지의 영광을 위한 것이다. 성경이 제시하는 가장 강력한 묵상 대상은 하나님의 법이다. 법을 지키면 큰 보상이 있다. 하나님의 모든 약속들은 하나님의 완전한 뜻을 기뻐하는 자들에게 부어진다. "내가 주의 법을 어찌 그리 사랑하는지요 내가 그것을 종일 묵상하나이다"(시 119:97). 시편 기자의 이 노래는 곧 그리스도인의 마음이다.

자유를 주는 완전한 법

그러면 야고보가 '자유를 주는 완전한 법'이라고 묘사한 그 법은 무엇인가? 그 법을 하나님께 직접 받았던 모세도 이 질문을 제기했다. "후일에 네 아들이 네게 묻기를 우리 하나님 여호와의 명하신 증거와 말씀과 규례와 법도가 무슨 뜻이뇨 하거든"(신 6:20).

하나님이 여호수아에게 묵상하라고 말씀하신 이 율법책은 단지 도덕적 가르침이나 윤리적인 기준을 제시하는 것이 아니다. 물론 그것도 포함되었지만, 율법은 훨씬 더 크고 총괄적인 것이었다. 모세는 후손들에게 다음과 같이 가르치라고 백성들에게 명했다(신 6:20-25). 첫째, 여호와께서 권능의 손으로 우리를 애굽에서 인도하여 내셨다. 둘째, 우리 열조에게 맹세하신 땅을 우리로 들어가게 하시려고 우리를 애굽에서 인도하여 내셨다. 셋째, 여호와께서 우리에게 이 모든 규례를 지키라 명하셨으니 이는 우리로 우리 하나님 여호와를 경외하여 항상 복을 누리게 하기 위하심이다.

하나님의 완전한 법은 하나님의 건져내심, 하나님의 약속, 하나님의 계명이다. 하나님의 건져내심과 구원과 믿는 자에게 성취될 약속을 모르는 사람은 하나님의 법을 진정으로 안다고 할 수 없다. 성경은 예수 그리스도 안에서 완성된 구원의 역사와 그분이 우리를 죄에서 건지신 사실에 대해 증거한다. 또한 믿음으로 받아야 할 그분의 용서와 화해에 관해 말씀하며, 하나님이 사랑하시는 하늘아버지로서 우리를 돌보시고 모든 성도들과 우리를 위해 풍성한 기업을 준비해 놓으셨음을 상기시킨다.[1] 우리는 예수 그리스도의 희생에 의한 은혜로 구원을 받은 후에라야만 하나님의 계명을 듣고 그 안에서 기뻐할 수 있다.

세상의 모든 책 중 성경만이 하나님의 건져내심과 구원과 그분의 약속 및 계명을 모두 담고 있다. 그러므로 하나님의 말씀 전체를 묵상해야 한다. 모세의 글이나 시편에 등장하는 "이 율법책"이라는 단어는 하나님의 말씀 전체를 말한다. 그러므로 율법책을 묵상하라는 명령은 하나님의 말씀 전체를 묵상해야 한다는 뜻으로 이해할 수 있다. 물론 주의 약속들과 공급하심도 묵상해야 하지만, 우리의 가장 큰 기쁨은 우리 삶을 향하신 그분의 뜻을 묵상하고 그에 순종하는 것임을 기억하자. 이런 이유로 시편 119편은 묵상하기에 매우 좋다. 6개월간 하루에 10~15분을 내어서 시편 119편을 한 절씩 끝까지(176절) 묵상해 보라. 그러면 삶이 변화되고 생각이 새로워지며 감정을 추스르고 의지를 새롭게 다지게 될 것이다. 또한 당신 역시 시편 기자와 같이 노래하게 될 것이다. "내가 주의 법을 어찌 그리 사랑하는지요 내가 그것을 종일 묵상하나이다"(시 119:97).

하나님과 교제하고 그 뜻을 알게 함

하나님의 말씀을 묵상하였기에 여호수아는 이스라엘 백성을 약속의 땅으로 인도할 수 있었다. 이런 주장에는 두 가지 근거가 있다. 먼저, 정기적인 묵상은 주님과의 교제나 친밀함으로 들어가는 문이다. 주님과의 달콤한 교제 안에서 더욱 친밀해지는 것은 날마다 말씀 안에 거할 때 가능하다. 주님과 교제하면 그분의 마음을 알게 되며 그분의 사랑 안에 잠긴다. 영혼이 회복되어 기쁨으로 충만해지고 영이 소생한다. 또한 그 날 하루의 임무를 시작할 준비를 갖추게 된다. 여호수아는 주님과 교제하는 시간이 백성들을 인도할 권위와 능력의 원천임을 알고 있었다. 주님과의 친밀함, 이것이 모든 사역의 비결이다. "네가 나로 말미암아 열매를 얻으리라"(호 14:8).

묵상이 여호수아가 땅을 정복하는 비결인 또 한 가지 이유는 하나님과 대화의 문을 연다는 것이다. 하나님은 매일 아침, 여호수아가 백성의 리더들에게 말하기 전에 그에게 말씀하기 원하셨다. 하나님의 말씀을 듣는 것이 묵상의 핵심이다. "주님, 오늘 제게 말씀하기 원하시는 것이 무엇입니까?" 이것이 우리의 출발점이다.

아침마다 하나님은 여호수아를 깨우시고, 그가 들을 때에 그와 이스라엘 백성을 통해 이루려 하시는 '크고 비밀한 일'들을 말씀하곤 하셨다. 하나님은 여호수아에게 그를 향한 하나님의 사랑을 말씀해 주셨다. 모세에게

'친구가 친구에게 이야기하듯이' 말씀하셨던 것처럼, 여호수아에게도 말씀하셨다. 또한 그 날의 행진 명령을 내리셔서 여호수아로 하여금 백성의 리더들에게 전달하게 하셨다.

묵상하는 여호수아에게 일어났던 두 가지 일, 곧 하나님과 깊이 교제하고 하나님의 뜻을 직접 듣는 이것은 오늘날 묵상하는 이들에게도 동일하게 일어난다. 묵상이 그리스도인의 승리 비결이자 모든 사역의 비결인 이유가 여기에 있다. 하나님은 말씀 속에서 우리와 만나고 교제하기 원하신다. 우리에게 임재하셔서 우리를 새롭게 하기 원하시며 날마다 말씀을 통해 우리를 향한 사랑과 계획을 전달하기 원하신다.

모세를 만나시고 친구로서 친밀하게 말씀하셨던 바로 그 하나님이 동일하게 우리를 만나 주시고 우리가 들을 때 말씀하기 원하신다는 사실, 이것이 얼마나 큰 기쁨인지! 모세는 마지막 설교를 끝맺으면서 외쳤다. "여호와께서 백성을 사랑하시나니 모든 성도가 그 수중에 있으며 주의 발 아래에 앉아서 주의 말씀을 받는도다"(신 33:3).

매일 해야 할 두 가지 일

하나님과만 홀로 있기. 여호수아는 묵상하는 자가 되기 위해 날마다 두 가지 일을 했다. 첫째, 그는 하나님과만 홀로 있는 시간을 따로 떼어 놓았다. 이 시간은 그 날이 어떤 날이든 간에 하루 중 가장 우선되는 시간이었다. 하루의 나머지 시간은 하나님과만 함께하는 이 시간을 떼어 놓느냐 아니냐에 달려 있었다. 이 시간은 하나님과 만나며 그분의 임재 안으로 들어가는 시간이자, 리더에게 엄습해 오는 유혹과 의심과 두려움에서 벗어나게 하는 시간이다.

여호수아는 리더로서의 책임이 크면 클수록 사탄의 공격도 커진다는 사실을 잘 알고 있었다. 따라서 주님 앞에 자신을 완전히 열고, 자신의 연약함과 외로움을 비롯한 삶의 모든 영역 안으로 주님을 초청했다. 치유와 회복의 시간, 주님과 깊고 친밀한 교제의 시간을 가졌다.

우리도 묵상을 시작하면, 어떤 것도 매일 아침 하나님과 홀로 보내는 이 시간을 밀어내게 해서는 안 된다는 여호수아의 뜻에 동의할 것이다. 하나님과의 약속 시간이기에 모든 방해로부터 이 시간을 지키게 될 것이다. 하나님의 임재 안으로 들어갈 때는 혼자 들어가라. 그분의 임재 안으로 들어가는 데 도움을 줄 만한 책도 필요 없다. 성경이면 된다. 음악이 도움이 된다면 들어도 좋지만 주의가 산만하지 않도록 하라. 사역은 이 시간부터 시작된다. 모든 사역은 하나님과 홀로 시간을 보낼 때에만 가능한 주님과의 깊은 교제로부터 흘러나온다.

침묵. 여호수아는 또 날마다 주님의 임재 안에 들어가면서 침묵하는 법을 배웠다. 영혼을 주님 앞에서 잠잠하게 하여 하나님이 하시려는 모든 말씀을 듣고자 했다.

침묵은 단지 소리가 없는 것을 말하지 않는다. 채워지기를 수동적으로 기다리는 공허한 상태도 아니다. 반대로 침묵은 하나님으로 가득 찬 상태다. 침묵한다는 것은 그분의 음성 듣기를 갈망하고 그분의 뜻을 행할 준비가 된 적극적인 자세로 하나님의 임재 안으로 들어가는 것이다.

종됨이나 제자도는 듣는 데서 시작한다는 것을 여호수아는 알고 있었다. 아마도 그는 사도 바울이 어린 디모데에게 한 충고에 동의할 것이다.

> 그러나 너는 배우고 확신한 일에 거하라… 네가 어려서부터 성경을 알았나니 성경은 능히 너로 하여금 그리스도 예수 안에 있는 믿음으로 말미암아 구원에 이르는 지혜가 있게 하느니라 모든 성경은 하나님의 감동으로 된 것으로 교훈과 책망과 바르게 함과 의로 교육하기에 유익하니 이는 하나님의 사람으로 온전케 하며 모든 선한 일을 행하기에 온전케 하려 함이니라(딤후 3:14-17)

믿는 자에게 매일 하나님의 말씀 듣는 법을 배우는 것보다 더 중요한 것은 없다. 우리는 그분의 말씀에서 생명과 능력, 놀라운 지혜를 얻는다. 말씀을 통해 우리는 하나님이 그분의 사랑 안에 확고히 거하는 자들을 위해 예비해 놓으신 기업 안으로 들어간다.

정복자 여호수아

여호수아는 이스라엘보다 훨씬 더 강하고 힘있는 민족들과 그들의 땅을 모두 정복했다. 하나님을 추구하고, 그분의 말씀을 듣고, 하나님이 전에 모세에게 말씀하셨고 이제 자신에게 하고 계시는 말씀을 묵상하였기에 여호수아는 정복자가 될 수 있었다.

여호수아서에는 모세가 죽었을 때부터 여호수아의 사는 날까지의 이야기가 기록되어 있다. 그가 얼마나 하나님의 말씀을 사랑하고 온전히 따랐는지, 그 말씀을 통해 그와 백성들의 삶이 어떻게 완전히 변화되고 개혁되었는지가 실려 있다. 한번은 에발 산 위에서 여호와께 단을 세우고 돌로 된 그 단에 율법 전체를 새겨 넣었다. 그러고 나서 이스라엘 자손을 두 그룹으로 나누어 절반은 그리심 산 앞에, 절반은 에발 산 앞에 서게 했다. 거기서 그는 모세가 그에게 지시한 대로 축복과 저주를 포함한 율법의 모든 말씀을 낭독했다. 여호수아는 율법의 말씀을 매우 사랑했다. "이스라엘 온 회중과 여인과 아이와 그들 중에 동거하는 객들 앞에 낭독하지 아니한 말이 하나도 없었더라"(수 8:30-35, 참고: 신 11:26-32).

여호수아서에는 전무후무한 정복담이 담겨 있다. 여호수아로 정복자가 되게 한 것은 하나님의 말씀이요, 날마다 하나님의 임재 안에서 새로워지지고픈 그 자신의 열망이었다. 또한 계속하여 하나님의 말씀을 듣고 온전히 복종하려는, 하나님과 말씀에 대한 그의 집중력이었다. 여호수아는 진정 훌륭한 묵상자였다.

그 결과 하나님은 여호수아를 모든 이스라엘 백성 앞에서 높이셨다. 그와 함께 계셨으며, 그를 위해 싸우셨고, 달력을 꼬박 하루 늦추면서까지 그에게 승리를 주셨다(수 10:12-13). 여호수아가 한 일은 하나님께 온전히 순종하여 땅을 차지한 것뿐이다. 그러자 그 땅에 전쟁이 그쳤다. 여호와가 주신 좋은 약속들은 하나도 어긋남이 없이 다 이루어졌다. 이스라엘 백성들은 여호수아가 사는 동안 전심으로 하나님을 섬겼으며, 여호수아는 그가 죽은 후에도 백성들이 계속 하나님을 온전히 따랐을 정도로 말씀의 유산을 남겼다.

이것이 최고조의 영적 전쟁이 아닌가? 바울이 후에 에베소 교회에 상기시킨 것과 같이, 이스라엘은 혈과 육에 대항해 싸운 것이 아니라 세상의 어둠의 세력들과 하늘의 악한 영적 세력들에 대항해 싸우고 있었다(엡 6:12).

여호수아가 성령께 받은 강력한 무기가 하나님의 말씀이라는 사실에 주목하라. 주디 스미스가 사도행전을 가르치면서 종종 말하듯이 "결코 아무것도 하나님의 말씀을 멈추게 할 수 없다!"[2]

그렇다. 여호수아는 강한 전사요 위대한 정복자였다. 그의 힘의 비결은 무엇이었나? 수세기를 뛰어넘어 요한의 말 속에서 그 힘의 출처를 찾아보자. "너희가 강하고 하나님의 말씀이 너희 속에 거하시고 너희가 흉악한 자를 이기었음이라"(요일 2:14). 하나님의 말씀이 그 안에 거했기 때문에 여호수아는 강할 수 있었다. 그리스도의 말씀은 묵상하는 자인 여호수아 안에 온전하고 풍성히 거할 수 있었다. 그 결과로 그는 강했으며 악한 자를 이기고 약속의 땅을 소유하게 되었다.

여호수아는 먼저는 묵상하는 사람이었고, 정복자였으며, 모든 나라가 열방의 주인이신 하나님의 소유가 될 때까지 하나님의 말씀에 사로잡혀 열방을 소유한 사람이다. 여호수아는 묵상을 통해 두려움과 부정적인 기대에서 벗어나 사탄도 막을 수 없는 믿음의 사람이 되었다. 묵상의 영향으로 뛰어난 리더십의 잠재력이 열리고 지혜가 자라며 영향력이 증대되었다. 오직 주만 바라보았기에 그는 하나님과 자기 세대를 순결하고 변함없는 마음으로 섬길 수 있었다.

하나님은 오늘 여호수아의 발자취를 따를 사람들을 찾고 계시다. 남녀노소를 막론하고, 성령이 말씀을 통해 새롭게 빚으시도록 자신을 내어드림으로써, 하나님의 영광을 위해 열방을 소유할 말씀의 사람들을 찾고 계시다.

The Meditating Christian

잔칫상으로의 초대_시편 139편

묵상의 네 단계를 복습합니다.

시편 139편을 읽습니다.
하나님이 말씀하시도록 자신을 열어 놓고
시편 기자가 표현하려던 것을 이해해 봅시다.

시편 139편 15절을 묵상합니다.
하늘아버지께서 당신을 창조하셨을 때 쏟은
사랑의 보살핌을 생각해 보십시오.
이제 그분이 개인적으로 들려주시는 말씀에 귀 기울이십시오.

주께서 주신 말씀을 노트에 적습니다.
기도를 적어도 좋고 성령이 이끄시는 대로 다른 무언가를 적어도 좋습니다.

감사의 기도를 드리고 그분께 순종하기로 결정하십시오.

제13장

열매 맺는 말씀

The Fruitful Word

"그는 물가에 심기운 나무가…
결실이 그치지 아니함 같으리라"
렘 17:8

여호수아처럼 '열방의 소유자'가 된다는 것은, 주님을 위해 열매를 맺는다는 말의 또 다른 표현이다. 풍성한 결실은 그리스도 안에 거하는 이들에게 주시는 하나님의 큰 약속이다. 예수님은 제자들에게 선포하셨다. "저가 내 안에, 내가 저 안에 있으면 이 사람은 과실을 많이 맺나니"(요 15:5).

하나님이 선지자 호세아를 통해 그의 백성에게 "나로 말미암아 열매를 얻으리라"(호 14:8)고 말씀하셨듯이, 열매는 그리스도 안에 거할 때 맺을 수 있다. 그리스도인들은 열매를 많이 맺을 때 매우 기쁘다. 하나님께 영광을 돌리게 되고 우리가 그리스도의 제자라는 증거가 되기 때문이다(요 15:8).

그러면 믿는 자는 어떻게 열매를 맺는가? 우리는 무엇을 해야 하는가? 그 답은 시편 1편에서 볼 수 있다. 시편 1편은 경건한 삶을 살고자 하는 의인의 삶과 최후 운명을 하나님을 조롱하는 불의한 사람의 것과 대조해 보여 준다. 그러면 모든 것에서 하나님의 영광을 구하는 경건한 자의 주요 특징은 무엇인가? 바로 하나님의 말씀을 묵상하는 것이다!

> 오직 여호와의 율법을 즐거워하여 그 율법을 주야로 묵상하는 자로다 저는 시냇가에 심은 나무가 시절을 좇아 과실을 맺으며(시 1:2-3).

하나님의 말씀을 묵상할 때 그 말씀이 우리를 하나님과의 친밀한 교제로 이끈다. 그러면 하나님은 우리 삶 안에서, 그리고 우리 삶을 통해 그분의 열매를 맺으신다. 따라서 하나님의 말씀을 묵상하는 것이 열매를 맺는 가장 중요한 비결이다.

이것이 그리스도 안에 있는 자들에게 얼마나 큰 신뢰를 주는지! 우리는 말씀 안에 거함으로써, 즉 그리스도가 우리에게 말씀하실 때 응답함으로써 열매 맺게 되리라는 약속을 받았다! 우리는 그저 주님을 위해 일만 하는 일꾼이나 하나님의 일을 위한 '프로젝트 관리자'가 아니다. 우리는 하나님나라의 확장을 위해 그리스도의 전임 협력자가 되리라는 약속을 받았다! 우리는 타락한 세상에서 그리스도의 형상을 반영하며 성령의 권위로 주님을 증거할 것이다. 우리에게서 풍겨나는 예수의 향기는 믿지 않는 자들을 주께 이끌어 그들로 하여금 새 생명을 얻고 세상을 변화시킬 하나님의 대리자가 되게 한다. 이것이 바로 "시절을 좇아 과실을 맺는다"는 약속이 아닌가?

다윗의 마음의 비결

대표적인 시편 기자인 다윗은 어떤 사람이었는가? 시편 1편을 다윗이 쓴 것 같지는 않지만, 풍성한 열매를 주시겠다는 약속을 품은 다윗의 마음은 시편 전체에 잘 담겨 있다. 우리는 유대 땅 언덕 중턱에서 양을 치며 주님과 교제했던 목동 다윗을 안다. 또 악한 영이 사울을 공격했을 때 이스라엘의 가장 위대한 예배자로서 사울의 불안한 영을 고요케 했던 다윗을 존중한다. 우리는 성경에서 용맹스런 전사, 탁월한 리더, 강한 왕 다윗을 만난다.

다윗만큼 하나님이 나라를 세우시는 데 쓰임 받은 자도 드물다. 하나님이 다윗을 얼마나 기뻐하셨는가! "내가 이새의 아들 다윗을 만나니 내 마음에 합한 사람이라 내 뜻을 다 이루게 하리라"(행 13:22). 다윗이 어떻게 그런 마음을 갖게 되었는가? 그는 묵상하는 자였다! 그는 마음을 온전히 하나님께 두었다. "내가 여호와를 항상 내 앞에 모심이여 그가 내 우편에 계시므로 내가 요동치 아니하리로다"(시 16:8).

그는 묵상자의 방식으로 살았다. 즉, 하나님을 삶의 모든 영역으로 초청해 주님의 임재 안에서 행했다. 하나님의 음성을 끊임없이 들었고, 그 말씀이 자기를 깨뜨리고 정결케 하고 먹이고 다시 빚으시며 능력으로 입히시도록 했다. 죄를 지은 후에도 돌이켜 주님이 주시는 회복을 구할 준비가 되어 있었다. 그는 하나님이 말씀하신 모든 것에 재빨리 순종했으며, 하나님이 주신 일을 완성하는 데 전심으로 헌신했다.

하나님은 다윗에게 무엇을 위임하든 그가 끝낼 것을 알고 계셨다. 묵상하는 사람들이라면 모두 이와 같아야 하지 않을까? 하나님의 뜻에 완전히 순복하여 주를 섬기고 하나님께 말씀해 달라고 구하라. 그리고 하나님이 "너는 내 마음에 합한 사람이라. 내 뜻을 다 이루게 하리라!"고 말씀하시는 것을 들으라.

성경이 묵상의 근원이다

말씀 묵상은 무척 중요하기에 시편 1편의 주제가 되었다. 시편 기자는 복 있는 자란 여호와의 율법을 즐거워하여 그 율법을 주야로 묵상하는 자라고 묘사한다. 여기서 말하는 "여호와의 율법"은 "하나님의 말씀 전체"로 간주해도 좋다(12장 정복하는 말씀을 참고하라). 시편 기자는 하나님의 말씀을 듣거나 공부하는 자 또는 외우는 자가 복이 있다고 말하지 않는다. 물론 이 모두가 매우 중요하지만 그는 하나님의 말씀을 묵상하는 자가 복이 있다고 말한다!

그리스도인은 하나님의 말씀인 성경을 묵상의 근원으로 삼아야 한다. 진정한 영성은 결코 하나님의 말씀과 분리되지 않는다. 하나님의 성령은 언제나 하나님의 말씀을 통해 일하신다! "너희는 주께 받은 바 기름부음(즉 성령)이 너희 안에 거하나니… 모든 것을 너희에게 가르치며… 주 안에 거하라"(요일 2:27). 우리는 하나님의 말씀 안에 거함으로써 성령 안에 거한다. 영성이 깊어질수록 더 깊이 하나님의 말씀 안에 거하게 된다.

아무 대상도 없는 추상적인 묵상은 그리스도인의 영성과는 아무 상관이 없다. 그리스도인의 사색과 마찬가지로 그리스도인의 묵상은 언제나 대상이 있고, 그 대상은 당연히 하나님 자신이다. 하나님은 말씀 속에서 자신을 가장 분명하고 권위 있게 드러내신다. 우리는 하나님이나 창조의 위엄 또는 우리를 위해 독생자의 피로 이루신 일 등을 묵상할 때에도 하나님의 기록된 말씀인 성경에 의해 영양을 공급받고 풍성해진다.

우리는 하나님이 우리에게 하시는 말씀을 마음속에 간직함으로써 묵상한다. 마치 보물을 숨기듯 속사람 안에 말씀을 숨기며, 마리아가 목자들과 동방박사들에게서 신비의 말을 들었을 때와 마찬가지로 말씀을 계속 숙고하고 곰곰이 생각한다. 또한 기도하는 마음으로 말씀 한 마디 한 마디 앞에 다가서며 나의 영혼 깊은 곳에 말씀해 달라고 하나님께 부탁한다.

묵상할 때 ESV, NASB, RSV 또는 개역한글과 같이 '본질적으로 문자 그대로인' 번역본을 사용한다면 단어 하나하나에 집중하는 것이 낫다. 그러나 NIV나 NJB 또는 공동번역과 같이 '생각 vs 생각' 번역본을 사용한다면 개개의 단어보다 한 절 전체에 초점을 두는 편이 더 나을 것이다.

묵상하는 자의 세 가지 특성

시편 1편은 의인과 불의한 자의 삶을 예리하게 대조하여 설명한다. 불의한 자나 악인은 악한 행위를 하는 사람만이 아니라, 하나님의 사랑을 피하고 그분의 계명을 무시하거나 심지어 비웃으면서 하나님이 존재하지 않는 것처럼 사는 사람을 말한다. 반대로 하나님의 말씀을 따르는 삶이 의인의 특징이다. 그러므로 의인은 묵상하는 사람이다!

시편 기자는 묵상하는 자의 세 가지 특성을 보여 준다. 기꺼이 죄를 멀리하는 마음, 하나님의 말씀을 기뻐하는 마음, 날마다 묵상하려는 결의. 이 세 가지 특성을 하나하나 살펴보자.

죄를 멀리함

첫째는 삶의 초점을 일시적인 죄의 즐거움이 아니라 하나님과 그분의 말씀에 두어 순종하는 사람이다. "복 있는 사람은 악인의 꾀를 좇지 아니하며 죄인의 길에 서지 아니하며 오만한 자의 자리에 앉지 아니하고"(시 1:1).

사람이 하나님과 사탄을 동시에 섬길 수 없음을 시편 기자는 잘 알고 있었다. 묵상하는 자가 되려 한다면 자기 중심적 삶과 하나님 중심적 삶 중에서 선택해야 한다. 그리스도인은 예수 그리스도의 십자가에 의해 죄의 지배와 권세로부터 해방된 사람이다. 그러나 신실한 묵상자조차도 죄에서 완전히 자유롭지는 못하다. 우리는 그리스도와 함께 십자가에 못박혔지만, 계속해서 육에 속한 죄의 행위들을 죽여야 한다. 이미 죽었지만, 계속해서 죽어야 하는 것이다. 그렇게 하면 죄에서 멀어져 하나님께로 향할 것이고, 하나님은 아침마다 매우 기뻐하시며 우리 귀를 깨우치셔서 우리로 하여금 제자로서 듣게 하신다.

죄를 멀리하려면 죄의 현혹성을 잘 알고 있어야 한다. 시편 1편 1절의 '좇다(걷다)', '서다', '앉다'라는 동사들을 주의해 보라. 경계를 게을리하는 그리스도인은 하나님과 말씀을 무시하는 사람들 사이에 섞여서 사람의 의견과 판단을 듣는다. 그리고 적이 쳐놓은 올가미를 눈치채지 못한 채 그들 사이에 멈추어 서서 그들과 어울린다. 호기심 때문이든 아니든 이미 그는 공격받기 쉬운 자리에 서 있는 것이다. 결국 그는 그들 사이에 앉아 그들에게 동조한다. 적의 힘을 알지 못한 채 자신이 결코 바라지 않았던 생활방식에 빠져든다. 어쩌면 왜 자신이 그렇게 혼란스러운지, 육과 세상과 악마의 유혹에 왜 그리 쉽게 걸려드는지 의아해할 수도 있다.

아직 미숙한 그리스도인이라면 어떻게 그 길을 순전케 할 수 있는가? "주의 말씀을 따라 삼갈 것이니이다"(시 119:9). 시편 기자는 이에서 한걸음 더 나아갔다. "내가 주께 범죄치 아니하려 하여 주의 말씀을 내 마음에 두었나이다"(시 119:11).

여기에 묵상하는 자의 첫째 특징이 있다. 유혹에 빠질 만한 상황을 피하며 죄를 멀리하는 것, 하나님을 향해 귀를 기울이고 사탄이 아닌 하나님께 순종하는 데 기쁨을 두는 것이다.

말씀을 기뻐함

하나님의 말씀을 듣는 것을 세례 요한보다 더 기뻐한 사람이 있었을까? 요한은 오실 메시아에 대해 예언한 선지자들의 말씀을 묵상하였다. 요한은 이사야, 미가, 모세가 메시아의 탄생과 출현에 대해 예언한 말씀을 한 마디 한 마디 깊이 생각했다. 하나님이 그 아들 예수에 대해 알려주시는 모든 것을 체험적으로 알고픈 갈급한 소원으로 선지자들의 말씀을 한 줄 한 줄, 한 마디 한 마디 묵상하느라 오랜 시간을 보냈을 요한의 모습이 그려진다. 요한은 메시아 예수를 실제로 보았을 때, 신랑의 음성을 듣는 것을 가장 큰 기쁨으로 여기는 신랑의 친구로 자신을 묘사했다! "서서 신랑의 음성을 듣는 친구가 크게 기뻐하나니 나는 이러한 기쁨이 충만하였노라"(요 3:29).

말할 것도 없이 기쁨은 인간의 기본 필요 중 하나다. 기쁨이 없다면 우리는 커다란 슬픔에 짓눌려 견딜 수 없을 것이다. 이라크 국립교향악단의 창시자이자 지휘자인 압둘 라자크 알알라위(Abdul Razak Al-Alawi)는 "인생에서 슬픔은 기쁨보다 조금 더 오래 지속되는 경향이 있다. 그래서 우리는 슬픔을 경감시키기 위해 기쁨에만 손대려 한다"고 말했다.

하나님은 우리가 이라크의 심각한 상황처럼 크나큰 비극 가운데 있을지라도 '그의 기쁨에 손대기' 원하신다. 그리고 사실 더 많은 기쁨을 우리에게 주고 싶어하신다. 우리를 향한 그분의 기쁨이 얼마나 큰지 우리가 알기를 원하신다. "신랑이 신부를 기뻐함같이 네 하나님이 너를 기뻐하시리라"(사 62:5).

스바냐는 이것을 아주 아름다운 말로 표현한다. "너의 하나님 여호와가 너의 가운데 계시니 그는 구원을 베푸실 전능자시라 그가 너로 인하여 기쁨을 이기지 못하여 하시며 너를 잠잠히 사랑하시며 너로 인하여 즐거이 부르며 기뻐하시리라"(습 3:17).

성령은 믿는 자의 영혼을 주께서 주시는 놀라운 기쁨으로 충만케 하려 하신다. 오순절에 성령이 믿는 자들에게 능력으로 임하셔서 성령 세례를 주셨을 때 그들은 큰 기쁨을 맛보았다. 핍박조차 그 기쁨을 앗아갈 수 없었다! C.S. 루이스처럼 말하듯이 그들은 "기쁨에 놀랐던" 것이다.

하지만 어떻게 기쁨을 유지하며 주의 임재 안에서 충만한 기쁨 가운데 살아갈 수 있는가? 하나님의 말씀 안에 거함으로써만이 가능하다! 예수님은 말씀하셨다. "내가 이것을 너희에게 이름은 내 기쁨이 너희 안에 있어 너희 기쁨을 충만하게 하려 함이니라"(요 15:11). 예수님은 오늘도 그분의 말씀인 성경으로 우리에게 말씀하신다. 물론 그분이 말씀하시는 방법은 수없이 다양하지만, 성경말씀을 통해 말씀하시는 것과는 비할 수 없다. 그리스도인들은 참된 영성이라면 기록된 하나님의 말씀을 비껴가거나 앞서 나가지 않는다는 점을 기억해야 한다. 시편 기자는 이 진리를 아주 잘 표현했다. "주의 증거로 내가 영원히 기업을 삼았사오니 이는 내 마음의 즐거움이 됨이니이다"(시 119:111).

예수님이 보화를 찾은 사람의 비유에서 보여 주셨듯이 이 기쁨을 유지하기 위해 치러야 할 대가가 있다. "천국은 마치 밭에 감추인 보화와 같으니 사람이 이를 발견한 후 숨겨 두고"(마 13:44). 보화를 발견한 사람은 매우 기뻐하며 자기의 소유를 다 팔아 밭을 샀다! 그가 소유하고 있던 부와 재산은 보화에 비하면 아무것도 아니었다.

더 큰 물질을 얻기 위해 좀더 작은 것들을 포기할 사람은 많다. 그러나 예수님이 말씀하시는 것은 영적 보화에 대한 것이다. 하나님 안에서 더 깊은 기쁨과 능력의 삶을 즐기기 위해서는 포기해야만 하는 것들이 있다. 만일 우리가 우리 삶의 가장 큰 기쁨이 하나님의 말씀을 듣고 그분의 음성에 귀 기울이며 말씀 안에 거하는 것이라고 고백한다면, 그것은 우리의 시간과 에너지를 요구하는 덜 중요한 일들을 기꺼이 포기하겠다고 말하는 것과 같다. 자신을 훈련에 던지는 것이다. 그러나 그 보상은 크다!

매일의 훈련으로서 묵상을 결심함

하나님은 자비와 은혜를 일생에 한 번 또는 특별한 때에만 베푸시는 것이 아니라 매일매일 베푸신다. 그분의 자비는 끝이 없으며 아침마다 새롭다!(애 3:23) 그러므로 하나님의 사랑에 대한 그리스도인의 반응은 하나님이 원하시는 대로 쓰임 받도록 날마다 자신의 삶을 위탁하는 것이다. "아무든지 나를 따라오려거든 자기를 부인하고 날마다 제 십자가를 지고 나를 좇을 것이니라"(눅 9:23). 하나님의 은혜와 마찬가지로 영적 훈련도 매일의 일이다.

영적 훈련으로서 말씀 묵상은 가능한 한 매일 해야 한다. 이런 이유로 시편 기자는 여호수아의 말을 인용하여 하나님의 말씀을 주야로 묵상해야 한다고 말한다(시 1:2, 수 1:8). 다윗과 여호수아 모두 국가 건설에 노력했다. 그들은 하나님을 경외하는 나라를 세우는 길은, 백성들로 하여금 하나님의 말씀을 매일 묵상하며 기꺼이 순종하려는 자세로 하나님의 말씀에 귀 기울이도록 하는 데 있음을 알았다. 이와 같이 묵상하는 사람의 세 번째 특징은 날마다 묵상하겠다고 결정하는 것이다.

그러면 주야로 묵상한다는 것은 무슨 뜻인가? 당연한 이야기지만 일상에서 가장 중요한 시간으로 여겨지는 아침과 또 매우 중요한 시간인 저녁에 말씀을 묵상한다는 뜻이다. 주님이 아침마다 우리 귀를 열어 제자로서 듣게 하실 때, 그분은 우리로 하여금 그 날을 위한 그분의 비전을 듣고 믿음으로 온종일 그분과 동행하도록 문을 여신다. 그리고 저녁에는 평안과 고요함의 문을 여시고 천사들을 보내 잠자는 동안 우리를 지키신다.

시편 기자는 종종 한밤중에 깨어 하나님의 음성을 듣고 동트기 전에 일어나 주의 음성을 듣는 것에 관해 말한다. 어떤 그리스도인 의사는 약을 처방하는 것과 같이 환자들에게 성경 묵상을 처방한다는 이야기를 읽은 기억이 있다. 그는 약을 아침에 한 알, 잠들기 전에 한 알씩 먹는 것처럼 성경도 아침에 한 절, 밤에 한 절씩 묵상하라고 권한다. 그는 그 처방이 신체적·영적으로 효과가 있었음을 증언했다!

주야로 묵상한다는 것은 꾸준히, 즉 날마다 규칙적으로 묵상한다는 뜻이기도 하다. 사역 초기에 엘렌과 나는 하나님의 말씀을 매일 묵상하는 것이 모든 사역의 주요 비결임을 깨달았다. 해야 할 일, 하면 좋은 일들이 많다. 그러나 꼭 해야 하는 일은 바로 날마다 그리스도의 말씀 안에 거하는 것이다. 이것은 묵상과 기도로만 가능하다. 우리는 생활과 사역에서 묵상과 기도의 직접적인 결실을 보았다. 그분과 친밀해지고, 그분의 임재 안에서 큰 기쁨을 맛보며, 감정이 치유되고, 하나님과 그분의 방법을 잘 이해하게 되며, 육체적으로도 새 힘을 얻는다.

오래 전에 주님은 내게 건강을 유지하는 두 가지 비결을 가르쳐 주셨다. 영을 위해서는 날마다 말씀을 묵상하고 몸을 위해서는 날마다 운동을 하라는 것이었다.

묵상은 나를 그리스도인으로서 자라게 한 도구였다. 유일한 비결은 아니지만 매우 중요한 것이다. 엘렌과 나는 날마다 묵상한다는 원칙 아래 30년 이상 성경을 묵상해 왔다. 1972년 성령 세례를 받은 이후로 묵상에 대한 벅찬 기대는 지금도 계속 커져 간다. 우리가 처음으로 성령 안에서 더 깊이 행하기를 갈망했던 그 수개월간 하나님은 '우리 안에 거하시고 우리에게 모든 것을 가르치시는 기름부음(즉, 성령) 안에 거해야' 한다는 것을 깨달게 해주셨다. 그리고 우리는 성령이 언제나 하나님의 백성을 그분의 말씀으로 이끌어 가신다는 것을 보았고 경험했다! 엘렌과 나는 하나님의 말씀 안에 거할 때 일어나는 변화에 대한 증인이다.

우리는 날마다 하나님의 말씀 안에 거하지 않을 때의 위험도 증언할 수 있다. 며칠, 아니 몇 주 동안 하나님의 말씀 안에 거하기를 게을리했던 적이 있다. 그 때도 성경을 읽고 공부했지만, 묵상을 통해 날마다 "여호와의 회의"(렘 23:18)에는 들어가지 않았다. 영적 광야의 시간이었다. 그 기간에 나는 주님과의 친밀함이 사라진 데서 오는 영적 연약함과 나 자신, 내 가족, 사역을 덮치는 사탄의 유혹과 공격에 더 쉽게 걸려듦으로써 도덕적 연약함을 겪어야 했다. 주님이 나를 통해 그분의 열매를 맺게 하시기보다 내가 주님을 위해 "일"을 이루려 했던 것이다.

하나님의 말씀을 날마다 묵상하지 않을 때 맞게 되는 위험은 무엇인가? '이등 그리스도인'이 되는 것도 아니요, 불순종에 대한 하나님의 징벌도 아니다. 그보다 더 큰 위험이 있다. 그것은 하나님이 묵상 대상으로 허락지 않으신 다른 것들을 묵상하게 된다는 사실이다! 그 결과는 대개 부정적이며 부도덕하다. 사탄은 우리 삶에 생긴 틈새―그것이 영적이든 지적이든 감정적이든―를 파괴적인 대용물로 채우려고 항상 기다리고 있다!

하나님이 우리를 묵상하는 자들로 창조하셨다는 사실, 이것이 인간에 관한 진리다! 그분은 자신의 큰 신비를 우리 영의 깊숙한 곳에 두셨다. 하나님은 우리에게 넘치는 상상력을 주셨으며, 우리는 그 능력으로 하나님께 집중하고 그분의 임재 안에서 기쁨으로 충만케 될 수 있다. 하나님 묵상하기를 게을리하면 본질적으로 우리는 우리의 생각과 마음을 다른 대상에 계속 고정시키려 한다. 젊은이들은 폭력을 조장하는 파괴적인 형태의 음악을 묵상함으로써, 즉 그것으로 생각과 마음을 채움으로써 자신들의 틈새를 메우려 할지도 모른다. 많은 그리스도인들은 물질적인 즐거움을 묵상하면서 부와 소유로 마음과 생각을 채운다. 또 어떤 이들은 부도덕한 관계에서 오는 즐거움에 마음을 고정시킨다. 다윗 왕은 밧세바의 아름다움을 깊이 생각하고 머릿속에 그렸다. 그 여인을 묵상하고 마음에 채웠다. '묵상' 한 것은 잠시일지 모르나 결과는 훨씬 더 오래 지속되었다. 그릇된 묵상은 간음과 살인의 죄로 그를 이끌었다. 밧세바와 그 자신도 큰 해를 입었으며 나라는 거의 파멸되었다!

묵상의 기본 원칙은 묵상하는 대상을 닮아간다는 점이다. 파괴적인 가사와 폭력적인 비디오 게임을 묵상하는 젊은이들은 그것을 묵상하지 않는 젊은이들보다 자살과 폭력을 저지를 확률이 더 높다. 돈과 소유를 좇는 사람들은 궁핍한 자들을 긍휼히 여기고 관대하게 대할 확률이 상대적으로 낮다. 또한 부도덕한 관계나 부적절한 성에 관해 공상하는 자들은 의심할 여지 없이 언젠가는 부도덕한 행위를 저지를 것이다.

사람들은 모두 묵상을 한다. 출생 이래로 그래왔다. 우리는 하나님의 기사와 그분의 거룩하심과 그분의 아름다움을 묵상하도록 창조되었다. 그러므로 하나님을 묵상하지 않으면 다른 무엇인가를 묵상할 수밖에 없으며, 우리 삶의 모양은 바로 우리의 묵상 대상에 의해 형성된다! 하나님은 우리에게 묵상자가 되어야 한다고 말씀하지 않으신다. 우리는 이미 묵상하는 자들이다! 그 대신 하나님은 묵상의 대상을 바꾸라고 말씀하신다. 사탄과 세상의 것들, 즉 잠시 있다가 지나가는 육신의 정욕과 안목의 정욕, 이생의 자랑으로부터 생각의 방향을 바꾸어 우리 존재의 초점을 하나님 자신에게 맞추라고 하신다(요일 2:15-16). 시편 기자는 이것을 다음과 같이 표현한다. "나의 반석이시요 나의 구속자이신 여호와여 내 입의 말과 마음의 묵상이 주의 앞에 열납되기를 원하나이다"(시 19:14).

주야로 묵상할 때, 즉 아침에 하나님이 우리 귀를 깨우치실 때에 제자로서 듣고, 잠들기 전에 우리 자신을 그분께 위탁함으로써 매일 묵상하면, 우리가 주야로 묵상한다는 의미를 점점 더 깊이 이해하도록 하나님이 우리를 준비시키고 계신다는 것을 알 수 있다.

하나님은 우리와 끊임없이 교제하고 그의 임재 안에 머물게 하신다. 또 로렌스 수사의 말처럼 주님의 임재를 연습하면서 묵상하게 하신다. 주님이 이른 아침 우리에게 하시는 말씀은 성령에 의해 우리의 영 깊숙한 곳에 심겨 종일토록 기억된다. 일상사를 처리하고 계획에 따라 움직이는 동안에도 성령이 말씀을 다시 생각하고 숙고하고 묵상하게 하실 때 하나님의 말씀이 결코 우리를 떠나지 않는다는 것을 깨닫게 된다. 말씀이 우리 안에 풍성히 거하시는 것이다. 그렇게 되면 홀로 하나님과 있는 시간뿐 아니라 인생 전체가 점차적으로 하나님과 함께하는 삶이 된다는 것을 발견하게 된다. 즉, 일상의 모든 업무에서 주님과 동행하게 된다.

묵상하는 자의 풍성한 결실

교제와 회복은 지금도 계속된다! 이것이 바로 "더위가 올지라도" 절대로 두려워하지 않고 가무는 해에도 걱정 없이 결코 결실이 그치지 않는 삶

의 배경이 아닌가?(렘 17:7-8)

말씀을 묵상하는 자의 삶에 맺히는 풍성한 결실을 누가 헤아릴 수 있겠는가? 하나님은 우리가 열매 맺기를 원하시며 우리가 많은 열매를 맺을 때 기뻐하신다는 것을 배웠다. 말씀을 묵상하면 주님을 위해 풍성한 열매를 맺게 된다는 사실도 알았다.

죄를 멀리하고, 하나님과 그 말씀을 기뻐하며, 날마다 묵상하기로 결심하는 것, 이 세 가지 묵상자의 특징이 곧 묵상의 열매가 된다는 사실이 얼마나 놀라운지! 묵상하는 자는 하나님 안에 있다는 것과 그분의 음성을 듣는 데서 느끼는 기쁨으로 충만해져, 자신 안에 사탄의 공격과 유혹에 저항할 힘이 있음을 발견한다. 시련과 고난중에도 결코 자기를 떠나지 않는 하나님의 임재를 점점 더 깨닫게 되며, 하나님 말씀의 문을 통과해 들어가는 매일 묵상을 통해 하나님의 임재가 모든 축복의 근원임을 발견한다! 그는 하나님이 세상을 향해 품으신 목적을 이루시도록 자신의 모든 삶을 하나님께 내어드린다. 그러고 나면 예수님이 제자들에게 "너희가 내 안에 거하고 내 말이 너희 안에 거하면 무엇이든지 원하는 대로 구하라 그리하면 이루리라"(요 15:7)고 하신 말씀을 이해하게 된다. 주님과의 친밀한 교제 속에서 누리는 기쁨, 적을 이길 수 있는 능력, 제한 없는 사역. 우리가 주의 영광을 위해 살고자 할 때 이보다 더 큰 축복들이 또 있겠는가?

안정감이 있다

시편 기자는 묵상하는 자를 "시냇가에 심은 나무"에 비유한다(시 1:3). 이사야는 하나님이 자신의 영광을 나타내기로 선택하시는 하나님의 백성을 "의의 나무", 또는 "여호와의 심으신 바 그 영광을 나타낼 자"라고 했다 (사 61:3).

하나님의 말씀을 묵상하는 사람은 영적으로나 감정적으로 무척 안정되어 공동체의 견실한 일원이 된다. 그는 하나님의 변치 않는 말씀의 대지 속에, 그리고 성령의 깊은 바다 속에 깊이 뿌리 내리고 있다. 인생의 폭풍이 덮칠지라도 그는 넘어지지 않고 굳게 서 있다.

한글을 발명했고, 국제 음성학 협회(International Phonetic Society)가 학회 이름을 '세종학회(The Sejong Society)'라고 지을 만큼 존경받는 세종대왕(1397-1450)은 안정의 중요성을 잘 알고 있었다.

뿌리가 깊은 나무는
바람에 쓰러지지 아니할새
꽃도 좋고 열매도 많으며

샘이 깊은 물은
가물에 그치지 아니할새
내를 이루어 바다에 가느니라[1]

선교사들이 한국에 복음을 가져오기 훨씬 전에 하나님이 복음의 씨를 그 백성들 마음속에 직접 심으셨다니 이 얼마나 놀라운 일인가! 하나님은 선교사들을 보내시기도 전에 이 땅에 선교의 말씀을 보내셨다! 선교학 학자들은 한국에서 기독교 복음이 흥왕한 이유를 계속 연구하면서, 복음이 실제로 그 땅에 도착하기 훨씬 전에 하나님이 그의 백성의 마음속에 영원을 사모하는 마음을 심으셨다는 사실을 인정했다(전 3:11). 하나님은 그들에게 하나님과 하나님의 말씀을 열망하는 마음을 주셨다. 만약 세종대왕이 예수님을 만날 기회가 있었다면 예수 그리스도의 열렬한 제자가 되었을지도 모른다.

이것은 한국교회의 중심이 하나님의 말씀임을 부분적으로나마 설명해 주고 있다. 말씀을 묵상하는 사람은, 하나님이 한국을 (그리고 다른 나라들을) 세계 복음화에 헌신한 선교의 나라로 이끄시는 데 쓰임 받을 안정감 있는 사람이 될 것이다.

풍성한 결실의 보장

이사야는 유다 족속 중 살아남은 자에 대해 말했다. "아래로 뿌리를 박고 위로 열매를 맺히리니"(사 37:31). 묵상하는 자의 삶도 이와 같다. 예수님과 그 말씀 안에 거하는 자는 풍성한 결실을 맺는다고 예수님이 직접 보장하셨다!(요 15:5, 시 1:3)

풍성한 결실이란 주님을 위한 일이나 프로젝트, 혹은 프로그램이 아니다. 그분을 위해 세운 큰 조직체나 교회도 아니다. 풍성한 결실이란 주님이 그의 나라를 확장하시려고 우리를 통해 직접 일하시는 그분의 역사를 말한다. 성령이 우리를 그리스도의 형상으로 다시 빚으심으로써 세상이 우리를 보고 주께로 돌아오게 되는 것이다. 또한 성령이 우리를 영적으로 번성케 하셔서 물이 바다를 덮음같이 주님을 아는 지식이 온 땅을 덮게 되는 것이다.

풍성한 결실을 맺고 안 맺고는 외부 상황에 달려 있지 않다. 핍박과 고난 받는 교회가 종종 사람들이 인정하고 존경하는 교회보다 더 많은 열매를 맺지 않는가! 다윗도 사울의 손에 핍박을 받고 견디는 동안에 계속 열매를 맺었다. 지금껏 지어진 시들 중 가장 아름다운 시로 인정되는 두 개의 시는 다윗이 사울 왕을 피해 도망할 당시 아비멜렉 왕 앞에서 미친 체하다가 쫓겨나서 작시한 34편과 유대 광야의 동굴에 숨어 있을 때 작시한 63편이다. 두 편 모두 큰 고난의 때에도 풍성한 결실이 맺힘을 증명한다. 이 풍성한 결실의 삶은 하나님의 말씀을 묵상하는 모든 자에게 주시는 약속이다!

변치 않는 생명력

"나무가… 그 잎사귀가 마르지 아니함 같으니"(시 1:3). 묵상하는 자의 삶은 생명력이 있어 사람들을 쫓아내기보다는 자신에게로 이끈다. 또한 성령이 하나님의 말씀을 통해 끊임없이 역사하시기 때문에 영이 계속 새로워진다. 일생 동안 하나님의 말씀 안에 거하고 고난과 비극 가운데서도 주님과 동행해 온 사람들의 아름다움을 생각해 보라. 몸은 쇠약해져 남들에게 의존하게 되지만, 영은 여전히 활기차고 생명력 있어 다른 이들을 격려하고 굳게 세운다. 반대로, 신체적으로는 젊은이와 같이 아름답지만 속사람은 천천히 쇠퇴하는 이들도 있다. 기쁨이 메마른 그들의 영은 다른 이들에게 유쾌함은커녕 슬픔과 피로감을 더한다.

둘의 차이가 무엇인가? 무엇을 신뢰하느냐에 있다. 묵상하는 자는 날마다 하늘 보좌 앞에 나아가 자신의 구세주이자 친구인 그분을 만나고 그분의 손에 자신을 맡긴다. 주님의 임재 안에서 새로워지고 기쁨으로 충만해진다. 또 들으려는 자세로 주인의 음성을 듣고 그 뜻에 순종하고 싶어한다. 반대로, 날마다 하나님의 말씀 속에서 그분을 만나지 않는 자는 자신 외에는 신뢰할 대상이 없으며, 위로와 도움을 얻고자 문 앞에 멈춰 선 지친 여행자에게 줄 말씀이 없다. 그는 "사막의 떨기나무" 같아서 "좋은 일이 오는 것을 보지 못하고 광야 간조한 곳"에 거하게 된다(렘 17:6).

예레미야는 계속해서 말한다. "그러나 무릇 여호와를 의지하며 여호와를 의뢰하는 그 사람은 복을 받을 것이라 그는 물가에 심기운 나무가… 더위가 올지라도 두려워 아니하며 그 잎이 청청하며 가무는 해에도 걱정이 없고 결실이 그치지 아니함 같으리라"(렘 17:7-8). 가뭄에도 푸른 잎! 고난과 역경 가운데서도 언제나 활기차게 공동체를 굳게 세울 수 있는 힘, 이것이 말씀을 묵상하는 자에게 주신 복이다. 이것이 바로 갈렙이 노인이 되어서도 젊었을 때와 마찬가지로 약속으로 주신 기업을 요구할 수 있었던 이유다.

계속되는 형통

하나님은 묵상하는 자에게 형통을 약속하셨다! 그러나 말씀을 묵상하면 모든 재정적 어려움과 질병이 사라지리라는 잘못된 생각에 현혹되어서는 안 된다. 묵상하는 사람도 다른 이들과 마찬가지로 죄 있는 세상에 살며 고생도 겪는다.

그러면 그리스도인에게 형통이란 무슨 뜻인가? 이사야는 고난당하는 종, 자기 생명을 죄의 제물로 쏟아부으시며 슬픔으로 짓밟히실 예수 그리스도를 묘사하면서 가장 훌륭한 답을 주었다. "그의 손으로 여호와의 뜻을 성취하리로다"(사 53:10, '성취'가 영어 성경에는 '형통, 성공(prosper)'으로 번역되어 있음-역주). 성경적 형통이란 우리가 하나님께 순종하고 세상을 위한 그분의 희생적인 사랑을 나눌 때 그분의 뜻이 우리 삶을 통해 성취된다는 말이다. 더 나아가 우리가 우리 자신의 뜻보다 하나님의 뜻이 성취되기를 소원할 때 우리의 모든 필요를 공급하시겠다고 약속하신다. "그 종의 형통을 기뻐하시는 여호와는 광대하시다!"(시 35:27)"

하나님의 인정

시편 기자는 첫 번째 시편을 "대저 의인의 길은 여호와께서 인정하시나"라고 선포하면서 끝맺는다. 하나님은 묵상하는 자를 하나님이 말씀하시는 모든 것을 행할 그의 종으로 여기신다. 하나님이 묵상하는 자의 길을 지키시므로 그는 사람의 인정을 구할 필요가 없다. 하나님이 당신을 완전히 알고 인정하시며, 외아들 예수의 의를 당신의 의로 인식하시고, 당신을 그의 종으로 여기고 사랑하신다는 사실을 깨닫고 산다면 삶이 어떨지 상상해 보라. 어느 누구도 아닌 하나님만을 기쁘시게 하기 위해 사역하는 커다란 자유를 얻을 것이다! 진정 이것은 묵상하는 사람들에게 주어진 자유다. 하나님의 말씀을 주야로 묵상하는 자는 아침마다 그를 깨우시고 하루 종일 그에게 말씀하시는 분께 이미 인정받은 자다.

시편 1편은 묵상하는 자의 풍성한 결실에 관해 모든 것을 다 말해 주지는 않는다. 아마 어떤 책도 하나님의 말씀이신 예수와 성경에 나온 그의 말씀 안에 거하는 자들에게 주신 무한한 축복을 다 담을 수 없을 것이다. 그러나 묵상하면 우리가 하나님의 아들 예수의 형상으로 날마다 변해간다는 것을 알게 된다. 생각이 점차 새로워져 하나님이 생각하시는 것처럼 성경적으로 생각하게 되며, 감정이 치유되어 깨어진 세상을 치유하기 위한 하나님의 도구가 된다. 또한 우리의 뜻에도 변화가 생겨 아버지를 기쁘시게 하고 그의 나라를 확장하기 위해 우리 자신을 그분께 위탁하는 것이 우리의 유일한 소원이 된다. 그분의 뜻이 우리의 삶을 통해 '형통' 해지는 것이다!

The Meditating Christian

잔칫상으로의 초대_시편 139편

묵상의 네 단계를 복습합니다.

시편 139편을 읽습니다.
하나님이 말씀하시도록 자신을 열어 놓고
시편 기자가 표현하려던 것을 이해해 봅시다.

시편 139편 16절을 묵상합니다.
당신의 때는 하나님의 손 안에 있습니다.
그분은 당신의 삶을 위해 완전한 계획을 가지고 계십니다.
그런 주님이 개인적으로 들려주시는 말씀에 귀 기울이십시오.

주께서 주신 말씀을 노트에 적습니다.
기도를 적어도 좋고 성령이 이끄시는 대로 다른 무언가를 적어도 좋습니다.

감사의 기도를 드리고 그분께 순종하기로 결정하십시오.

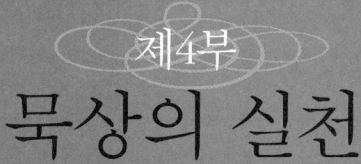

제4부
묵상의 실천

하나님의 말씀을 우리에게 드러내 보여 주시고
그 말씀을 통해 우리를 새로 빚으시는 성령은
말씀이 우리 안에서 일하시도록
우리에게 묵상이라는 선물을 주셨다.

하나님의 말씀을 묵상하는 여정을 출발하기에 앞서
그 길에 필요한 몇 가지 도구를 여기 소개한다.

묵상에 도움이 될 이 도구들이 익숙해지기까지
하나님의 마음에 도달하는 길에
들어설 준비가 될 것이다.

제14장

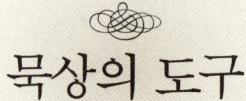

묵상의 도구

Tools for Meditation

"내가 주의 법도를 택하였사오니
주의 손이 항상 나의 도움이 되게 하소서"
시 119:173

하나님은 우리에게 묵상을 돕는 도구들을 주셨다. 이번 장에서는 관찰, 이해, 반복, 기억, 상상, 독백의 여섯 가지 도구들을 살펴보자.

첫째 도구: 관찰

하나님은 이스라엘이 그를 보지 못하고 말씀을 듣지 못하는 것에 관해 "네가 많은 것을 볼지라도 유의치 아니하며"(사 42:20)라고 말씀하신다(저자가 사용하는 영어 성경에는 '유의'가 '관찰(observe)'로 번역됨-역주). 이것은 성경 공부와 묵상뿐 아니라 일상 생활에서도 경험하는 일이다. 몇 년 동안 똑같은 길을 걸으면서도 이전에는 한 번도 보지 못했던 것을 발견하는 경우가 있지 않은가? 항상 거기 있었는데도 주의를 기울이거나 미처 인식하지도 못한다. 좋은 친구 사이에서나 때론 결혼한 부부들조차도 서로에 대해 이전에는 한 번도 본 적이 없는 좋은 점을 발견하곤 한다.

성경을 볼 때는 더더욱 그렇다. 관찰은 묵상뿐 아니라 성경 공부의 핵심이다. 그러면 묵상할 때 어떻게 관찰하는가? 누가, 무엇을, 누구에게, 언제, 어디서, 왜 했으며, 어떤 결과가 있었나 등과 같이 본문 내용을 관찰해야 대답할 수 있는 간단한 질문을 하면 된다. 그렇게 하면 우리 자신의 선입관이 아니라 본문 말씀을 묵상하게 되기 때문에 좀더 분명히 이해하게 된다.

묵상할 때 시도해 볼 만한 좋은 방법이 있다. 두 눈을 뜨고 묵상하는 구절에 있는 각 단어들을 보는 것이다. 단어의 의미를 생각하고, 저자가 말하는 것이 이해될 때까지 되뇌이라. 그 구절을 통해 당신에게 말씀하기 원하시는 주님께 귀 기울이는 동안, 눈을 감고 그분께 집중하며 묵상을 통해 당신의 삶에 그분의 뜻을 이루어 달라고 기도할 수 있다.

조지 맥도날드는 몸이 허약하고 정신적으로도 둔한 아담이라는 젊은이의 변화에 대해 소개한다. 자기를 둘러싼 사람과 사물을 자각하지 못하고 자신이 속한 공동체의 아름다움과 독특함도 느끼지 못한 채, 그는 고립된 삶을 살았다. 그러나 주위 사람들과 사건들을 관찰하는 법을 배우면서 그의 삶은 완전히 바뀌었다. 맥도날드는 다음과 같이 적었다.

> 아담의 관찰력은 눈에 띄게 성장했다. 월말이 되어 그가 볼 수 있는 사건과 상황의 수는 처음에 보았던 수에 비하면 놀라웠다. … 사람을 식별하

지 못한 채 치프사이드 마을을 산책했던 젊은이는 이제 대부분의 새와 많은 곤충을 알게 되었고 그들의 모습을 대체로 말할 수 있었다. 그는 잔디와 들꽃, 하늘과 구름과 별들을 보고 기뻐했으며 자기가 살고 있는 세상에 대해 진짜로, 생생하게 알았다. 그는 자기 주변에서 일어나는 삶 속에 뛰어들었으며, 그 결과 하나님 집의 가족이 되었다. 그의 감각은 이전보다 열 배나 발전했고, 그는 이전보다 열 배나 더 풍성한 삶을 살게 되었다. 건강은 자연스럽게 그러나 기적적으로 호전되었다. 원기를 회복하는 데 일상의 흥밋거리만한 것이 없기 때문이다.¹

관찰은 인생 전체에 대한 관점을 바꾼다. 관찰은 효과적인 공부의 비결이며 예술이나 관계에도 꼭 필요하다. 미국 남동부의 저명한 조경 예술가 웨스트 프레이저(West Fraser)는 "나는 내가 보고 있는 것을 사용한다. 나는 반응하고 관찰한다"고 말했다.

관찰은 효과적이고 열매 맺는 묵상으로 인도한다.

둘째 도구: 이해

묵상과 공부의 필수적 관계에 관해서는 이미 말한 바 있으므로, '이해'의 필요성을 더 말할 필요는 없다. 묵상하는 말씀을 이해하지 않으면 묵상의 의미가 없을 것이다. 물론 묵상한 다음에야 그 말씀을 완전히 이해할 수 있겠지만, 먼저 지성으로 이해하려고 노력한 다음에 그 진리를 마음으로 받아들이고 의지로 응답해야 한다.

성경말씀을 한 절 또는 한 단어씩 묵상하려 할 때, 먼저 그 부분 전체를 읽는 것이 중요하다. 예를 들어, 바울이 빌립보 교인들에게 보낸 편지를 묵상하려 한다면 먼저 그 편지 전체를 읽는다. 그러면서 바울이 빌립보 그리스도인들에게 무슨 말을 하는지 이해하려고 노력한다. 그들의 상황은 어떠한지, 왜 바울이 편지를 썼는지, 어떻게 그들을 권고 또는 위로하는지, 그 편지의 중심 사상은 무엇인지…. 그 후에 1장 1절을 묵상한다.

매일 묵상하기 전에 본문이 포함된 장 전체를 읽고 한 번 더 그 장이나 문단의 의미를 이해해 보는 것도 좋을 것이다. 그러면 각 절을 묵상할 때 하나님이 당신에게 말씀하시는 것을 이해하게 될 것이며 묵상이 더욱 풍성해질 것이다.

어떤 이들은 묵상하고 있는 구절에 관해 이전에 얻은 지식들을 다 버리고 마음을 '비워야' 한다고 가르친다. 그러나 사실은 그 반대다. 우리가 배워온 모든 성경 지식은 우리의 묵상을 더 부요하게 한다. 또 하나님을 알려는 생각이 있을 때 그리스도와의 연합이 시작된다. 하나님이 말씀하실 때, 우리는 먼저 머리(지성)로 그 말씀을 받아들인다. 말씀은 그 후 머리를 통해 마음과 뜻으로 보내진다. 지성은 마음과 대치되는 것이 아니다. 그것은 하나님의 말씀을 전달받는 수단이다.

종종 묵상하고 있는 구절과 관련된 또 다른 구절이 생각날 때도 있다. 그러면 시간을 내어 그 말씀을 찾아 읽고 이해하려 애쓰라. 이것은 묵상을 방해하는 것이 아니라 묵상에 도움을 준다. 하나님의 말씀을 이해하면 할수록 묵상은 더 부요해진다.

셋째 도구: 반복

지치게 하는 반복도 있지만, 영혼에 평안과 고요함을 가져오는 반복도 있다. 많은 그리스도인들이 반복에 익숙지 않다. 실제는 그렇지 않더라도 반복이 어렵다고 생각하는 사람이 많다. 그러나 매일의 대화에서 우리가 얼마나 자주 똑같은 말을 되풀이하는지 보자. 대화중에 똑같은 생각이나 똑같은 말을 반복하고 또 반복하는 친구 때문에 지쳐 보지 않은 사람이 있는가? 청중에게 자기 생각을 납득시키려고 끝없이 똑같은 말을 되풀이하는 말 많은 정치가를 생각해 보라. 기도문이나 예식을 싫어하는 많은 교회들도 사실 자기들만의 고유한 '관례'가 있다. 그들은 정해진 예배 순서가 있다는 사실을 강경하게 부인하지만 절대로 자기들의 예배 순서를 바꾸려 하지 않는다. 이런 반복은 사람을 지치게 한다.

그러나 우리의 영을 상쾌하게 하고 안정시키는 반복이 있다. 사도신경이나 주기도문을 되풀이할 때가 그렇다. 전례를 중시하는 교회에서 예배하는 사람들은 기도문과 고백문을 반복함으로써 유익을 얻는다. 이런 기도들은 수백 년 동안 교회 전통으로 전해졌으며, 우리보다 앞서간 구름 같이 허다한 증인들이 오랫동안 직접 시험하고 경험했던 것이다. 이것은 반복적이지만 지치게 하지 않는다.

노래와 경배에서 반복의 미를 경험할 수 있는 가장 아름다운 곳은 프랑스의 떼제 공동체다. 로저 수사(Brother Roger)는 1940년, 제2차 세계대전 초기에 떼제 공동체를 설립했다. 그는 개신교 목사인 아버지가 그 지역 가톨릭 교회에 자주 기도하러 가는 것을 보고 의아해했다. 그 이유를 묻는 아들에게 아버지는 분열된 그리스도인들과 분리된 민족들 간의 화해를 위해 기도하러 간다고 대답했다.

그는 스물다섯에 스위스의 집을 떠나, 단순하고 친절한 삶을 실천할 수 있는 화해의 공동체를 세울 장소를 찾기 시작했다. 프랑스의 어느 작은 마을에 도착한 그는 한 할머니에게 음식 파는 곳을 물었다. "우리 마을에는 음식 살 곳이 없답니다." 할머니는 그를 집으로 초대해 식사를 대접했다. 그리고 그의 비전을 들은 노부부는 그에게 그 마을에 머물러 달라고 간청했다. "우리는 가난하고 외로우니, 제발 이 곳에 머물러 주세요." 로저 수사는 프랑스의 떼제 마을에서 공동체를 시작하기로 했다.

지금은 가톨릭과 개신교를 합해 백 명이 넘는 형제들이 떼제 공동체를 이루고 있으며, 매년 수천의 나그네들이 이 곳을 찾는다. 떼제 공동체의 노래는 매우 유명하다. 그들의 노래는 대개 아주 짧고 단순하며 달랑 한 줄인 노래도 있다. 그들은 그 곳 노래를 다음과 같이 묘사한다.

> 노래는 예배의 필수 요소다. 계속해서 되풀이되는 짧은 노래들은 묵상적 색채가 강하다. 단어 몇 개만을 사용함으로써 노래는 믿음의 본질을 표현하고 마음은 그것을 재빨리 이해한다. 그리고 그 단어들을 여러 번 노래하면서 그 본질을 체득하게 된다. 이런 묵상적인 노래는 하나님의 말씀을 듣는 하나의 방법이다. 이것은 모든 이들이 공동 기도에 참여하여 함께 하나님께 집중하고 그분을 기다리게 이끈다.

CD 'Venite Exultemus'[2]에는 이런 노래들이 몇 곡 들어 있다. '사랑으로 가득 찬 영혼은 피곤해지지도 않고, 다른 이들을 피곤케 하지도 않네.' 이런 후렴이 포함된 노래를 부르고 또 부를 때 성령이 그 노래하는 자들의 마음과 몸을 새롭게 하시고 회복하실 것을 상상해 보라. 이런 노래도 있다. '하나님을 바라보라 그러면 당신은 빛나리니 얼굴에서 모든 고통이 사라지리라.'

이 간단한 말들을 노래하면서 생각과 마음을 주님께 집중시킬 때 사람들은 변화될 것이다. '하나님은 오직 사랑이시니', '사랑을 위해 담대하게 다 바치라', '하나님은 오직 사랑이시니', '두려움 없이 자신을 드리라….' 이런 노래들은 믿음과 기꺼이 헌신하는 마음을 솟아나게 한다.

그 중 가장 강력하고 삶을 변화시킬 가능성이 있는 노래는 아마 키리에 엘레이손(Kyrie eleison)일 것이다. 이는 "주님, 불쌍히 여기소서"라는 말이다. 이 짧은 노래는 사실 성경말씀이며, '예수 기도(Jesus Prayer)'의 기초가 되었다. 많은 이들이 수세기 동안 예수 기도를 드렸으며, 이것은 현존하는 기도 중에서 가장 오래된 기도에 속한다. 이것이 그 기도다.

주 예수 그리스도, 하나님의 아들이시여,
이 죄인을 불쌍히 여기소서.

예수님은 이 기도의 배경이 되는 두 가지 이야기를 말씀하셨다. 첫째는 기도하러 성전에 올라간 바리새인과 세리의 이야기였다. 바리새인은 위선적이고 오만했으며 자신을 높이고 세리를 멸시했다. 반대로 세리는 자기가 죄인이며 하찮다는 것을 잘 알고 있었기에 감히 하늘을 쳐다보지도 못했다. 그의 기도는 간단했다. "하나님이여 불쌍히 여기옵소서 나는 죄인이로소이다"(눅 18:13).

둘째는 바디매오로 생각되는 한 거지 소경에 관한 이야기다. 그는 예수님께 치유받겠다는 필사적인 소원이자 단 하나의 목적을 가지고 있었다. 그는 단순히 기도했다. "다윗의 자손 예수여 나를 불쌍히 여기소서"(눅 18:38).

많은 나라 및 교파의 그리스도인들이 적어도 지난 17세기 동안 이 기도를 드려왔으며, 많은 이들이 이 말을 반복함으로써 치유받고, 회복되고, 능력을 받았다. 기도의 능력은 간결함과 하나님의 말씀을 반복하는 데서 나온다.

한번은 선교를 주제로 강연을 했을 때였다. 교회와 단체를 대표하는 사람들이 많이 모였다. 세계 복음화라는 중대한 과업을 위해 하나님의 백성을 격려하고 도전하는 중요한 시간. 그런데 강연을 시작하기 바로 전, 준비를 다했는데도 혼란과 불안이 엄습해 왔다. 나는 기도했고 하나님께로부터 나를 도구로 사용하시겠다는 확언을 받았다. 그런데도 마음은 여전히 산란했고 좀처럼 주제에 집중할 수 없었다. 갑자기 밀려든 '나는 가치 없고 무능력하다'는 느낌과 싸워야 했다. 나는 '하나님의 아들 주 예수 그리스도여, 이 죄인을 불쌍히 여기소서'라고 기도했다. 50번, 아마 그 이상 반복했는지도 모른다. 그러자 깊은 평안이 찾아들었고 주의 음성을 들을 수 있었다. "내게 능력 주시는 자 안에서 내가 모든 것을 할 수 있느니라"(빌 4:13).

나는 믿음의 조상들이 오랫동안 그래왔던 것처럼 예수님의 말씀으로 기도했고, 예수님은 성경에 기록된 자신의 말씀으로 내게 답해 주셨다! 나는 자유를 얻었고 백성들에게 하나님의 마음을 말하는 도구로 사용되었다.

묵상의 비결은 반복이다. 말씀 한 절을 묵상하는 좋은 방법은 15번에서 20번 정도 큰소리로 반복한 후에 그 구절을 통해 성령이 말씀하시는 것을 듣는 것이다. 예를 들어 "여호와는 나의 목자시니 내가 부족함이 없으리로다"(시 23:1)라는 구절을 입으로 반복할 때 당신은 믿음의 위대한 고백을 계속 반복하고 있는 것이다. 뭔가 강력한 감정을 느끼지 못할지라도 말씀이 당신의 영 안에 들어가기 시작한다. 당신은 반복 훈련으로 얻어진 능력을 경험하게 될 것이며, 성령은 그 말씀의 씨를 속사람 안에 심기 시작하실 것이다.

시편 23편 1절을 입으로 반복하고 머리로 깊이 생각하면 모든 필요를 채워 주시는 선한 목자이신 예수께 시선을 고정하게 된다. 그리고 그 목자를 마음으로 맞아 그분의 임재 안에 거하게 된다.

반복은 영적 성장을 위해 하나님이 주신 도구다. "내 영혼아 주를 찬양하라 내 속에 있는 것들아 다 그 성호를 송축할지어다!" 예배할 때 이런 간단한 성경말씀을 노래하면 하나님은 하늘 문을 여시고 우리를 그분의 임재 안으로 이끄신다. 반복이 중요하지, 뭔가를 덧붙일 필요는 없다. "내 영혼아 주께 감사하라", "내 영혼아 주를 섬기라"와 같이 새로운 말을 덧붙이지 말고 그저 성경말씀을 그대로 되풀이하라. 주님의 능력이 우리에게 임할 것이며, 묵상으로부터 예배가 매우 자연스럽게 흘러나갈 것이다. 떼제 공동체의 형제들이 묵상적 노래에 대해 이야기하는 이유가 여기에 있다.

묵상하면서 '반복'을 활용해 보라. 묵상하는 구절을 계속 반복하여 하나님이 성령으로 당신의 영을 소생시키시게 하라. 한 가지 기억할 것은, 반복은 묵상의 도구일 뿐 그 자체로는 당신을 굳게 세워 줄 아무 능력도 없다는 것이다. 당신의 영혼을 격려하는 것은 당신이 반복하고 있는 말씀이다.

넷째 도구: 기억

정상적인 생활을 하는 데 기억은 기본 요소다. 나이가 들어서 치매로 기억을 잃은 가족과 더 이상 대화할 수 없는 것만큼 슬픈 경우도 없다. 우리는 정보를 저장해 두었다가 필요할 때 꺼내어 사용하는 두뇌의 기능을 당연하게 생각한다. 이처럼 기억이 우리가 살아가는 데 기본 요소라면, 분명히 우리와 하나님과의 관계에서도 기본 요소일 것이다.[3]

하나님은 그의 말씀과 행사 그리고 그가 백성에게 하신 언약을 기억하라고 명하셨다. 하나님이 이스라엘에게 말씀하셨다. "너는 기억하라! 네가 애굽 땅에서 종이 되었더니 너의 하나님 여호와가 강한 손과 편 팔로 너를 거기서 인도하여 내었나니"(신 5:15).

그는 또 명령하신다. "이러므로 너희는 나의 이 말을 너희 마음과 뜻에 두고 또 그것으로 너희 손목에 매어 기호를 삼고 너희 미간에 붙여 표를 삼으며 또 그것을 너희의 자녀에게 가르치며 집에 앉았을 때에든지, 길에 행할 때에든지, 누웠을 때에든지, 일어날 때에든지 이 말씀을 강론하고 또 네 집 문설주와 바깥 문에 기록하라 그리하면 여호와께서 너희 열조에게 주리라고 맹세하신 땅에서 너희의 날과 너희 자녀의 날이 많아서 하늘이 땅을 덮는 날의 장구함 같으리라"(신 11:18-21).

기억은 하나님의 말씀과 행사를 저장하는 곳이다. 또 모든 일에 하나님께 영광을 돌리며 찬양과 감사의 삶을 살 힘과 능력을 풍부히 제공한다. 그래서 주요 성경 구절이나 교회의 기본 신경들을 암송하는 것은 믿음을 유지하는 데 매우 중요하다. 하나님이 하신 말씀을 기억나게 하며, 시련을 겪을 때에 그분의 신실하심을 떠올리게 하고, 순종해야 할 계명 등을 생각나게 하기 때문이다. 하나님의 신실하심을 기억한다면 미래를 기대하게 된다. 시편 전체에 드러나는 한 가지 주제는 기억과 기대다. 즉, 하나님이 과거에 어떻게 일하셨는지를 기억하고 그분이 미래에도 그분의 말씀을 이루실 것을 기대하는 것이다.

기억한다는 것은 '다시 경험한다'는 뜻이다. 하나님이 과거에 행하신 일들을 생각할 때 우리는 오늘날 그분의 선하심을 다시 경험한다. 다시 경험하면 다시 헌신하거나 순종하게 된다. 바울이 어린 제자 디모데에게 남긴 마지막 말 중 하나는 "예수 그리스도를 기억하라"였다. 그가 디모데에게 안수했을 때 하나님이 주신 은사에 불을 붙여서 끝까지 하나님께 순종하라고 디모데를 권면하고 있는 것이다.

성찬식은 기억을 돕는 최고의 장치다. 예수님은 제자들에게 떡과 포도주를 주면서 말씀하셨다. "이것은 너희를 위하는 내 몸이니 이것을 행하여 나를 기념하라… 이 잔은 내 피로 새운 새 언약이니 이것을 행하여 마실 때마다 나를 기념하라." 성찬식에 참여하는 것은 묵상의 행위다. 우리는 성찬식을 통해 우리를 위한 그분의 큰 희생을 기억하고, 그분의 무한한 사랑을 다시 경험한다. 그 때에 우리는 부활의 주님과 교제하고 함께 성찬을 나누는 다른 그리스도인들과도 교제한다. 그리스도와의 만남은 우리를 치유하시고 새롭게 하신다. 교회사는 주님과 교제하는 이 거룩한 시간에 치유받고 회복되고 자유케 된 많은 사람들의 이야기로 가득하다. 묵상과 기억의 결과로, 우리는 다른 거짓 신들과는 달리 겸손하게 인간의 고통 안으로 들어오셔서 우리를 악에서 건지신 왕 중의 왕을 섬길 마음을 갖게 된다.

기억은 묵상에 꼭 필요한 요소다. 시편 기자는 가끔 이 두 단어를 동의어로 사용한다. 한 예로 시편 77편 6절을 들 수 있다. "밤에 한 나의 노래를 기억하여 마음에 묵상하며 심령이 궁구하기를."

언젠가 나는 빌립보서 4장 19절을 묵상하고 있었다. "나의 하나님이 그리스도 예수 안에서 영광 가운데 그 풍성한 대로 너희 모든 쓸 것을 채우시리라." 나는 그분이 말씀하시기를 기다리며 이 한 구절을 가지고 주님 앞에 계속 앉아 있었다. 나는 바울이 빌립보 성도들에게 하나님의 이런 무한한 공급을 약속한 이유를 알고 있었다. 빌립보 교회는 매우 관대하게 베풀었으며 능력 이상으로 자신들과 돈을 내어 주었다. 바울은 하나님이 그들의 모든 필요를 채우심으로써 그들의 관대함을 높여 주실 것이라고 말하고 있었다.

그 때까지 우리는 한국에서 많은 사람들을 아낌없이 돕고 있었다. 그렇지만 내가 이 구절을 묵상하던 바로 그 당시에는 재정적으로 몹시 어려웠다. 100명 정도 되는 예수전도단 간사들 대부분이 좋아하는 흰쌀밥 대신 보리밥을 먹었으며 먹을 만한 반찬이라곤 거의 없었다. 그런데도 바울은 하나님이 우리 모든 필요를 넉넉히 채워 주시리라고 말하고 있었다. 나는 사실 이 약속을 내 것으로 받아들이기가 어려워 힘들어하고 있었다.

그런데 갑자기 몇 년 전의 사건이 생각났다. 전도여행 기간이었다. 34명으로 구성된 우리 팀은 서울에서 시작하여 동부의 태백산 지역을 거쳐 남부의 광주에 갔다가 다시 서울로 돌아오는, 한국 전체를 돌고 오는 팀이었다. 그런데 첫 번째 도착지에서 전도를 끝내고 보니, 경비가 이미 바닥이 났다. 서울로 돌아갈 교통비조차도 없었다. 황지역(현재 태백역)에 있는 큰 시계탑 주위에 둘러선 우리는 기도하고 하나님의 신실하심을 찬양하기로 했다. 우리는 옷을 멋지게 차려입은 어떤 신사가 우리 팀원에게 다가오는 것을 보지 못했다. 그러나 찬양을 끝낸 후 한 신사가 우리 팀원에게 봉투를 건넸다는 사실을 알고는 그 봉투를 뜯어 보았다. "나는 교회 장로입니다. 그러나 문제가 있어 지금은 교회에 나가지 못하고 있습니다. 그런데 여러분의 노래를 듣고서 적지만 축복의 헌금을 하고 싶다는 마음이 들었습니다." 봉투에는 우리 팀 전체가 전도여행을 마치고 서울로 돌아갈 만한 충분한 액수가 들어 있었다. 그러고도 돈이 남아 한 교회에 헌금까지 할 수 있었다. 하나님은 정말로 신실하시다.

이것은 수년이 지난 후에, 내가 빌립보서 4장 19절을 묵상하면서 개인적으로 들어야만 하는 메시지였다. 상황 때문에 의심하는 나에게 하나님은 전도여행에서 경험한 은혜의 사건을 생각나게 하신 것이었다. 그 기억 덕택에 나는 불신을 회개하고 하나님의 용서를 구하며 그 말씀의 신실하심을 다시 한번 믿게 되었다. 그렇다. 하나님은 정말로 신실하시다!

다섯째 도구: 상상

앨버트 아인슈타인은 "상상은 지식보다 더 중요하다"라고 말했다. 어떤 주제를 머리로만 아는 것으로는 충분하지 않다. 그 지식을 창조적인 일을 위해 사용하려면 우리는 상상을 활용해야 한다. 로봇들이 점차 더 많은 인간의 기능을 수행할 수 있게 되었고, 결국은 컴퓨터를 대신할 것이라는 말도 있다. 신세대 로봇 설계자 중 한 사람은 최근에 "다음 세대의 로봇은 지식이 아니라 상상에 의해 만들어질 겁니다!"라고 말하기도 했다.

"믿음은 보지 못하는 것들의 증거니"(히 11:1). 히브리서 11장에 나오는 위대한 '믿음의 전당'에 소개된 에녹은 하나님과 동행했다. 그는 동시대의 다른 사람들이 결코 상상할 수 없으리만큼 하나님을 보았고, 하나님은 그를 기뻐하셨다.

잘 알려진 히브리서 11장 말씀에는 아브라함의 이야기가 있다. 그는 주변의 성이나 장소에 안주하지 않고, 하나님이 직접 설계하고 지으실 '기초가 닦인' 도시를 찾아 나섰다. 이 장은 그 외에도 많은 믿음의 사람들을 소개한다. 그들은 믿음의 눈으로 하나님을 보았기에 여러 나라들을 정복하거나 자신의 연약함을 믿음으로 변화시킬 수 있었다. 그 중 한 사람인 첫 번째 순교자 스데반은 믿음으로 인해 돌에 맞아 죽을 때 예수님이 아버지의 보좌 옆에 서신 것을 보았다.

이 모든 하나님의 사람들은 하나님이 주신 '상상력'이라는 도구를 사용해서 보이지 않는 그분을 보고, 그분과 함께 믿음의 길을 걷기 위해 그분께 시선을 고정시켰다.

요한은 새 하늘과 새 땅을 보았고, 새 예루살렘 성이 신부가 신랑을 위해 단장한 것같이 하늘에서 내려오는 것을 보았다. 그는 또 생명의 강이 하늘의 성에서 흘러나오고 그 강 좌우에는 만국을 소생시킬 잎사귀가 달린 생명나무가 무성한 것을 보았다.

계시록에는 성, 나무, 강과 같이 우리가 아는 사물에 대한 이야기가 등장한다. 그러나 이것들에 대한 요한의 묘사에는 그가 말하고 있는 물체들의 특색을 넘어선 능력이 있다. 이것이 상상의 능력이다!

어떤 이들은 이런 사건들을 묘사하는 데 '상상'이라는 단어를 사용하는 것에 반대할지도 모른다. 그런 의견을 주장하는 합당한 이유가 있다. 우리의 이성과 마찬가지로 우리의 상상도 타락에 의해 부패되었기 때문이다. 그러나 우리의 이성이 구속될 수 있는 것과 마찬가지로, 우리의 상상도 새로워질 수 있다. 그리스도인이 묵상 중에 하는 상상은 비현실을 보며 그것이 존재하기를 바라는 것이 아니다. 오히려 실재하는 것을 바라보는 것이다. 아브라함이 본 '기초가 닦인 도시', 스데반이 본 보좌 우편에 서신 예수님, 하늘에서 내려오는 새 예루살렘을 예로 들 수 있다. 하나님이 우리에게 주신 상상력을 통해 믿음의 눈으로 보이는 것들을 바라볼 수 있으며 하나님께로부터 비전을 받게 된다.

위대한 스코틀랜드 설교자인 알렉산더 화이트(Alexander Whyte)는 "그리스도인의 상상의 거룩한 역할과 놀라운 섬김"[4]에 관해 말하며, 리차드 포스터도 상상이 "우리 생각을 고정시키고 우리의 주의를 집중시키는 데" 도움이 된다고 말한다. 더 나아가 그는 우리가 하나님이 생각하시는 것을 생각하고 그분의 임재 안에서 기뻐하며 그분의 진리와 그분의 길을 소원하도록 애써야 한다고 말한다. 그는 덧붙였다. "우리가 점점 더 그렇게 살아갈수록, 하나님은 그의 선한 목적을 위해 우리의 상상을 더 많이 사용하신다."[5]

상상은 말씀을 이해하게 한다

하나님이 우리에게 주신 상상을 사용하지 않고서는 효과적인 성경 공부를 하기가 어렵다. 상상 없이 어떻게 요한이 말한 정금으로 된 길과 생명의 강이 통과하여 흐르는 하늘의 성을 마음에 그릴 수 있는가? 상상이라는 소중한 선물을 사용하지 않고 어떻게 예수님과 그분의 사역을 이해할 수 있는가? 그분은 유일한 분이시며 우리의 구주요 왕이요 친구요 신랑이요 고난당하는 종이요 맏형이요 구유에 누인 아기요 치료자요 선생이요 포도나무요 하나님의 영원한 지혜요 골짜기의 백합이요 빛나는 새벽별이요 목자요 모든 인류의 심판자시며, 내 영혼의 연인이시다!

상상력은 성경을 공부하는 학생으로 하여금 머리로는 그 개념을 이해하고 마음으로는 예배 안으로 들어가서 주님과 거룩한 교제를 나눌 수 있게 한다. 몰튼 T.켈시는 중세에 깊이 들어와서는 단지 교리를 이해하려고가 아니라 "그 안으로 발을 내딛고 들어가 내면에서 그 의미를 발견하고 변화되기 위해" 수도원에서 성경을 읽었다고 했다.[6]

세기를 거쳐 하나님의 백성들은 하나님이 주신 상상이라는 선물을 사용하여 성경의 비유적 표현을 이해해왔다. 미켈란젤로는 큰 돌덩이 안에서 다윗을 포착했고, 찰스 웨슬리는 힘있는 찬송가로 교회를 일깨워 예배하게 했으며, 조지 프리드리히 헨델은 자신의 작품인 '메시아'를 통해 성경이 말하는 메시아에 관한 가르침을 해석했는데, 그 해석은 어떤 주석가의 설명보다도 훨씬 더 뛰어난 것이었다. 렘브란트는 탕자의 귀환이라는 그림에서 하나님의 고통과 긍휼의 마음을 그렸다. 이들은 모두 하나님이 주신 상상이라는 선물을 통해 현실이지만 이성으로는 볼 수 없고 믿음의 눈으로만 볼 수 있는 것들을 보았다.

모든 사람은 상상력을 가지고 태어난다! 상상력은 우리 모두에게 있고, 우리는 그것을 사용해 하나님과 함께 창조하도록 부름 받았다! 상상력을 바르게 활용하면 묵상은 더욱 강력해진다.

상상은 믿음으로 이끈다

나는 듀크 대학, 노스캐롤라이나 대학, 노스캐롤라이나 주립대학의 연합 수련회에서 아폴로를 만났다. 그는 많은 학생들, 특히 한국인들이 그의 구원을 위해 기도하고 있다고 내게 알려 주었다. 그것에 거부감을 느끼지는 않는 것 같았다. 사실 그는 그들의 사랑과 염려에 감사해했다. 중국계 미국인인 그는 그 곳 기독교 공동체에 모인 다양한 인종 속에서 국제적 정취를 즐기고 있었다.

아폴로에게 아무런 일도 일어나지 않은 채 그 주말은 막을 내리고 있었다. 마지막 저녁 모임에서 우리는 성경을 가르친 후에 성찬식을 하기로 했었다. 그런데 말씀을 마무리하면서 성찬용 빵과 포도주가 앞에 놓여 있지 않다는 것을 깨달았다. 준비를 맡은 학생이 잊어버렸던 것이다. 보이는 것이라고는 아름다운 하얀 천으로 덮인 상뿐이었다! 빵과 포도주가 없이 어떻게 성찬식을 거행한단 말인가!

그 때 문득 옛 기억이 났다. 수년 전, 프란시스 맥너트 신부님이 한국 교회에게 치유사역에 관해 가르치고 치유사역을 일으키려 했을 때 내가 통역을 맡았었다. 앞 장에서도 언급한 바와 같이 그 몇 주 동안 하나님은 놀라운 치유를 많이 행하셨다.

마지막 오전 워크숍에는 성찬식이 계획되어 있었고, 맥너트 신부님은 800명 이상 되는 개신교와 가톨릭 참가자들 모두에게 예수 그리스도 안에서 연합의 표시로서 함께 이 만찬에 참여하자고 초청했다. 그의 옆에서 초청 내용을 한국말로 통역하는 동안 내 마음은 따뜻해지고 희망에 부풀었다.

그러나 우리는 곧 실망하고 말았다. 어떤 신부가 강대상에 급히 올라와 이것은 가톨릭 미사이니 개신교도들은 참가하지 말아달라고 톡 쏘듯 공고했기 때문이었다. 좌절과 분노로 나는 뒷벽 구석 쪽에 있는 의자에 앉았다.

그 곳에 앉아 스스로를 딱하게 여기고 있는데 누군가가 나를 찾아왔다. 예수님이 나에게 나타나신 것이다. 눈에 보이는 형태는 아니었지만 그분은 내 주위의 사람들만큼이나 실재하셨다. 하나님이 내 상상이라는 도구를 사용하여 그분 자신을 내게 나타내신 것이다.

예수님은 내게 성찬을 받고 싶으냐고 물으셨다. "예, 주님! 당신의 몸과 피를 정말로 받고 싶습니다. 그렇지만 지금은 불가능합니다." 나는 대답했다. 그러자 예수님이 내게 성찬을 베풀어 주셨다. "… 이것이 너를 위해 주는 내 몸이라… 이 잔은 너를 위해 흘린 내 피로 세운 새 언약이니 이것을 받아 먹으라."

내가 이 신비한 성찬을 끝내가고 있을 때 나이 드신 수녀님 한 분이 나를 향해 천천히 걸어오셨다. 눈에는 눈물이 고여 있었다. "목사님이 저희와 함께 참여하지 못하셔서 정말 유감이에요. 하지만 제가 받은 것을 목사님과 나눌 수 없다고 말한 사람은 아무도 없습니다." 그녀는 등 뒤에서 손을 빼내어 신부에게 받은 성체의 반을 내게 주었다. 그리고 그 날 아침, 나는 성찬에 두 번 참여했다!

수년이 지나 많은 대학생들 앞에서 빈 성찬 테이블을 대하게 된 나는 옛 기억에서 해결책을 얻었다. "주저하지 말고 나와서 제단에 무릎을 꿇으십시오. 보다시피 성찬 테이블은 비었지만, 각자 예수님께 직접 빵과 잔을 나누어 달라고 부탁할 겁니다. 믿음으로 나오십시오."

학생들이 앞으로 나왔다. 나는 어쩌면 내가 이 학생들 앞에서 상상을 오용했는지, 아니면 오용까지는 아니더라도 과장한 것은 아닌지 생각하며 옆으로 비켜섰다. 이 학생들이 장래 훌륭한 지식인이 될지도 모른다는 생각과 함께 이 상황이 우리 모두에게 당혹스러울 수도 있겠다고 생각했다. 고개를 돌려 보니, 많은 학생들이 앞으로 몰려와 제단 앞에 무릎을 꿇고 있었다. 어떤 학생들은 얼굴을 거의 바닥에 대고 엎드렸다.

그 제단의 바로 앞에 아폴로가 있었다. 입술이 움직이고 있었고 기도하는 것 같았다. 먹고 마시는 것처럼 보이기도 했다! 아폴로는 실제로 성찬에 참여하고 있었고 성찬을 그에게 나누어 주시는 분은 바로 예수님이셨다!

모임이 끝나고 간증 시간에 아폴로가 앞으로 나왔다. 그는 자기를 위해 열심히 기도해 준 것에 감사해하며 그 날 밤 자기 삶을 예수님께 드리고 예수님을 자신의 구주로 영접했음을 알렸다. "예수님이 빵과 잔을 제게 주시면서 '아폴로야, 이것을 받아서 먹어라. 나는 너를 기다리고 있었단다'라고 말씀하셨을 때, 저는 즉시 그가 저에게 어둠의 지배와 권세에서부터 나와 그분의 빛의 나라로 들어오라고 부르고 계신다는 것을 알았습니다. 저는 제 삶을 드렸습니다. 이제는 그분만을 위해 살 겁니다!"

상상! 하나님이 주신 이 능력 있는 선물을 통해 아폴로는 하나님을 '보고' 예수 그리스도와 의미 있는 영적 만남을 가짐으로써 삶을 하나님께 맡기고 그분만을 위해 살겠다고 고백할 수 있었다.

상상은 말씀을 개인의 것으로 만든다

상상은 말씀을 묵상하는 강력한 도구다. 이 도구를 통해 우리는 하나님의 말씀을 묵상하면서 그것을 개인화할 수 있게 된다. 때로는 이 귀중한 선물을 통해 과거의 경험을 현실로 가져올 수 있다. 엠마오로 가던 제자들의 여행을 '재현'하여 지금 우리에게도 나타나시는 예수님을 만날 수 있다. 예수님이 사마리아 여인과 함께 앉아서 그 여인이 하나님을 예배하도록 인도하셨던 것처럼, 신령과 진정으로 하나님을 예배하도록 우리를 부르시는 예수님을 경험할 수 있다.

또 상상을 적절히 사용하면 현재의 경험을 좀더 구체화할 수 있다. 오늘 우리에게 나타나셔서 우리를 인도하고 보호하고 먹이시는 선한 목자를 만날 수 있는 것이다. 상상은 성경의 인쇄된 활자에 생명을 부여하고, 성령은 그것을 우리 속 가장 깊은 곳에 심어 우리로 하여금 주님을 위해 열매 맺게 하신다.

또한 상상은 우리를 미래로 이끌어 아직 체험되지 않은 사건을 미리 맛보게 하기도 한다. 우리 중에 천국에 예비된 완전한 고요와 평화, 그리고 비할 수 없는 기쁨을 경험해 본 자는 하나도 없다. 그러나 '지성소'에 들어가 우리의 구원자를 만날 때마다 성령의 도구인 상상을 통해 그 평화와 기쁨을 미리 맛본다. 엘렌과 나에게는 북한 사람들을 좀더 깊이 이해하고 사랑하며 하나님의 은혜와 선하심을 그들과 나누고픈 마음이 있다. 아직 그런 기쁨을 충분히 맛보지는 못했지만, 상상이라는 놀라운 선물 덕택에 그 기쁨을 맛보고 마음속에서 실제로 경험할 수 있었다.

자기 중심적인 공상의 위험

그렇지만 상상은 위험한 것이 아닌가. 우리를 온갖 종류의 악한 공상 및 현실과 동떨어진 생활방식으로 이끌 수도 있지 않은가. 물론 그럴 수 있다. 나태하고 훈련되지 않은 마음에서 유래하는 공상은 위험할 수 있고, 그 사람뿐 아니라 그의 영향을 받는 사람들에게도 치명적일 수 있다.

그러나 하나님은 우리의 상상을 도구로 사용하셔서 우리를 참된 비전으로 이끌어가기 원하신다. 하나님은 그의 백성이 비전의 사람들이 되기 원하신다. 그런데 불행하게도 우리는 너무나 자주 불건전한 공상에 사로잡힌다. 자기 중심적인 공상은 하나님의 창조에 동참하라고 주신 상상을 오용하는 것이다. 그것은 생각과 마음속에 번지는 암과 같아서, 신체의 암과 마찬가지로 제거하지 않으면 우리를 죽음으로 이끌 것이다.

이기적인 탐닉을 위해 공상을 하게 되면 분별력을 상실하고 현실을 왜곡하게 된다. 상상을 그릇 사용한 결과다. 반면, 비전은 보이는 것을 넘어 보이지 않는 현실을 보게 하는 상상의 열매다. 공상은 이룰 수 없는 것이므로 공상에 빠진 자는 결코 목적한 바를 얻지 못한다. 그러나 비전을 가진 사람은 믿음을 이루고 하나님의 계획을 성취한다.

대부분의 사람들은 자기 중심적인 공상을 할 때가 있다. 복권에 당첨되어 순식간에 백만장자가 되는 꿈을 꾸기도 하고, 재능이나 훈련 없이 유명한 프리마돈나가 되거나 라파엘, 반 고흐에 버금가는 화가가 되는 모습을 그리기도 한다. 부도덕한 관계에 대한 공상과 같이 이보다 더 위험한 공상도 있다. 다윗 왕이 밧세바에 대해 품은 공상은 결국 가족은 물론이요, 나라를 파멸시켰다. 공상은 비현실적이거나 부도덕한 관계에 집중하게 하여 현실의 관계를 파괴한다.

자기 중심적인 공상은 하나님의 영향력 가운데 나아가는 문을 닫는 반면 사탄의 통치를 받아들이는 것이다. 20세기 말 북미에서 일어난 사건은 하나님이 그분 자신의 영광을 위해 우리에게 주신 상상을 사탄도 이용하기 원한다는 사실을 분명히 보여 주었다. 자기가 다니는 학교에 무기를 가져가 적들을 다 죽이면 어떨까 하고 공상했던 십대 청소년 둘이 실제로 그 일을 저질렀다. 악용된 상상이 나라 전체를 뒤흔들었다.

죄 된 공상에서 벗어나 하나님이 주신 상상력을 건전하고 창조적으로 사용하도록 이끄시는 하나님의 방법은 무엇인가? 상상을 '위험물'로 취급하여 문 밖으로 던져 버리는 것이 아니다. 하나님은 추론과 생각하는 능력을 새롭게 하시는 것과 마찬가지로 우리의 상상도 새롭게 변화시키기 원하신다. 성령이 상상을 새롭게 하시도록 우리가 협력할 수 있는 방법들을 소개한다.

1) 하나님의 말씀으로 채우라

우리의 생각, 감정, 상상, 의지, 이 모든 것을 포괄한 마음을 새롭게 하는 유일한 길은, 그리스도의 말씀이 우리 안에 풍성히 거하여 우리 모든 생각과 감정을 다스리고 하나님께 방향을 맞추도록 하는 것이다.

바울은 골로새 교인들에게 삶의 모든 영역에서 하나님이 그들을 변화시키시도록 하라고 권면한다. "그리스도의 말씀이 너희 속에 풍성히 거하여 모든 지혜로 피차 가르치며 권면하고 시와 찬미와 신령한 노래를 부르며 마음에 감사함으로 하나님을 찬양하고"(골 3:16-17).

하나님의 말씀으로 가득 차고 말씀에 잠기는 것, 또 말씀 안에 거하는 것은 공상을 극복하고 비전 안에서 걷는 중요한 첫 단계다. 훈련되지 않은 상상은 영적 죽음을 가져온다. 그러나 기도, 성경 공부 및 묵상, 공동체 안에서의 신실한 섬김, 열정 있는 전도 등 믿음의 훈련들과 함께 상상을 활용하면 하나님을 제한 없이 섬기게 될 것이다.

2) 상상을 악용한 것을 회개하라

과거에 상상이라는 선물을 오용하거나 남용했다면 생각나게 해달라고 성령께 부탁하라. 하나님이 기억나게 하시면 큰소리로 고백하고 죄를 회개하라. 죄에서 돌이키라. 그것들은 곧 사라지는 잠깐의 즐거움일 뿐 결국은 당신을 파괴하는 것이므로 가치를 둘 만한 것이 아님을 인식하라. 하나님께 돌아와서 그리스도의 피를 통해 정결케 하시고 용서하시는 그의 은혜를 받아들이라. 이제 자유하라. 과거는 과거로 접어두라. 과거에 지은 죄를 묻어버리고 자유롭게 상상력을 펼치면서 새롭게 걸어가라.

3) 당신의 상상을 성령께 복종시키라

당신에게도 말씀해 달라고 하나님께 구하라. 날마다 성경 한 절을 묵상하라. 단어 하나하나를 읽으며 하나님이 당신의 상상을 그분의 생각과 창조적인 아이디어와 비전으로 새롭게 바꾸시기를 구하라. 성령이 알려 주시는 것에 순종하는 것을 연습하라. 세상과 땅에 있는 것이 아니라 위에 있는 것들과 하나님께 마음을 고정하라. 사탄이 그의 야비하고 파괴적인 목적을 위해 당신의 상상력을 이용하지 못하게 하라. 상상력을 적으로부터 다시 취하여 하나님께 온전히 복종시키라. 그러면 당신은 확신과 기대로 미래를 바라보는 하나님의 사람, 하나님과 동행하며 끊임없이 그분의 임재 안에 걸어가는 하나님의 사람이 될 것이다.

자유케 되었으므로 이제는 악한 탐욕과 이기적인 목표를 위해서가 아니라 유익하고 즐거운 것을 위해 상상력을 사용할 수 있다. 또한 성적 유혹이 다가올 때 그것이 주는 일시적인 즐거움에 대한 상상을 넘어 그 죄가 당신의 미래에 미칠 영향을 상상할 수 있게 되었다. 즉, 그로 인해 하나님과 사랑하는 사람들이 겪을 슬픔 및 공동체의 파괴에 관해서도 상상할 수 있다. 그러므로 상상력은 이기적인 야망과 사탄의 공격에서 벗어나 하나님이 주시는 비전의 삶으로 나아가게 하기 위해 하나님이 주신 선물이다. 상상력은 우리로 하여금 하나님을 위해 훌륭한 생각을 하고, 하나님께 바른 기도를 드리며 하나님을 위해 멋진 행동을 시도하게 한다.

매일 하나님의 말씀을 묵상하면서 상상력을 성령께 복종시키라. 상상력이 하나님의 말씀을 이해하고 성경의 실재로 들어가게 하는 훌륭한 도구임을 발견할 것이다. 또한 매일의 묵상은 상상력을 정화시키고 당신을 죄에서 해방시키며 하나님의 풍성한 생명으로 이끌어간다.

여섯째 도구: 독백

매일의 묵상을 도울 여섯 번째 도구는 독백, 또는 '스스로에게 하는 말'

이다. 이것은 묵상뿐 아니라 훈련된 삶을 유지하는 데에도 아주 유용하다. 특히 우울하거나 불안감을 느낄 때 자기 자신에게 말하는 것은 지극히 성경적이다. "내 영혼아 네가 어찌하여 낙망하며 어찌하여 내 속에서 불안하여 하는고 너는 하나님을 바라라 나는 내 얼굴을 도우시는 내 하나님을 오히려 찬송하리로다"(시 42:11).

여기서 화자가 누구인가? 나다. 내가 내 영혼에게 말하고 있으며 왜 내가 우울하고 혼란 속에 있는지 자신에게 물어보고 있다. 그리고 나서 나는 내 영혼에게 하나님 안에서 소망을 가지라고 권고한다.

시편 기자는 다음 말씀을 되뇌어 보라고 권면한다. "내 영혼아 여호와를 송축하라 내 속에 있는 것들아 다 그 성호를 송축하라… 그 모든 은택을 잊지 말지어다"(시 103:1-2).

때로 시편 기자는 묵상을 거의 독백과 동일시하는 것 같다. 예를 들어 묵상의 내용을 기록한 시편 77편을 보면 그는 "마음에 묵상하며"라는 말 뒤에 계속해서 질문한다. "주께서 영원히 버리실까, 다시는 은혜를 베풀지 아니하실까, 그 인자하심이 길이 다하였는가, 그 허락을 영구히 폐하셨는가, 하나님이 은혜 베푸심을 잊으셨는가, 노하심으로 그 긍휼을 막으셨는가"(시 77:6-9). 여기서도 자기 자신에게 말하고 있다.

성경의 한 구절을 묵상할 때는 그 내용이 잘 이해될 때까지 하라. 그리고 나서 그 내용을 자신에게 말해도 좋다. "내게 능력 주시는 자 안에서 내가 모든 것을 할 수 있느니라"(빌 4:13). 이 말씀을 묵상한다고 하자. 그런데 오늘따라 자신이 약하고 아무것도 할 수 없다고 느껴진다. 그 때 자신에게 말한다. "난 정말 아무것도 할 수가 없어. 난 지쳤고 포기하고 싶어. 내 삶이 만족스럽지 않아. 하나님은 내가 정말 얼마나 약한지 이해하시는 걸까?" 하지만 이와 반대로 당신은 자신에게 이렇게 말할 수도 있다. "나는 하나님이 내게 하라고 말씀하신 모든 것을 내가 할 수 있음을 안다. 영혼아, 네가 아무것도 할 수 없다고 말하지 마라. 그리스도 안에 거하면 모든 것을 할 수 있으니까! 풍족하건 궁핍하건 너는 만족할 수 있다. 오! 내 영혼아, 주님 안에서 능력을 입으라!"

독백은 묵상하는 데 큰 도움을 준다. 우리는 시편 기자가 그렇게 했듯이 하나님 안에 거함으로써 강해지라고 우리 자신에게 권고한다. 이것은 기도의 바탕이 되므로 우리는 우리 자신에게만이 아니라 하나님께도 이야기하게 된다. 묵상의 의미에 하나님과 대화하는 것도 포함된다는 것을 기억하라. 계속 기도하면서 그분이 우리 안에 능력으로 거하시는 것과 그분의 임재가 바로 우리의 힘인 것으로 인해 그분께 감사하자. 이제까지 그분과 그의 말씀 안에 거하지 않았음을 고백하고 용서를 받은 뒤 매일 그분 안에 거하기로 새롭게 다짐하자.

독백은 우리를 예배로 인도한다. 우리는 예배 안에서 우리 몸을 다시 한 번 산제사로 드리며 세상에서 그분의 뜻을 행할 힘을 얻는다.

묵상은 절대로 우리를 현실에서 분리시키지 않는다. 오히려 그리스도와 함께 세상의 슬픔과 고통 안으로 더 깊이 들어가 그리스도의 화해의 대사로서 살아가게 한다. 위의 여섯 가지 도구들을 통해 우리의 묵상이 성경적임을 확신할 수 있으며 고통으로 가득찬 세상에 섬김으로 나아갈 수 있다.

The Meditating Christian

잔칫상으로의 초대_시편 139편

묵상의 네 단계를 복습합니다.

시편 139편을 읽습니다.
하나님이 말씀하시도록 자신을 열어 놓고
시편 기자가 표현하려던 것을 이해해 봅시다.

시편 139편 17-18절을 묵상합니다.
하나님은 당신을 늘 생각하십니다.
사랑의 생각이요, 당신을 새롭게 하는 생각.
그분의 생각을 알려 달라고 구하십시오.

주께서 주신 말씀을 노트에 적습니다.
기도를 적어도 좋고 성령이 이끄시는 대로 다른 무언가를 적어도 좋습니다.

감사의 기도를 드리고 그분께 순종하기로 결정하십시오.

제15장

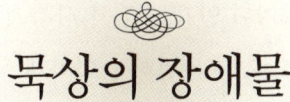

묵상의 장애물

Hindrances to Meditation

하나님의 말씀을 묵상하는 것은 하나님과 교제를 계속하도록 그분이 우리에게 허락해 주신 가장 능력 있고 은혜로운 방법이다. 묵상은 우리와 그리스도 사이에 놓인 장벽을 제거한다. 예수 그리스도가 십자가에 달려 돌아가신 바로 그 순간에 성전의 휘장은 위에서 아래까지 둘로 찢어졌다. 예수님은 성전의 휘장이 상징하는 하나님과 인간의 막힌 관계를 몸소 짊어지시고 하나님의 보좌 앞으로 나아가는 새롭고 산 길을 마련해 주셨다. 그런데도 우리는 죄성 때문에 마치 하나님을 분명하게 볼 수 없다는 듯이 살아간다.

나는 학생들과 동료들과 함께 네팔에 있는 히말라야 산맥으로 기도 선교 여행을 간 적이 있다. 거기서 매일 아침마다 동 트기 전에 일어나서 눈 덮인 산봉우리 위로 태양이 솟아오르는 것을 보는 놀라운 경험을 했다. 하지만 어떤 날은 아침에 구름과 안개가 끼어서 일출을 보지 못하고 세계에서 가장 장엄한 산봉우리에 서 있으면서도 바로 앞의 나무 몇 그루밖에 볼 수 없었다.

우리와 하나님과의 관계도 이와 마찬가지다. 하나님은 언제나 우리 앞에 계시며 옆에서 걷고 계시지만 우리가 항상 그분을 볼 수 있는 것은 아니다. 그러나 아침에 묵상할 때마다 안개는 점차 사라지고 그분을 더 분명히 보게 되며 그분의 임재 안으로 더 온전히 들어가게 될 것이다. "의인의 길은 돋는 햇볕 같아서 점점 빛나서 원만한 광명에 이르거니와"(잠 4:18)라는 솔로몬의 말을 경험하게 된다.

묵상에는 장애물도 있다. 그러나 어떤 것들은 훈련만 하면 확실히 제거될 수 있다. 우리는 종종 규칙적으로 묵상하지 않기 때문에 묵상의 어려움을 경험한다. 드문드문 하는 묵상은 마음의 평화보다는 좌절로 이끌 가능성이 더 높다. 우리는 가능한 한 매일 같은 시간에 묵상해야 한다.

또 다른 어려움은 하나님이 주신 말씀에 순종하지 않을 때 일어난다. 그분이 주신 계명을 무시하면서 어떻게 계속 말씀해 주실 것을 기대할 수 있겠는가? 우리는 그분의 말씀에 재빨리 순종해야 한다.

또 하나의 장애물은 즉각적인 결과를 보지 못하는 데서 오는 낙담이다. 묵상은 과정이다. 우리는 열매를 맺어야 하는데 좋은 열매는 빨리 자라지 않는다. 그래서 때로는 다른 사람들이 우리 삶에서 열매를 보지 못하고, 우리는 그들이 알아보지 못하는 것 때문에 실망한다. 하지만 진정으로 묵상하는 사람, 일상에서 하나님을 진실로 깊이 묵상하는 사람은 묵상이 힘들다는 걸 이미 알고 큰 흥분이나 만족을 느끼지 못하더라도 계속해서 하나님의 신실하심을 신뢰한다.

솜씨 좋은 재봉사이셨던 우리 어머니는 만드시는 옷 하나하나에 온 정성을 다 쏟으셨다. 그런데 어머니의 고객들 대부분은 많은 시간 동안 들였던 어머니의 노력과 정성을 결코 눈치채지 못했다. 그러나 어머니는 절대로 낙담하지 않으셨다. '주께 하듯' 일하셨기 때문이다.

엘렌의 아버지는 기독교 대학에서 성경 교수로 계셨는데, 하나님을 영화롭게 하기 위해 지식과 창의력을 사용해서 오랜 시간 애써 수고하여 공부하고 준비했다. 학생들은 그를 사랑했지만 대부분은 이 '사랑의 수고'를 눈치채지 못했다. 그러나 그는 주님을 섬기고 있었고 그의 삶 하루하루를 그분을 영화롭게 하는 데 헌신하고 있었기 때문에 실망하지 않았다. 이것이 묵상하는 사람의 마음이 아닐까?

묵상의 장애물 중 가장 흔한 것은 집중하지 못하는 것이다. 묵상하다 보면 종종 주의가 산만해지거나 심지어는 죄의 생각이 들어오려 하는 것을 경험한다. 사탄은 날마다 하나님의 말씀을 묵상하고 순종을 통해 그분을 영화롭게 하려고 애쓰는 헌신된 그리스도인이 생기는 것을 아주 두려워한다. 그래서 그들의 주의를 분산시키려고 한다. 때로는 우리의 생각을 곁길로 새어나가게 하며, 또 어떤 때에는 수년 동안 우리 안에 심어온 사탄의 부정적인 생각 또는 불행하거나 비극적인 상황에 처했던 기억을 우리에게 상기시킬 것이다. 하나님은 우리가 그분의 신실하심을 기억하기 원하시지만, 사탄은 우리가 우리의 상처와 과거의 슬픔을 기억하게 유혹한다. 부정적인 기억들이 묵상에서 심각한 문제가 된다면 우리는 그리스도의 몸에게 도움을 구해야 한다. 그리스도께서는 그의 교회에 치유의 은사를 주셨으며, 우리가 다루기 힘든 기억들의 치유를 위해 기도할 때 성령은 그것들을 제거하시고 깨끗게 하시며 그 해로부터 우리를 보호하신다.

이러한 산만한 생각이나 집중력 결여라는 장애물을 극복하고 묵상을 통해 하나님과 교제를 유지하게 도와줄 실질적인 방법을 몇 가지 제안해 보겠다.

긴장을 풀라. 집중하기 힘들 때 걱정하거나 놀라지 말라. 기억하라! 우리는 소음의 문화 속에 살고 있다. 따라서 때로 고요히 있고 싶을 때 '내면의 소란'이 우리 안에서 일어나도 놀랄 필요가 없다. 우리는 단지 침착하게 인내해야 한다. 하나님은 우리가 먼지에 불과하며 도움이 필요하다는 것을 알고 계신다. 그리고 우리가 언제든지 항상 그분의 보좌 앞에 담대히 나아가 필요할 때마다 그분의 은혜를 받을 수 있다고 약속하셨다.

본문 자체에 주의를 집중해야 함을 기억하자. 집중할 수 없다면 서서 본문을 큰소리로 읽어도 좋다. 집중력을 다시 얻을 때까지 몇 번이고 반복해서 읽어야 한다. 밖에 나가 산책을 해도 좋고, 성경의 다른 구절들을 읽어도 좋다. 마음이 다시 평안해지고 내면의 소음도 스러질 것이다. 그러면 주님이 우리에게 말씀하시는 것을 듣게 될 것이다.

대적하라. 필요하면 우리는 사탄과 그의 사자들을 예수 그리스도의 위대한 이름으로 대적해야 한다. 마르틴 루터는 "(예수라는) 작은 단어 하나가 그(사탄)를 넘어뜨릴 것이다"라고 말했다. 예수님은 돈 바꾸는 자들과 비둘기 파는 자들을 성전에서 내어쫓으시며 아버지의 집을 시장으로 만들지 말고 나가라고 명령하셨다. 우리는 진정 '아버지의 집'이므로 그리스도의 말씀이 우리의 마음속에 거하는 것을 기억해야 한다고 누군가 말했다. 우리는 그리스도께 모든 산만함이 물러가게 명령해 달라고 부탁할 수 있다. 적이 우리의 주의를 산만케 하여 우리로 하나님의 왕좌가 있는 곳으로 들어가지 못하게 하도록 놔두지 마라. "우리 안에 계신 이가 세상에 있는 이보다 크시기" 때문이다(요일 4:4). 우리는 마음껏 쓰도록 허락해 주신 무기들을 사용하여 적을 대적하고, 우리가 하나님께 나아가는 길을 적이 막아서지 못하게 해야 한다.

성실하게 하나님의 말씀을 묵상하는 사람이었던 앨리슨 올리버(Alison Oliver)는 다윗과 골리앗의 이야기를 묵상한 후에 다음과 같은 짧은 시를 썼다.

거인의 그림자에 가리워
나는 두려움에 떤다

내 칼은 도대체 어디에 있는가?
내 방패는?

찾고 찾다가
내 손에서 발견한 것은
하찮은 물매 하나와
돌 하나뿐…
아, 승리가 발치에 있구나!¹

제거하라. 당신을 압박하고 끌어내리려 하는 것들을 제거하라. "무거운 것과 얽매이기 쉬운 죄를 벗어 버리고"(히 12:1). 당신을 억누르고 당신의 묵상 및 명상의 시간을 방해하는 것들을 떨쳐 버리라. "피곤한 손과 연약한 무릎을 일으켜 세우고 너희 발을 위하여 곧은 길을 만들어 저는 다리로 하여금 어그러지지 않고 고침을 받게 하라"(히 12:12-13).

다시 시작하라. 이 세 가지를 한 후에는 단지 묵상을 다시 시작하면 된다. 우리는 우리 안에 사시는 그리스도를 통해 정말로 모든 것을 할 수 있다. 성령은 항상 우리를 주님께 더 가까이 이끌 준비가 되어 있으시다. 그분은 필요할 때 우리를 돕기 위해 그분의 천사를 보내기까지 하신다.

무엇보다도 영의 메마름, 또는 황량함의 시기를 두려워하지 마라. 묵상하는 사람들은 모두 십자가의 성 요한(St. John of the Cross)이 표현했던 '영혼의 어두운 밤'을 언젠가는 경험할 것이다. "우리는 어느 정도까지는 어둔 밤을 경험할 준비가 되어 있어야 한다"라고 폰 발타자르는 말했다. "그것은 우리가 그리스도의 길에 있다는 신호, 즉 위로의 신호다. 비록 위로가 사라진 것처럼 보이지만 말이다."[2]

우리는 하나님이 통치하시며 그분이 우리를 인도하여 이 골짜기를 지나게 하실 것임을 기억해야 한다. 또한 영혼을 정화시키는 기회, 우리의 유일한 주인이신 예수 그리스도를 대신하는 모든 것들을 제거하는 기회로 이 시간을 사용할 수 있다. 우리가 성령님께로 눈을 돌릴 때 그분은 우리를 도울 준비가 되어 있으시다.

THE MEDITATING CHRISTIAN

잔칫상으로의 초대_시편 139편

묵상의 네 단계를 복습합니다.

시편 139편을 읽습니다.
하나님이 말씀하시도록 자신을 열어 놓고
시편 기자가 표현하려던 것을 이해해 봅시다.

시편 139편 19-22절을 묵상합니다.
'원수'를 악마와 영적 권세로 이해하고
주님이 개인적으로 들려주시는 말씀에 귀 기울이십시오.

주께서 주신 말씀을 노트에 적습니다.
기도를 적어도 좋고 성령이 이끄시는 대로 다른 무언가를 적어도 좋습니다.

감사의 기도를 드리고 그분께 순종하기로 결정하십시오.

제16장

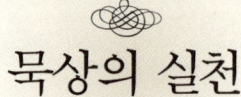

묵상의 실천

The Act of Meditation

　　　　우리는 주님과의 교제가 점점 깊어질수록 더욱 큰 기쁨으로 이끌어 갈 묵상의 여정을 이미 출발했다. 묵상의 방법은 간단하므로 쉽게 배울 수 있다. 그 방법에 대해서는 이 책의 '들어가는 글'에서 나눈 바 있으며, 시편 139편의 묵상 또한 거의 끝냈다. 이제는 어떻게 묵상하는 지에 대해 좀더 자세히 살펴보아야 한다.

다양한 묵상 방법

　성경말씀을 묵상하는 데는 많은 방법이 있다. 이 중 자신에게 가장 잘 맞는 방법을 배워 실천해야 하며, 다른 사람이 하는 방법을 따르려 해서는 안 된다. 성경의 이야기를 묵상하는 것은 효과적인 방법 중 하나다. 다윗과 골리앗, 선한 사마리아인, 예수님과 사마리아 여인, 엘리야와 엘리사 등의 이야기들을 죽 읽어 내려가라. 읽으면서 그 문맥이나 상황 및 각 사람이 무슨 말을 하는지, 또는 무엇을 하고 있는지를 관찰하라. 단지 그 이야기를 이해하는 데서 만족하지 말고 그 상황에 '들어감으로써' 그 이야기를 개인의 것으로 만들라. 우물가의 예수님과 사마리아 여인 옆에 앉으라. 이길 수 없는 전쟁을 앞두고 있는 다윗 옆에 서라. 악한 세력과의 전쟁에서 멋지게 승리했지만 로뎀나무 밑에 앉아 하나님께 자기 생명을 취해 달라고 구하는 침울한 엘리야의 옆에 머물러 보라. 이 이야기들을 당신의 것으로 여기며 그 일부가 되어 보라. 그러면 그것들을 통해 하나님이 당신에게 말씀하실 것이다.

또 다른 유형은 복음의 중심 개념이나 사상을 묵상하는 것이다. 예를 들면 예수님의 피, 그분의 아들을 십자가에서 희생시키셨던 하나님의 사랑, 고난당하는 종 등이 있다. 이런 중요한 사상이 드러나는 주요 구절들을 찾기 위해 성경용어 색인을 사용해도 좋다. 그 구절들을 하나씩 읽어가며 하나님께 그것들을 통해 말씀해 달라고 부탁하라. 조지 프리드리히 헨델(1685-1759)은 '메시아'를 작곡하기 전에 분명 이렇게 했을 것이다. 자세히 관찰해 보면 그 곡의 내용은 단지 메시아, 또는 그리스도의 구원에 관한 성경구절들임을 알 수 있다. 헨델은 이 구절들을 찾으려고 부지런히 성경을 조사했을 것이다. 그 다음에는 그 구절 하나하나를 묵상하며 하나님께 그 말씀을 통해 그분을 보여 달라고, 또 메시아에 관해 말씀해 달라고 부탁했을 것이다. 그 결과, 18세기에 작곡되어 21세기인 오늘날까지도 여전히 사람들의 마음을 메시아, 곧 예수 그리스도께로 이끄는 예술 작품이 탄생한 것이다!

또 하나의 효율적인 방법은 요셉이나 에녹, 예수의 어머니 마리아, 베다니의 마리아와 같은 개개의 인물들을 묵상하는 것이다. 이런 유형의 묵상은 그 개개인의 생각과 마음을 간파하는 풍부한 통찰력을 준다. 종종 이들에 관한 다른 책을 읽는 것도 묵상에 도움이 될 것이다. 토마스 만은 허구이지만 성경에 바탕을 둔 요셉에 관한 고전을 썼다.[1] 유명한 브라질 작가 파울로 코엘호는 엘리야에 관해 깊은 통찰력이 있는 소설을 만들어 냈다.[2] 다른 참고 서적들이나 주석도 성경 인물 공부에 도움이 될 것이다.

당신은 하나님이 그들에 관해 당신에게 말씀하실 때 이 사람들 속에서 당신 자신을 보게 될 것이다. 하지만 성경 자체를 묵상해야지 다른 책들이나 이런 매혹적인 인물들에 관한 다른 사람들의 묘사를 묵상해서는 안 된다는 점을 기억하라.

성경 묵상에는 많은 방법들이 있다. 어쩌면 당신은 당신만의 방법을 개발했는지도 모르겠다. 그러나 처음에 '들어가는 글'에서도 언급했듯이, 오랜 교회사를 거치는 동안 수많은 그리스도인들이 성경을 하루 한 절이나 두 절씩 차례로 묵상하는 것보다 더 강력하고 효과적인 방법이 없다는 것을 발견해 왔다. 하나님의 임재 안에 들어갈 때 그분은 당신에게 나타내실 뿐만 아니라 날마다 당신을 만나주실 것이다. 그리고 당신은 변화될 것이다.

처음 할 일

가장 먼저, 묵상할 구절을 선택하라. 당신은 시편을 묵상하고 싶을지도 모르겠다. 그렇다면 하나님이 당신에게 묵상하라고 주시고픈 시편을 생각나게 해달라고 기도하고 부탁하라. 아니면 이미 당신이 한 절씩 시간을 들여 묵상하고 싶어하는, 마음에 소중히 여기는 시편이 있을지도 모르겠다. 시편 119편을 묵상한 사람들은(176절 모두를!) 하나님이 어떻게 그들에게 하나님의 말씀에 대한 완전히 새로운 사랑을 주셨는지 확실하게 증언한다!

바울의 서신들도 묵상할 만한 훌륭한 자료가 된다. 빌립보서, 골로새서, 에베소서와 같은 짧은 서신들 중 하나를 선택하라. 서신의 중간에서 시작하지 말고 1장 1절부터 시작해서 서신 전체를 하루 한 절씩 나아가라. 아니면 당신에게 특별한 의미가 있거나 좋아하는 장 하나를 골라도 좋다. 만일 이사야 40장부터 66장까지를 묵상한다면 당신은 고난당하신 예수님을 새롭게 만나고 거기서 발견되는 보화로 인해 크게 격려를 받을 것이다.

당신은 시편 139편의 묵상을 거의 끝냈다. 이제 기도하면서 다음에 묵상할 성경말씀을 정하도록 도와 달라고 하나님께 구하라. 어디서 시작하기로 했는가?

효과적이고 간단한 성경 묵상의 네 단계 복습

개인적인 묵상 방법을 발전시키면 당신은 점차 효과적으로 성경을 묵상하는 사람이 될 것이다. 시간만 소비하며 영혼을 먹이지 못하는 형식적이고 율법주의적인 묵상 방법은 피하도록 노력하라.

하나님은 당신에게 개인적으로 말씀하기 원하신다. 당신은 그분의 음성을 들을 수 있다. 그분은 당신의 목자이시고 당신은 그분의 양이며, 그분의 양 모두는 그분의 음성을 안다. 그분은 당신의 주인이시고 당신은 그분의 종이며, 주인은 종인 당신에게 항상 말씀하셔서 당신이 그분의 뜻을 알고 그것을 행할 수 있게 하실 것이다. 그분은 당신의 영혼의 연인이시며 당신이 그분과 친밀한 시간을 보낼 때 그분의 말씀을 당신에게 속삭여 주기 원하신다.

이 책 첫 부분에서 제안했던 간단한 네 단계를 복습해 보자. 당신이 묵상의 삶을 시작할 수 있도록 도울 것이다. 시작하면 하나님이 당신을 축복하신다!

제1단계: 준비

가장 중요한 것이 준비다. 편한 의자에 앉거나(너무 편해서 잠들게 하는 의자는 안 된다) 거닐면서 당신의 몸을 준비하라. 묵상이라는 단어의 정의 중 하나는 거닌다는 것이다. 또 묵상하기 위해 당신의 영을 준비하라. 하나님이 당신을 그분의 임재 안으로 들어오라고 초청하셨음을 기억하라! 당신이 하나님을 초청하는 것이 아니라 그분이 당신을 초청하고 계시다! 예수님은 세 가지 이유로 제자들을 선택하셨다. 함께하고, 보내어 전도하게 하며, 귀신을 내쫓는 권세를 주려고 선택하신 것이다(막 3:13-15). 하나님은 당신을 만나기 원하시며 아침마다 그분의 임재 안으로 당신을 맞아들이신다.

하나님을 만나기 위해 당신의 마음을 준비하라. 시편 139편 23-24절은 당신의 마음이 하나님과 올바른 관계에 있음을 확인하면서 기도할 수 있는 좋은 기도다.

하나님이여 나를 살피사 내 마음을 아시며
나를 시험하사 내 뜻을 아옵소서
내게 무슨 악한 행위가 있나 보시고
나를 영원한 길로 인도하소서

하나님의 말씀을 묵상하기 전에 하나님이 당신에게 보여 주시는 모든 죄를 고백하고 용서를 받으라. 죄를 고백하지 않으면 혼란만 더해지고 깨닫기가 어려워질 뿐이다. 또한 시편 119편 18절에 있는 "내 눈을 열어서 주의 법의 기이한 것을 보게 하소서"라는 시편 기자의 기도를 드려도 좋다. 당신 자신을 하나님과 그분의 말씀에 열라.

제2단계: 듣기

두 번째 단계는 듣기다. 열매 맺는 묵상을 하게 하는 열쇠는 듣는 것이다. 하나님의 말씀을 듣기 위해 시간을 내는 것은 제자훈련에 필수적이다. 다그 함마르셸드(Dag Hammarskjold) 유엔 전 사무총장은 이렇게 말했다. "당신이 결코 들으려 하지 않는다면 어떻게 계속해서 들을 수 있으리라 기대할 수 있겠는가? 당신은 하나님이 당신을 위해 시간을 내는 것을, 당신이 그분을 위해 시간을 낼 수 없다는 것만큼이나 당연하게 여기는 것 같다." 이 말을 솔직히 인정해야 한다! 그러나 당신은 매일 홍수처럼 밀려오는 일들을 시작하기 전에 시간을 내어 하나님의 말씀 속에서 그분에게 귀 기울이겠다는 큰 결정을 적어도 지금까지는 이미 내렸을 것이다.

이 때 들리는 말씀은 당신 개인에게 주시는 하나님의 말씀임을 기억하

라. 하나님께로부터 당신에게 직접 온 말씀이므로, 당신은 이 말씀을 다른 사람과 즉시 나눌 필요가 없다. 그 구절을 몇 번이고 반복해서 읽으라. 그러면 성령님이 이 소중한 말씀들을 당신의 지성뿐 아니라 당신의 마음과 영에도 들어가게 하실 것이다.

지금까지 배운 도구들을 사용하라. 본문이 말하는 바를 관찰하고, 그 말씀을 계속 마음속에서 또는 큰소리로 반복하라. 상상을 사용하라. 하지만 무엇보다도 들으라. 듣는 세 가지 비결은 기다리고, 기다리고, 기다리는 것이다! 하나님과의 대화는 그분을 기다리며 그분이 당신에게 하시는 말씀을 듣기 전에는 불가능하다. 그분이 말씀하실 것을 기대하라. 그분이 아침마다 당신에게 하기 원하시는 말씀을 들을 때, 당신의 기쁨은 완전해질 것이다!

제3단계: 만남

하나님이 당신에게 말씀하시는 것을 들을 때 묵상을 멈추지 마라. 계속하여 들으면 하나님이 당신에게 하시는 말씀, 곧 당신이 묵상하고 있는 바로 그 성경말씀이 당신을 하나님의 임재 안으로 인도하는 것을 발견할 것이다! 그분께 그분 자신을 당신에게 나타내 달라고 구하라. 기도를 통해 하나님을 경험한 성인이라고 세계 그리스도인들에게 적극 인정받는 프랑스 신비주의자 마담 기용(Madame Guyon)은 "당신의 마음을 주님의 임재 안에 붙잡아 두라!"고 말했다. 하나님께 당신의 마음을 드리라. 당신의 마음을 가질 첫 번째 권리는 하나님 외에 다른 누구에게도 없다! 당신이 묵상하고 있는 성경말씀을 통해 당신의 마음을 그분께 올려드리고, 당신이 그분을 만나기를 간절히 소원한다고 말씀드리라. 모세가 하나님을 뵙기를 구했을 때 하나님이 그에게 대답하셨다. "보라 내 곁에 한 곳이 있으니"(출 33:21). 하나님의 옆에는 당신을 위한 빈자리가 있다는 것을 기억하라! 당신이 그분을 만나고 그분의 장엄한 아름다움을 응시하며 그분의 영광을 볼 때, 당신의 기쁨은 그분의 임재 안에서 충만해질 것이다.

이것이 바로 전에 말한 대로 묵상이 나아가 명상으로 변하는 시점이다. 우리는 하나님의 말씀을 묵상하면서 그분을 구했고 그분이 우리에게 하시고자 하는 모든 말씀을 들었다. 이제 우리가 그분을 볼 수 있도록 자신을 나타내신 하나님으로 인해 크게 기뻐하고 찬양할 때다.

많은 그리스도인들이 주님의 임재 안에서 안식하고 그분 앞에 앉아 그분의 말씀을 들을 뿐 아니라 또한 그분의 놀라운 얼굴을 바라보는 기쁨을 아직 경험하지 못했다. 당신도 이제 시작일지 모르지만 분명히 더 친밀하고 더 온전한 믿음과 순종 속에서 그분과 동행하게 될 것이다.

제4단계: 응답

묵상의 마지막 단계는 하나님이 당신에게 말씀하시고 당신을 만나주신 것에 응답하는 것이다. 하나님은 언제나 그분의 말씀이 우리 삶에 변화를 가져오게 하려 하신다. 그리고 그 변화는 우리가 그분께 응답할 때 일어난다.

기도는 언제나 묵상에 있어서 하나님께 대한 주요 응답이다. 하나님이 당신에게 말씀하셨음을 감사하라. 기도하면서 하나님을 향한 당신의 사랑의 마음을 쏟아 내라. 고백의 기도를 드리거나, 사랑하는 사람 및 열방을 위해 중보기도를 올려 드리라. 하나님의 말씀은 항상 당신을 기도로 이끌 것이다.

묵상을 기록하기 위한 '묵상 일기'를 만들라. 매일 당신이 묵상하는 구절을 적고, 하나님이 말씀하실 때 그것을 적어서 잊어버리지 않도록 하라. 어떤 때는 하나님께 기도한 내용을 적을 수도 있고, 묵상할 때 떠오르는 아이디어나 생각들을 적을 수도 있다. '묵상 일기'를 적는다면 나중에 당신이 과거를 돌아보며 당신의 주인께서 하신 놀라운 말씀과 생각을 다시 읽을 때 큰 격려가 될 것이다!

음악, 스케치, 그림, 춤 등 하나님이 당신에게 주신 재능을 사용해서 창조적으로 응답하라. 당신이 묵상한 성경말씀을 사용하여 주님께 새 노래를 부르라. 때로는 그림을 그리거나 스케치를 함으로써 하나님을 향한 당신의 사랑을 표현하는 것이 유일한 응답이기도 하다. 하나님과 만난 시간을 창조적인 춤으로 올려드리라. 하나님은 그분의 말씀으로 세상을 창조하셨다! 이제 그분은 당신이 그분께 응답할 때 당신을 통해, 그 똑같은 말씀으로 새 역사를 창조하기 원하신다!

무엇보다도, 하나님이 당신에게 하신 말씀에 순종하라. 우리는 순종하기 위해 들으며, 그분이 우리에게 하라고 명하신 모든 것에 기쁘고 온전하게 순종함으로써 그분에 대한 우리의 진실한 사랑을 표현한다. 진정으로 묵상하는 사람의 특징, 그리고 그리스도인으로서 생기 넘치는 삶을 사는 열쇠는 듣고 순종하는 것이다. 당신이 그분의 말씀에 순종하면서 걸을 때 누가 보아도 명백하게 당신은 영적으로 성장해 있을 것이다.

이제 당신은 하나님이 원하시는 묵상을 할 준비가 되었다. 묵상이 당신의 생활 습관이 될 때까지 계속하여 묵상하라. 여호수아나 마리아와 같은 묵상자가 되고자 하는 당신의 소원을 이루기 위해서 이제 당신의 결심과 헌신이 필요하다. 하나님이 당신에게 힘과 말씀을 주실 것이며 당신의 기대 훨씬 이상으로 당신을 만나 주실 것이다.

그리고 무엇보다도 다른 사람에게 묵상하는 것을 가르치라. 이 책에 있는 자료들을 사용하여 적어도 한 사람이라도 성경 묵상이라는 신나는 새 세계에 들어오도록 도우라.

The Meditating Christian

잔칫상으로의 초대_시편 139편

묵상의 네 단계를 복습합니다.

시편 139편을 읽습니다.
하나님이 말씀하시도록 자신을 열어 놓고
시편 기자가 표현하려던 것을 이해해 봅시다.

시편 139편 23-24절을 묵상합니다.
시편 기자는 모든 것을 아시는 하나님의 완전한 지식 안에서
그분을 완전히 신뢰합니다. 시편 기자와 함께 이 기도를 드리고
주님이 개인적으로 들려주시는 말씀에 귀 기울이십시오.

주께서 주신 말씀을 노트에 적습니다.
기도를 적어도 좋고 성령이 이끄시는 대로 다른 무언가를 적어도 좋습니다.

감사의 기도를 드리고 그분께 순종하기로 결정하십시오.

이제 시편 139편의 묵상이 끝났다.
그동안 당신이 묵상하면서 하나님이 당신을 위해 행하신
위대한 일들을 생각해 보라.
그리고 그분의 은혜와 신실하심을 감사하는 기도문을 써 보라.

그리고, 묵상할 다음 성경 구절을 선택하라.

끝맺는 글

묵상은 잃어버렸던 예술이다. 다시 말하면, 복음주의적인 그리스도인의 왕관에서 잃어버렸던 보석이라고 할 수 있겠다(A.W.토저는 예배가 복음주의적인 그리스도인의 왕관에서 없어진 보석이라고 말했다). 어찌되었든 확실하게 말할 수 있는 한 가지는 묵상이 오늘날의 교회가 재발견할 필요가 있는 값진 보석이라는 점이다.

성경에서 하나님께 크게 쓰임 받았던 사람들은 다 묵상하는 사람들이었다. 서기 1-2세기에 성장한 교회가 신앙 면에서 로마 제국을 정복했던 그 동적인 시대에 초대교회는 묵상의 중요성과 그 능력을 계속해서 강조했다. 심지어 4세기에 콘스탄틴 황제 밑에서 교회가 세상에 항복하고 능력과 부의 특권을 받아들여 세속화되었을 때에도 사막 교부들은 묵상과 명상을 계속 살려나갔다. 사실, 묵상에 대한 그들의 교훈은 오늘날 묵상하는 사람이 되려 하는 이들에게 풍부한 자원이 된다.

각 세기마다 그 시대의 대표적인 묵상자들이 있었다. 하나님의 묵상자 명단에는 잘 알려진 교회 지도자들뿐 아니라 수많은 성인들이 적혀 있다. 이들은 바로 역사적으로 그 이름이 알려지지 않았지만 묵상을 통해 얻은 능력과 통찰력으로 당대에 영향을 미쳤으며 자신의 삶 속에서 하나님과 나눈 교제의 열매를 보여 주었다.

하나님의 묵상자 명단에 이제 당신의 이름을 넣으라! 하나님이 날마다 당신에게 말씀하시고 당신을 만나 주실 것을 기대하라. 그분이 당신의 묵상의 열매로 세계 나라들에 영향을 미치게 하실 것을 신뢰하라.

하나님의 말씀을 묵상하면서 경험한 것을 다른 사람들과 나누라. 성경 묵상이 어떻게 삶을 변화시키고 주님을 섬기도록 준비시키셨는지 경험을 통해 전세계 그리스도인들이 실제적으로 보게 될 것이다.

묵상 경험을 써서 나누어 달라고 격려하고 싶다. 묵상이 어떻게 당신의 삶을 변화시켰는지에 관한 것도 좋고, 당신의 성경 묵상 방법을 나누어도 좋으며, 묵상의 결과 또는 열매에 관해 써도 좋다. 당신의 간증으로 많은 사람들이 복을 얻을 것이다.

안디옥선교훈련원(Antioch Institute for International Ministries)의 웹사이트(www.ywam-aiim.org)를 참조하거나 다음의 주소로 직접 보내도 좋다.

AIIM
The Meditating Christian
P.O.Box 778
Monroe, Washington 98272-0778
U.S.A.

부록

1. 자연의 묵상 – 얼룩말과 사자에 관한 엘렌의 글
2. 시편 119편 묵상 – 디트리히 본회퍼

자연의 묵상

엘렌 로스(Ellen Ross)

몇 년 전, 데이빗과 나는 탄자니아에서 사역하는 최재선, 종순 선교사 부부를 방문할 기회가 있었다. 사역에 참여하고 그 곳 모든 선교사들과의 교제를 즐기는 것 외에 특별히 기억에 남는 것은 사파리였다.

그 광대한 분화구는 다양한 야생동물들의 안식처다. 잊을 수 없는 그 날 우리는 물소, 아프리카산 영양, 사자, 하이에나, 얼룩말, 플라밍고 등을 보았다.

그런데 차를 몰고 가다 보니 다른 차들이 서서 두 마리의 암사자가 혼자 있는 얼룩말에 살그머니 접근하는 것을 지켜보고 있었다. 동물들은 우리가 아주 가까운 거리에서 지켜보고 있다는 것을 전혀 눈치채지 못했다. 우리는 1시간 가량 조용히 기다리며, 풀을 뜯는 얼룩말과 키 큰 풀들에 숨어 아주 천천히 먹이에 접근해 가는 암사자들을 지켜보았다. 거기에서 조금 떨어진 곳에서는 얼룩말 한 떼가 풀을 뜯고 있었다. 혼자 있는 얼룩말의 곤경을 알지 못하는 것 같았다.

그 때, 암사자 한 마리가 갑자기 덤벼들었다. 얼룩말은 깜짝 놀라며 재빨리 무리에게로 뛰어갔다. 그러자 크고 위엄에 찬 얼룩말 세 마리가 혼자 있던 얼룩말을 대신하여 서로 어깨를 맞대고 나란히 섰다. 암사자들로부터 불과 6미터밖에 떨어지지 않은 거리였다. 그들은 암사자 두 마리를 노려보았고, 암사자들은 기백을 잃고 뒤로 물러났다.

그것은 아주 인상 깊은 광경이었다. 분명 우리에게 주는 의미가 있을 것 같아 나는 자연에서 일어난 이 놀라운 사건을 묵상하며 주님께 통찰력을 구했다.

얼룩말의 무리를 보면서, 종종 몸의 지체가 공격받기 쉬운 상태에 있음을 모르는 그리스도인들과 같다는 생각이 들었다. 혼자 있던 그 얼룩말은 공동체의 교제와 양육을 무시한 채 점차 떨어져 가는 그리스도인을 떠올리게 했다.

공격하는 암사자에게 대항한 세 마리의 말들은 중간에 서서 중보하는 자로서의 우리의 임무를 생각나게 했고, 위기에 처한 형제자매들을 위해 기도하고 도울 책임이 우리에게 있음을 다시 한번 상기시켰다.

그 당시 우리 가족은 위기에 처해 있던 한 사람을 위해 기도하고 있던 터라, 그 묵상은 내게 아주 실제적이었다. 나는 상황을 하나님이 주관하고 계시며 어려운 시기를 지나 우리가 상상한 것보다 더 굳건해지고 소망이 넘칠 때 그분이 영광을 받으시리라는 것을 깨닫고 위로를 받았다. 우리 하나님은 얼마나 신실하신가!

시편 119편 묵상

디트리히 본회퍼(Dietrich Bonhoeffer)

디트리히 본회퍼는 독일의 루터교회 목사로서 반나치 지하운동을 도왔으며, 1945년에 사형당했다. 그는 깊은 영성과 강한 사회의식을 건강하게 조화시킨 것으로 유명하다. 다음은 그가 시편 119편을 묵상한 것 중 둘을 발췌한 것이다. 시편 119편은 그에게 매우 의미 있었으며, 그는 그 안에서 삶의 기쁨을 발견했다. 이것은 그의 저서 「*Meditating on the Word*」에서 발췌한 것이다.

시편 119:18
"내 눈을 열어서
주의 법의 기이한 것을 보게 하소서"

하나님이 보여 주시는 것을 보려면 두 눈을 감아야 한다. 하나님의 말씀을 보게 하시려고 하나님은 먼저 내 눈을 멀게 하신다. 하나님이 감은 두 눈을 뜨게 하실 때, 나는 경이로 가득한 하나님의 법을 보게 된다. 내 스스로는 결코 알아차릴 수 없었던 것이다. 하나님은 그분의 말씀 하나하나가 헤아릴 수 없는 미지의 경이로 가득 찼다는 사실을 알게 하셨다. 그렇지 않았다면 어떻게 내가 이처럼 긴 시편을 묵상하면서 하루를 새롭게 시작할 수 있으며, 끊임없이 반복되는 말씀을 지치지 않고 읽을 수 있었겠는가? 내가 어떻게 내 눈을 열어 이 말씀의 깊은 뜻과 영광을 마음껏 바라보려는 소원으로 그분의 말씀을 매일 붙잡을 수 있었겠는가?

시편 119:19
"나는 땅에서 객이 되었사오니
주의 계명을 내게 숨기지 마소서"

나는 세상에서 객이다. 내게 주어진 시간이 짧기 때문에 이 땅에 오래 머무를 수 없다. 세상을 향한 그리움은 자신이 가야 할 본향을 찾는 데 방해를 주는 요소다. 나는 이 땅에서 일어나는 모든 것에 손님으로 행동해야 한다. 약속을 기다려야지 소원이나 꿈으로 그 약속을 미리 붙잡으려 해서는 안 된다. 본향에 대해서는 아직 구체적으로 언급된 바가 없다. 본향이 이 땅은 아닐 것이다. 이 땅도 하나님의 것이다. 나는 이 땅에 손님이며 잠시 머물다 가는 투숙객이고 나그네에 불과하다(시 39:12). 나는 객이자 손님이며 아무 권리도 없고 영원히 머물 수도 없으며 안정된 것 없이 이 땅에 머물고 있다. 그러나 이처럼 미약한 나를 창조하신 하나님이 한 가지 분명한 약속을 내 영혼에 주셨다. 바로 그분의 말씀이다. 분명 하나님은 내게서 그분의 말씀을 빼앗아가지 않으시며 그 말씀을 변함없이 간직하게 하실 것이다. 말씀 안에서 내가 그분의 능력을 느끼게 하시리라. 내 안에 말씀이 자리하고 있으면 낯선 땅에서도 길을 찾을 수 있다. 불의가 가득한 곳에서 옳은 일을 발견하며, 불확실한 가운데에도 서 있을 자리를 찾을 수 있고, 일할 수 있는 힘을 얻으며, 슬픔 가운데도 인내할 수 있다.

주

1. Hans Urs von Balthasar, *Prayer*(San Francisco: Ignatius Press, 1986), 8
2. 요한복음 3:29의 세례 요한의 태도를 생각해 보라.
3. Thomas H. Green, S.J., *Opening to God*(Notre Dame, IN: Ave Maria Press, 1987), 87
4. 조지 맥도날드(George MacDonald)는 C.S.루이스의 스승이었다.
5. 요한일서 1:1-5를 보라. 디트리히 본회퍼가 쓴 공동체에 관한 고전인 *Life Together*를 읽으면 도움될 것이다. 본회퍼는 하나님의 말씀이 그리스도인 공동체의 중심이 된다고 했다.
6. 그가 '성가대 지휘자'에게 이것을 위탁했음을 주목하라.
7. Henri Nouwen, *Jesus: A Gospel*(「예수, 우리의 복음」) (Maryknoll, NY: Orbis Books, 2001), 48
8. Campbell McAlpine, *The Practice of Biblical Meditation*(London: Marshall Morgan and Scott, 1981) Foreward

1장

1. Dietrich Bonhoeffer, *Meditating on the Word*(Cambridge, MA: Cowley Publications, 1986), 51-52

2. ibid. 19-20
3. 구약성경에서 사용된 묵상에 해당하는 히브리어는 하가(hagah)와 시야크 (siyach)다.
4. Dietrich Bonhoeffer, *Psalms: The Prayer Book of the Bible*(Minneapolis: Augsburg Publishing House, 1970), 11
5. ibid. 11-12
6. Phroneo, logizomai, skopeo, melatao, promeletao 등 신약성경에서 묵상을 의미하는 용어로 사용된 헬라어를 살펴보면 도움이 될 것이다. 스트롱 색인 사전(Strong's concordance에는 히브리어 및 헬라어 단어가 영어 발음으로 표시되어 있다)을 사용하거나 헬라어를 공부하는 방법이 있다.
7. '법'과 '하나님의 모든 말씀'은 종종 동의어로 사용된다.
8. Peter Toon, *From Mind to Heart*(Grand Rapids, MI: Baker Book House, 1987), 18
9. Richard Foster, *Celebration of Discipline*(San Francisco: Harper and Row, 1988), 20
10. Aryeh Kaplan, *Meditation and the Bible*(York Beach, Maine: Samuel Weiser, Inc., 1978), 3. 카플란의 저서는 신비주의적 경향이 있으나 성경 용어에 대한 연구는 매우 건전하다.
11. Aryeh Kaplan, *Meditation and the Bible*, 103-105
12. Campbell McAlpine, *The Practice of Biblical Meditation*(London: Marshall, Morgan and Scott, 1981), 75
13. ibid. 81
14. Peter Toon, *From Mind to Heart*, 15-16
15. 귀납적 성경 공부의 세 가지 기초 단계는 관찰, 해석, 적용이다. 이 방법은 쉽게

배울 수 있다.
16. Toon, *Meditating As A Christian*, p.161-162
17. John Michael Talbot, *The Fire of Illumination*, 108-109
18. Thomas Merton, *Bread in the Wilderness*(New York: New Direction Publishing Corporation, 1953), 12
19. ibid. 14
20. Walter C. Kaiser, Jr. 고든 콘웰신학교(Gordon-Conwell Theological Seminary) 학장.

2장

1. Hans Urs von Balthasar, *Prayer*, 8, (San Francisco: Ignatius Press, 1986)
2. Thomas H. Green, S.J., *Opening to God: A Guide to Prayer* (Notre Dame, Indiana: Ave Maria Press, 1987)
3. Peter Toon, *From Mind to Heart*, 10
4. Thomas Merton, *Bread in the Wilderness*, 60
5. ibid. 61

3장

1. 에녹에 관한 성경 자료는 희박해서 그를 이해하려면 추측이 필요하지만 그가 하나님과 아주 친밀한 관계를 즐겼음은 명백하다.
2. Henri Nouwen, *The Way of the Heart*(「마음의 길」) (San Francisco: Harper & Row, Publishers, 1981) 이 책을 자세히 읽으면 홀로 있기에 대한 기본적 이해를

얻을 수 있다.
3. ibid. 23
4. ibid. 20-25
5. Andrew Murray, *The Holiest of All*(Old Tappan, NJ: Fleming H. Revell Company) 355-56
6. *Tales of A Magic Monastery*, p. 55. 작자 미상

4장

1. 1877년, Mary Artemesia Lathbury 작시.
2. 가장 중요한 자료는 성경이지만, J.I.Packer의 *Knowing God*(「하나님을 아는 지식」), T.Layton Fraser의 *The Christian Life* 등 유용한 책들이 많이 있다.
3. Rev. J. Walton Stewart는 청소년을 향한 진실한 마음과 그들을 감동시키는 비전을 가진 목사였다. 교회 캠프장은 그의 이름을 따서 Camp Stewart(스튜어트 캠프)라고 지어졌다.
4. George MacDonald, *The Baron's Apprenticeship*, (Minneapolis: Bethany House Publishers, 1986), 82. 원작은 1891년 *There and Back*이라는 제목으로 출판되었다. C.S.루이스는 조지 맥도날드가 자신의 삶과 글에 중대한 영향을 남겼다고 평한다.
5. Thomas Merton의 Journal from Daily Dig(www.Bruderhof.com)에서 인용
6. Washington Post에 인용됨, July 30, 1993

5장

1. Bonhoeffer, *Meditating on the Word*, 2
2. 여기 사용된 '겸손'과 '온유'에 해당하는 두 단어는 야고보서 1:21에 '온유'라고 번역된 다의어와 비슷하다.
3. Andrew Murray, The New Life: Words for Young Disciples (www.ccel.org/m/murray)를 참고하라.

6장

1. 이사야 42:1-4(또는 42:1-9), 49:1-7, 50:4-9, 52:13-53:12을 보라.
2. Dorothy Sayers, *The Mind of the Maker*(London: Mowbray, 1994), ix

7장

1. Hans Urs von Balthasar, *Prayer*, 16
2. Augustine, Inarr. in Ps.118, XXVI, 6; Balthasar의 *Prayer*, 24-25에서 인용됨.

8장

1. Ignacio Larranaga, *The Silence of Mary*(Boston, MA: St. Paul Books and Media, 1991) 널리 읽히는 이 스페인어 고전에서 마리아의 생애에 대한 통찰력을 얻을 수 있다.
2. ibid. 76
3. Henri Nouwen, *Jesus, A Gopel*(「예수, 우리의 복음」) (Maryknoll, NY: Orbis

Books, 2001) 16

4. Robert Durback, editor(편집자), *Seeds of Hope: A Henri Nouwen Reader* (「희망의 씨앗」) (New York: Doubleday, Image, 1997) 165-66

5. *Soul Food*은 1841년 5월에 저술되었다.

9장

1. Harvard Business Review, July 1974
2. Washington Post에 인용됨. Friday, July 30, 1993

10장

1. 골로새서 3:16이 복수임을 주목해 보라. 이것은 바울이 개개인뿐 아니라 공동체 전체가 하나님의 말씀 안에 거하는 것이 필요하다고 여겼음을 나타낸다.
2. Bonhoeffer, *Meditation on the Word of God*, 133
3. 캐나다 B.C. 주 벤쿠버에 있는 리전트 칼리지에서 Bruce Waltke 및 Gordon Fee가 성경적 신학(Biblical Theology)에 대해 강의한 내용에서 발췌.

11장

1. 시몬 베드로의 이야기와 '밀 까부름'의 의미를 사용하는 데 어느 정도 추측을 사용했지만, 이 이야기를 통해 그리스도인에 대한 사탄의 공격이 얼마나 심한지를 더 분명히 이해할 수 있다.

12장

1. Bonhoeffer, *Meditating On the Word*, pp.107-108
2. 주디와 남편 론 스미스는 YWAM 성경학교인 SBS(School of Biblical Studies)의 국제 책임자다.

13장

1. 용비어천가에서 발췌하여 풀이함.

14장

1. George MacDonald, *The Baron's Apprenticeship*, 247
2. 2001년에 녹음된 떼제의 노래들, Venite Exultemus는 서점이나 음반 매장에서 구할 수 있다.
3. Toon, *Meditating As A Christian*, 135
4. Richard J. Foster, *Celebration of Discipline*(San Francisco: Harper & Row, Publishers, 1988), 25
5. ibid. 25-26
6. Morton T. Kelsey, *The Other Side of Silence*(New York: Paulist Press, 1976), 210

15장

1. 앨리슨 올리버는 생기 넘치고 열정적인 예수 그리스도의 제자요 훌륭한 성경교사요 성실한 선교사로서 22개 이상의 나라에서 사역했다. 주님은 2004년 8월 26

일, 그녀를 32세의 나이에 본향으로 데려가셨다. 앨리슨은 항상 하나님을 우선하여 살았으며 그분을 위해 자신의 삶을 온전히 드렸다. 그녀를 아는 모든 이들이 그녀를 사랑했고 지금도 사랑하고 존경한다.

2. Hans Urs von Balthasar, *Prayer*, 273

16장

1. Thomas Mann, *The Joseph Trilogy*(「요셉과 그 형제들」)
2. Paulo Coelho, *The Fifth Mountain*(「다섯 번째 산」)

역자 양혜정
1987년 이화여자대학교 재학중 캐나다로 이민, University of British Columbia에서 언어학을 공부했다. Simon Fraser 대학 ESL 영어교사학과를 졸업하고 캐나다 연방정부이민자 영어프로그램 교사로 일해 왔으며, 현재 남편과 함께 안디옥 선교훈련원에서 사역하고 있다.

묵상하는 그리스도인

지은이   오대원
옮긴이   양혜정

2005년 2월 10일 1판 1쇄 펴냄
2024년 2월 29일 1판 41쇄 펴냄

펴낸곳   도서출판 예수전도단
출판 등록   1989년 2월 24일(제2-761호)
주소   서울특별시 강서구 양천로 424
           가양역 데시앙플렉스 지식산업센터 530호
전화   02-6933-9981 · **팩스** 02-6933-9989
이메일   ywampubl@gracemedia.co.kr
홈페이지   www.ywampubl.com

ISBN 978-89-5536-191-9

책값은 뒤표지에 있습니다.
잘못된 책은 바꾸어 드립니다.